포도나무와 하나된 가지처럼

내 안에
거하라

유기성 지음

규장

내 안에 거하라

예수님 안에 거하는
부흥의 은혜

제가 신학교에 다닐 때, 한국 교회사 과제물을 하러 도서관에서 한국 교회 부흥의 역사에 관한 책들을 읽다가 그 자리에서 무릎을 꿇고 울며 기도한 적이 있었습니다.

"하나님, 이런 부흥을 저도 경험하고 싶습니다."

한국 교회의 부흥, 이것으로 끝인가?

저는 한국 교회 부흥 시대가 끝나가는 무렵 목회를 시작했습니다. 어릴 때에 부모님을 따라 부흥회에 참석했던 기억은 있지만, 회중 전체가 성령의 강력한 임재를 경험하는 일은 체험하지 못했습니다.

저는 목사의 큰아들이라 부모님이 하나님께 주의 종으로 바쳤다고 하여 어쩔 수 없이 신학교에 갔지만 솔직히 목사가 되는 것은 싫었습니다. 아버지가 목회하는 교회 현장이 너무 힘들었기 때문이었습니다. 제가 신학교에 다닐 때 사모였던 어머니가 일찍이 돌아가시는 아픔도 겪었습니다.

그런데 그 날 "이런 부흥을 경험할 수 있다면, 목회해보겠다"는 마음이 생긴 것입니다. 그런 기도 끝에 목사가 되었지만, 제가 은퇴하기까지 한국 교회는 영적으로 더 메말라지고 마치 가라앉는 큰 배 같았습니다. 목회 일선에서 은퇴했다고 아쉬운 것은 없지만 한국 교회의 부흥을 보지 못한 것은 너무나 안타깝고 슬펐습니다.

물론 하나님께서 아무런 역사를 행하지 않으신 것은 아니었습니다. 하나님은 제가 가진 '부흥'에 대한 개념을 바꾸어주셨습니다. 처음 기대했던 부흥은 기적 같은 놀라운 일들이 일어나 사람들이 엄청나게 모이고 '하나님이 정말 살아계시구나' 인정하게 되는 것이었습니다.

그러나 하나님께서 정말 원하시는 부흥은 우리 눈이 열려 주님을 바라보게 되는 것이고, 그로 인해 그리스도인들의 삶이 변화되는 것이었습니다. 하지만 은퇴하면서 그 역시 현실이 되지 못하였습니다. 그러니 '이것으로 끝인가!' 하는 허전함은 어쩔 수 없었습니다.

주님, 부흥은 이미 임하였군요!

은퇴하고 어느 날 하루는 너무나 애통한 마음으로 기도하게 되었습니다. 그런데 갑자기 지금은 만민에게 성령이 임한 시대라는 사실이 깨달아졌습니다. 주님께서 제게 주시는 말씀이라 여겨졌습니다.

2천 년 전 초대 교회 교인들이 지금 우리를 보면 깜짝 놀랄 것입니다.

"어떻게 예수님이 구주이신 것을 믿는 사람이 이렇게 많습니까?"

구약 시대의 유명한 하나님의 사람들, 아브라함, 모세, 다윗이 우리를 보면 너무나 부러워할 것입니다. 당시는 유대 민족 정도만 하나님을 믿었습니다. 그러나 지금은 온 열방 안에 하나님을 믿는 사람이 너무나 많습니다. 인류 역사를 통틀어 우리는 지금 엄청난 부흥의 시대에 살고 있는 것입니다.

지금 생수의 강이신 성령께서 성도들의 마음 안에서 역사하고 있습니다. 제 마음이 답답하고 애통하여 눈물이 나는 갈망도 성령의 역사였습니다. 그것이 깨달아져서 외치기 시작했습니다.

"주님, 부흥은 이미 임하였군요. 주님, 더 역사해주세요."

이렇게 외치는 가운데 주님의 임재가 너무나 강하게 느껴졌습니다. 애통의 울음이 행복한 울음이 되고 "감사합니다. 사랑합니다" 하고 계속 고백하였습니다.

우리에게 주님이 안 계신가?

저는 처음에는 부흥이 기사와 이적이 나타나는 것이라고 기대했습니다. 그러나 하나님께서 더 놀라운 것을 주셨습니다. 기사와 이적을 행하시는 예수님께서 제 안에 거하심을 알게 하신 것입니다.

주님은 너무나 놀라운 말씀을 하셨습니다.

나는 포도나무요 너희는 가지라 그가 내 안에, 내가 그 안에 거하면 사람이 열매를 많이 맺나니 나를 떠나서는 너희가 아무 것도 할 수 없음이라 요 15:5

기사와 이적, 그 기사와 이적을 행하시는 예수님, 어느 편이 더 큰 것입니까? 그러면 왜 지금 부흥이 일어나지 않는 것입니까? 주님이 우리 안에 거하시는데, 우리가 주님을 무시하고 살고 있기 때문입니다.

저는 세상에 예수님이 마음에 거하시는 사람이 있고, 예수님이 마음에 거하지 않는 사람이 있는 줄 알았습니다. 그래서 예수님을 영접하라고 도전하였습니다. 그런데 목회를 하면서 교회 안에 예수님이 마음에 거하시는 것을 아는 사람과 모르는 사람으로 나뉜다는 것을 알았습니다. 주님이 함께하지 않으시는 것이 아니고, 엠마오로 가는 두 제자처럼 마음이 굳어져 주님이 안 계신 것처럼, 율법주의적 신앙생활을 하며 종교생활을 하는 것입니다.

주 예수님 안에 거하라!

주님이 여전히 우리와 함께하시는데, 우리는 왜 그 은혜를 누리지 못하는 것입니까? 예수님께서 우리 안에서 거하시듯 우리도 예수님 안에 거해야 함을 모르기 때문입니다.

내 안에 거하라 나도 너희 안에 거하리라 요 15:4

우리가 낙심하고 시험에 들고 영적으로 메말라지는 이유는 환경이나 사람 때문이 아닙니다. 주 예수님 안에 거하지 않기 때문입니다.

사람이 내 안에 거하지 아니하면 가지처럼 밖에 버려져 마르나니 사람들이 그것을 모아다가 불에 던져 사르느니라 요 15:6

그래서 '예수님 안에 거하라'는 주제로 말씀을 전하고 또 전하였습니다. 그렇게 전하였던 말씀들을 이 책에 담았습니다.

우리는 "내 안에 거하라!" 하시는 주님의 말씀을 붙잡아야 합니다. 그리고 주님을 바라보는 믿음의 눈을 열어주시기를 기도해야 합니다. 이 책이 주님을 바라보는 눈이 열리는 데 도움이 되기를 기도합니다.

유기성

프롤로그

PART

1

포도나무
예수

예수님을 통하여 하나님께로

전기를 발견하기 전에는 우주에 전기가 있는지 몰랐습니다. 보이지 않기 때문입니다. 보이지 않는 전기를 발견하고 나서 인류의 삶은 엄청나게 바뀌었습니다. 이렇게 전기 하나만으로도 우리의 삶에 엄청난 변화가 일어났는데, 하나님이 계신 것을 믿으면 전기를 발견한 것과 비교할 수 없는 진짜 놀라운 변화를 가져옵니다.

눈이 뜨여야 합니다. 눈에 보이는 것만 전부인 줄 알면 정말 중요한 것을 놓치고 살게 됩니다. 무엇보다 언제나 함께하시고, 역사와 인생을 주관하시는 하나님을 믿어야 합니다. 우리가 하나님께서 계신 것을 정말 믿게 되면 문제나 어려운 형편을 보는 눈이 완전히 바뀌게 됩니다. 항상 기뻐하고, 쉬지 않고 기도하고, 범사에 감사하는 것이 지극히 당연한 일이 됩니다. 하나님이 정말 살아게시고, 나를 사랑하시고, 나의 아버지가 되시고, 항상 나와 같이 계신 것이 사실이라면 어떤 형편에서든 기뻐하고 감사하게 되고 오직 사랑만 하며 살 것입니다. 하나님께 드리는 예배는 언제나 놀라운 은혜의 시간이 될 것입니다.

그러므로 우리는 반드시 하나님을 만나 하나님이 진짜 살아계신 것을 알아야 합니다. 중요한 것은 누구나 하나님을 만날 수 있다는 것입니다. 그것이 하나님의 소원이요 기쁨이기 때문입니다. 여러분의 믿음의 눈이 열려 하나님을 만나는 체험이 있기를 축복합니다.

하나님을 만나는 길

우리가 과연 하나님을 인격적으로 만나고 믿을 수 있습니까? 그렇습니다. 하나님을 만나는 길이 활짝 열려 있기 때문입니다. 우리는 하나님을 만나게 되어 있습니다. 바로 예수님을 통해서 말입니다. 우리가 예수님을 믿는 이유도 예수님이 하나님을 만나는 문이기 때문입니다.

이에 성소 휘장이 위로부터 아래까지 찢어져 둘이 되니라

막 15:38

예수님이 십자가에서 돌아가실 때 성소의 휘장이 위에서 아래까지 쫙 찢어졌습니다. 예수님이 십자가를 지심으로 사람들과 하나님 사이에 가로막힌 담이 완전히 무너졌다는 뜻입니다. 이제 누구든지 예수님을 믿으면 하나님을 만나게 됩니다. 그래서 우리가 예수님의 이름으로 기도하는 것입니다. 예수님의 이름으로 기도하면 하나님의 역사를 경험하게 됩니다.

하루는 "기도해주셔서 딸의 눈병이 거의 다 나았습니다"라는 문자가 왔습니다. 병원에서도 치료하기 어려웠는데 제가 기도한 후 눈병이 나아 감사하다는 인사였습니다. 저는 단지 "예수님의 이름으로 고침을 받을지어다"라고 기도한 것밖에 없는데, 그 기도로 고침을 받은 것입니다. 주님이 하셨습니다. 예수님을 통하여 하나님을 만나게 하시고, 하나님 앞에 나와 기도하게 하시고, 하나님을 체험하게 되는 것, 이것이 예수 그리스도 안에서 허락하시는 놀라운 하나님의 계획입니다.

그렇습니다. 우리는 예수님의 이름으로 하나님께 나아갈 수 있습니다. 어떤 분들은 저에게 "하나님은 삼위일체이신데, 왜 목사님은 예수님만 강조하십니까? 왜 24시간 예수님만 바라보라고 말씀하십니까?"라고 묻습니다. 물론 하나님은 삼위일체 하나님이십니다. 그런데 우리와 같은 사람이 되셔서 사람의 몸으로 이 땅에 오시고, 실제로 우리가 보고, 만지고, 관계를 맺은 분은 바로 예수님이십니다. 예수님은 성부 하나님이 어떤 분이신지 우리에게 보여주기 위하여 오셨습니다. 성령 하나님은 예수님이 우리와 함께 계신 것을 믿게 하시고, 예수님을 계속 바라볼 수 있도록 우리 가운데 오셨습니다. 그래서 예수님을 바라보자고 하는 것입니다. 예수님 안에 우리를 향한 하나님의 계획이 들어 있기 때문입니다.

분명한 사실은 우리가 '예수님을 통하여' 하나님을 만나게 되고, 예수님을 통하여 하나님께로 가게 된다는 것입니다. 어떤 사람이 질문을 했습니다. "나는 예수님 없이도 하나님을 믿습니다. 하나님의 뜻을 압니다. 하나님의 뜻이 사랑이지 않습니까? 나는 간디 속에서 예수님을 보았습니다!" 아닙니다. 간디 안에 예수님이 계신 것이 아닙니다. 간디는 그저 훌륭한 인격을 가진 사람이었을 뿐이지, 진짜 하나님을 만난 사람이 아닙니다. 누구도 예수님을 통하지 않고는 하나님께 나아갈 수 없습니다.

예수께서 이르시되 내가 곧 길이요 진리요 생명이니 나로 말미암지 않고는 아버지께로 올 자가 없느니라 요 14:6

예수님을 보는 사람

예수께서 외쳐 이르시되 나를 믿는 자는 나를 믿는 것이 아니요

나를 보내신 이를 믿는 것이며 나를 보는 자는 나를 보내신 이를 보는 것이니라 요 12:44-45

이 말씀의 중요한 핵심은 이제는 우리가 하나님을 볼 수 있다는 것입니다. 예수님을 본 사람은 하나님을 볼 수 있습니다. 우리는 더 이상 하나님을 막연하게 생각하거나 막연하게 믿을 이유가 없습니다.

요한복음 14장 9절 이하에 예수님께서 빌립에게 이렇게 대답하셨습니다.

빌립아 내가 이렇게 오래 너희와 함께 있으되 네가 나를 알지 못하느냐 나를 본 자는 아버지를 보았거늘 어찌하여 아버지를 보이라 하느냐 내가 아버지 안에 거하고 아버지는 내 안에 계신 것을 네가 믿지 아니하느냐 내가 너희에게 이르는 말은 스스로 하는 것이 아니라 아버지께서 내 안에 계셔서 그의 일을 하시는 것이라 요 14:9-10

기도하지만 하나님이 너무 멀게 느껴진다면 예수님을 바라보기 바랍니다. 하나님을 만나고 싶다면 예수님이 나를 위해 지신 십자가를 묵상해보기 바랍니다. 성경에 기록되어 있는 예수님의 말씀을 읽고 묵상해보십시오. 예수님이 행하신 모든 치유와 이적에 주목해보기 바랍니다. 예수님은 하나님께서 우리와 함께하심을 '성육신과 십자가'를 통해 보여주셨습니다. 예수님은 우리와 함께 하시는 '임마누엘' 하나님이십니다.

가장 좋은 방법은 매일 예수동행일기를 써보는 것입니다. 우리가 매일 예수님을 얼마나 생각하였는지 일기를 써보면 하나님을 바라보는 눈이 뜨이게 됩니다. 24시간 주님을 바라보는 삶을 매일 기록하면 하나님이 우리와 함께 계신다는 것에 대해서 확신이 생기게 됩니다. 하나님을 바라보는 눈이 뜨인 것입니다. 그래서 예수동행일기를 써보라고 권하는 것입니다.

지금 다 예수동행일기를 쓰고 있나요?

성경을 읽는 분들 중에 '맥체인 성경 읽기표'를 활용하시는 분들이 계십니다. 전 세계적으로 성경 읽기를 원하는 그리스도인들에게 큰 유익을 주는 성경 읽기표입니다. 존 스토트(John Stott) 목사님도 '맥체인 성경 읽기'를 통해서 성경을 읽었고 많은 사람에게 강력히 추천하기도 했습니다.

'맥체인 성경 읽기'는 19세기 스코틀랜드의 로버트 맥체인(Robert Murray McCheyne, 1813-1843)이라는 목사님이 목회하면서 교인들이 어떻게 하면 성경을 효과적으로 잘 읽을 수 있을지 고심하고 연구하면서 만들어졌습니다. 성경에 있는 성경책 중에 하루에 4권,

그중 하루에 4장을 읽으면 1년에 구약 한 번, 신약과 시편을 두 번 읽을 수 있습니다. 지루하지 않으면서도 성경을 아주 효과적으로 읽을 수 있는 방법입니다.

어느 선교사님이 스코틀랜드를 방문하였다가 맥체인 목사님이 30세의 젊은 나이로 죽기 전까지 목회하며 체계적인 성경 읽기를 강조하였던 성베드로교회를 찾아갔습니다. 그리고 그 교회 담임목사를 만나 어쩌면 너무 당연해 보이는 질문을 하였습니다. "목사님, 지금 이 교회에서는 맥체인 성경 읽기표를 가지고 성경을 읽고 있나요?" 놀랍게도 그 대답은 "아니요"였습니다.

선교사 본인이 맥체인 성경 읽기표로 많은 도움을 받아 '그 교회 교인들은 맥체인 성경 읽기표로 얼마나 많이 성경을 읽었을까' 하는 기대를 가지고 찾아갔는데, 지금 그 교회 교인들 중 누구도 맥체인 성경 읽기를 하지 않는다는 것을 알고 너무나 실망한 것입니다.

앞으로 10년, 20년 후 누가 선한목자교회에 찾아와서 "이 교회에서 예수동행일기가 시작되었다면서요? 지금 교인들은 다 예수동행일기를 쓰고 있나요?"라고 물을 때 "아니요"라는 대답을 들을지도 모릅니다. 그것은 정말 안타까운 일이 될 것입니다.

담임목사에서 은퇴하기 전에도 항상 예수님을 바라보며 살기 위하여 예수동행일기를 쓰자고 그렇게 강조를 해도 쓰지 않는 교인이 있었습니다. 너무나 안타까웠습니다. 마치 부모가 자녀에게 "예습 복습 열심히 해. 그러면 성적이 쑥쑥 오를 거야"라고 말하는 느낌이었습니다. 부모에게는 공부 잘하는 비결이 보입니다. 그래서 잔소리같이 말하는 것입니다. 그러나 아이들은 좀처럼 예습 복습을 하지 않습니다. 눈이 뜨이지 않았기 때문입니다. 살아계신 하나님을 만나고 예수님과 동행하는 삶도 마찬가지입니다. 정말 주님께서 그 눈을 열어주시기를 기도할 뿐입니다.

작은 불씨가 산불이 된다

우리가 예수님을 믿을 때 받는 가장 놀라운 복은 하나님을 만나는 것입니다. 그렇지만 교회만 왔다 갔다 하는 사람에게는 결코 그런 일이 일어나지 않습니다. 예수님이 자기 안에 거하시는 것을 정말 믿고 예수님을 계속 바라보아야 합니다. 우리의 문제는 일상의 삶 속에서 예수님을 잊어버리고 사는 것입니다.

그래서 매일 예수님을 얼마나 바라보았는지 기록해보자는 것입니다. 그것은 다음날에 주님을 더 바라보기 위해서입니다. 그렇게 꾸준히 주님을 바라보려고 노력하면 삶 속에서 역사하시는 하나님을 바라보는 눈이 놀랍게 열립니다. 하나님은 분명히 살아계시며 지금 자신과 함께하신다는 것을 스스로 담대히 고백하게 됩니다.

주님을 바라보려는 갈망은 분명히 성령의 역사이지만, 불씨 단계에 있는 경우가 많습니다. 많은 그리스도인들이 그렇습니다. 주님을 인격적으로 만나고 동행하고 싶다는 갈망은 일어나지만 금방 사라지고 맙니다. 불씨는 조금만 관리를 잘못하면 금방 꺼져버립니다. 이런 일이 예수동행일기를 쓸 때도 일어납니다. 큰 기대를 가지고 일기를 쓰기 시작했지만 금방 포기해버리는 것입니다.

그러나 불씨가 산불로 번지면 끄기가 힘들 듯이 예수님을 바라보며 살고자 하는 갈망이 작은 불씨에서 큰 산불로 번질 때가 옵니다. 그전까지는 불씨를 살리는 일이 필요합니다. 그래서 함께 일기를 쓰고 나누는 일기 나눔방이 필요한 것입니다. 예수동행운동도 그렇습니다. 지금은 불씨 살리는 일 같습니다. 그러나 얼마 가지 않아 곧 산불처럼 번져나가게 될 것을 믿습니다.

어느 목사님이 농촌 교회에서 목회하실 때 행복했던 것 중에 하나가 좋은 과일과 농작물들을 먹을 수 있는 것이었다고 했습니다. 교인들이 재배하는 채소와 과일이 너무 맛있어서 그 원인을 생각해봤더니 씨부터 달랐다고 합니다. 성도님들이 바지 주머니 안쪽에 아주 귀하게 보관하던 것이 있었는데 바로 '씨앗'이었습니다. 그 해에 잘 자란 좋은 열매의 씨를 따로 구별하여 모아두고 굉장히 소중이 여기는 것을 보았다고 합니다. 그렇습니다. 우리도 형편이 어려울수록 더욱 지켜야 할 것은 신앙의 종자 씨앗입니다. 곧 주님을 바라보는 믿음입니다. 항상 예수님을 바라보려는 마음을 잃지 말아야 합니다. 예수동행일기가 그 역할을 해줍니다.

침대 밑에 슬리퍼 던져 두기

많은 사람들로부터 존경받는 덴젤 워싱턴이라는 흑인 배우가 있습니다. 그가 딜라드대학교 졸업식에 연사로 초청받아 했던 강연의 주제는 '하나님을 첫번째로 두라'(put God first)는 것이었습니다.

"여러분이 나에 대해 알고 생각하는 모든 것, 내가 성취한 모든 것, 내가 가진 모든 것은 하나님의 은혜로 된 것입니다. 이것은 선물입니다. 나는 계속 하나님의 보호와 인도를 받았고, 하나님의 도우심을 입었습니다. 삶 속에 늘 하나님을 모셨으며, 하나님께서 나를 겸손하게 하셨습니다.

하나님께서 지시하지 않으시고, 보호하지 않으시고, 바로잡아주지 않았던 때는 한 번도 없었습니다.

나는 하나님께 항상 신실하지는 못했지만, 하나님께서는 항상 나와 함께하셨습니다. 여러분도 무슨 일을 하든지 늘 하나님과 함께하십시오. 만약 여러분 중에 나처럼 되고 싶다는 생각이 드는 사람이 있다면 내가 한 것처럼 하기 바랍니다. 잠자기 전 슬리퍼를 집어서 침대 밑에 던져 두십시오. 그렇게 하면 아침에 일어났을 때 슬리퍼를 찾기 위해 가장 먼저 무릎을 꿇어야 할 테니까요. 그렇게 침대 밑으로 내려가 무릎을 꿇었을 때 '주님, 감사합니다'라고 말하십시오."

아무것도 아닌 것 같은 이 행위가 그의 삶에 엄청난 영향을 끼

친 이유는 그것이 살아계신 하나님과의 교제였기 때문이며 꾸준히 지속되었기 때문입니다. 침대 밑에 슬리퍼를 던져 넣는 것도 이 정도라면 매일 일기를 쓰는 것은 어떤 결과를 가져오겠습니까?

하나님의 눈에 나는 어떻게 보일까?

예수님을 통하여 하나님께로 나아가는 것은 정말 복입니다. 하나님의 눈에 자신이 어떻게 보일지 궁금하십니까? 많은 사람들이 하나님이 자신을 어떻게 보실까를 두려워합니다. 그것은 예수님을 통해서 하나님을 바라보지 않기 때문입니다. 예수님을 통해서 하나님을 바라보면 완전히 생각이 달라집니다. 빨간 셀로판지로 세상을 보면 모두 빨간색으로 보이고, 파란 셀로판지를 대면 다 파랗게 보이듯이 하나님께서는 우리를 보실 때 예수님을 통하여 보심을 알게 되기 때문입니다.

> 우리는 그리스도 안에서 그의 은혜의 풍성함을 따라 그의 피로 말미암아 속량 곧 죄사함을 받았느니라 엡 1:7

하나님이 자신을 보면 역겨워 토하실 것이라 생각한다면 예수님을 통해서 하나님을 보지 않았기 때문입니다. 예수님을 통해서 하나님을 보면 우리를 너무나 사랑스러워하신다는 것이 믿어집니다. 예수님이 우리의 죄를 십자가에서 대신 지셨습니다. 그래서 우리가 허물도 많고 부족하고 악하지만 하나님 앞에서 "나 예쁘죠" 하고 담대히 나아갈 수 있는 것입니다. 우리도 예수님을 통하여 하나님께 나아가지만, 하나님께서도 예수님을 통하여 우리를 보신다는 것을 알아야 합니다.

우리는 예수님을 통해서 하나님과 더 깊은 사랑의 관계에 들어가게 됩니다. 단순히 하나님을 만나는 정도가 아닙니다. 예수님 안에서 우리는 하나님의 자녀가 되었음을 알게 됩니다. 그러므로 예수님 안에서 우리가 할 일은 하나님을 "아빠" 하고 부르는 것입니다.

영접하는 자 곧 그 이름을 믿는 자들에게는 하나님의 자녀가 되는 권세를 주셨으니 요 1:12

예수님을 통하여 하나님을 바라보면 하나님은 우리의 아빠입니다. 그래서 오늘도 하나님을 향하여 "아빠"라고 부르는 것입니다. 예수님을 통하여 하나님을 보면 누구나 다 그렇게 됩니다. 우리 안에 오신 성령께서 그렇게 강권하십니다.

너희는 다시 무서워하는 종의 영을 받지 아니하고 양자의 영을 받았으므로 우리가 아빠 아버지라고 부르짖느니라 성령이 친히

우리의 영과 더불어 우리가 하나님의 자녀인 것을 증언하시나니

롬 8:15–16

우리가 예수님 안에서 하나님을 바라보면 비록 형편과 처지가 어렵고 문제가 많을지라도 마음이 담대해집니다. 하나님이 자신의 아버지이심을 알게 되기 때문입니다. '예수님의 사람' 제자훈련 수료식 예배에서 80세가 되신 교우의 간증을 들었습니다. 제자훈련을 시작할 때만 해도 80세라는 나이에 제자훈련을 해도 되는지 고민이 되고, 젊은 사람들에게 오히려 폐가 되지 않을까 주저하는 마음이 들어 하나님께 기도를 했지만 아무 응답이 없었다고 합니다. 그렇게 눈물로 기도하는데 마음에 너무나 선명하게 "내 딸아, 내 딸아"라는 음성이 들렸다고 했습니다. 오래전 성령 체험을 했을 때 들었던 그 음성을 다시 들은 것입니다. 그 순간 제자훈련을 할 용기가 생겼다고 했습니다. 자신이 하나님의 딸이니 주저할 것이 무엇이겠습니까? 그렇게 제자훈련을 잘 마치고 수료생을 대표하여 간증까지 하게 된 것입니다.

예수님 안에서 하나님이 아버지이신 것을 알게 되면, 하나님의 인도하심 앞에서 두려움과 염려 때문에 주저하고 용기를 내지 못하던 마음이 변하여 담대하고 감사하고 확신을 갖게 됩니다. 그것이 예수님을 통하여 하나님께로 나아가는 것입니다.

당신을 보면 하나님이 계신 것 같아

예수님은 우리에게 하나님의 능력을 보여주셨습니다. 병든 자, 장애인, 귀신 들린 자들을 만났을 때 모두 고쳐주셨습니다. 예수님은 하나님의 공의도 보여주셨습니다. 종교를 이용하여 자신들의 잇속만 챙기고 힘없는 백성들을 짓누르는 종교 지도자들의 위선을 엄히 책망하셨습니다. 예수님은 역사를 주관하시는 하나님의 계획도 우리에게 보여주셨습니다. 세상의 종말에 있게 될 일들을 상세히 말씀해주셨습니다.

예수님을 통하여 하나님께 나아가는 자는 다른 사람들에게 하나님을 증거할 수 있습니다. 우리가 전도하면 사람들은 "하나님이 있으면 보여달라"고 합니다. 그 말에 많은 그리스도인들이 제대로 응답하지 못합니다. 그래서 어처구니없게도 자신이 그리스도인인 것을 숨기는 이들도 있습니다. 그것은 예수님을 통하여 사람을 만나면 된다는 것을 모르기 때문입니다.

예전에 예수님을 믿지 않는 어떤 분으로부터 메일을 받은 적이 있었습니다. 주변에서 제 설교를 들어보라고 하도 권하여 "지금은 아무 문제 없이 잘 지내니, 혹 어려운 문제가 생기면 들어보겠다" 했더니 "그때는 너무 늦다, 지금 들어보라"고 재촉하길래 저에게 메일을 보내 "꼭 지금 목사님의 설교를 들어야 하느냐?"라고 질문을 하였습니다. 아마 자신에게 열심히 전도하는 주위 사람들이 힘들고 귀찮게만 느껴졌던 모양입니다. 그럴 때 우리가 하나님을 보여줄 수 있으면 얼마나 좋겠습니까.

그런데 하나님은 불신자에게도 드러나기를 원하십니다. 우리만 하나님을 만나는 것이 아니라 우리를 통해서 불신자도 하나님을 볼 수 있도록 하셨습니다. 예수님을 통해서 그런 역사가 일어납니다. 우리는 예수님을 통하여 하나님에게만 나아가는 것이 아니라 예수님을 통하여 사람에게도 나아가야 합니다. 이것을 모르면 세상에서 예수 믿는 것을 숨기며 사는 기가 막힌 일이 벌어지게 됩니다.

실제로 공무원인 어느 남자 권사님은 점심 식사를 하러 구내식당에 가면 식사기도를 하지 못하는 것이 마음에 걸렸다고 합니다. 사람들이 자기가 기독교인인 것을 금방 알게 되는 것이 부담스러웠던 것입니다. 그런데 교회에서 권사 직분까지 받고 나니 식사기도를 하지 않고 밥을 먹는 것이 너무 괴로웠습니다. 고민하다가 화장실에 가서 식사기도를 하고 식당에 가서 밥을 먹기로 하였다는 것입니다. 그 권사님의 고백을 듣고 그리스도인들이 사회에서 어떤 고민을 하며 사는지 조금은 알 것 같았습니다. 그러나 분명한 것은 그렇게 사는 것이 그리스도인을 향한 하나님의 계획은 아니라는 것입니다. 그것은 아직 '나는 죽고 예수로 사는 십자가의 복음'을 몰라서 그런 것입니다.

가족에게, 친구에게, 직장동료에게 살아계신 하나님을 만날 수 있게 해주는 비결은 아주 간단합니다. 자신이 예수님 안에서 죽었고 이제 예수님이 자신 안에 거하시는 것을 정말 믿고 주님을 바라보며 사는 것입니다. 그러면 사람들이 깜짝 놀랍니다. "당신은 어떻게 그렇게 사느냐? 당신을 보면 하나님이 계신 것 같다"고 반응하게 됩니다. 이것이 모든 그리스도인에게 이루어진 일입니다.

우리가 항상 예수의 죽음을 몸에 짊어짐은 예수의 생명이 또한 우리 몸에 나타나게 하려 함이라 우리 살아 있는 자가 항상 예수를 위하여 죽음에 넘겨짐은 예수의 생명이 또한 우리 죽을 육체에 나타나게 하려 함이라 고후 4:10-11

예수님 안에서 내가 죽었음이 십자가의 복음입니다. '예수님을 통하여'라고 하는 말이 곧 "나는 죽었다"는 뜻입니다. 예수님을 통과하여 하나님을 경험하게 되고, 내 주변에 있는 사람들도 나를 통하여 하나님을 경험하게 되는 것입니다.

하나님이 하셨습니다!

워치만 니(Watchman Nee)의 일화 중에 이런 일화가 있습니다. 사재림이라는 의사가 있었는데 예수를 믿었지만 담배를 끊지 못했습니다. 도시에서 살 때는 숨어서 몰래 담배를 피울 수 있었는데, 시골의 작은 동네에 와 지내면서 문제가 되었습니다. 사람들이

다 자신을 예수 믿는 의사라고 아는데, 자신이 담배 피우는 것을 알면 예수 믿는 사람도 어쩔 수 없다고 생각할까봐 너무 괴로워 상담을 받으러 온 것입니다.

"한편으로는 담배를 피우고 싶고, 한편으로는 피울 수 없어서 너무 고통스러워요. 담배를 끊고 싶지만 아무리 끊으려고 해도 끊을 수 없는데 어떻게 해야 합니까?"

그러자 워치만 니가 말했습니다.

"당신이 담배 피우는 것으로 인해 감사하고 찬양합니다."

"예?"

"우리가 할 수 없다는 것이 감사한 것은 우리가 이제야말로 십자가의 능력을 경험하게 될 것이기 때문입니다. 기도하십시오. '하나님, 내가 담배를 끊을 수 없음으로 인해 하나님께 감사하고 찬양합니다. 하나님께서 나를 위해 담배를 끊어줄 수 있음으로 인해 감사하고 찬양합니다. 예수님께서 제가 담배를 끊고 자유케 하시기 위하여 십자가에서 피 흘려주셨습니다.'"

사재림도 워치만 니를 따라 고백하고 간절히 기도했습니다. 그렇게 30분쯤 지나자 더 이상 담배 피우고 싶은 생각이 없어졌다고 합니다. 정말 믿어지지 않는 놀라운 이야기입니다.

여러분도 도무지 해결하지 못하는 습관적인 죄와 성질이 있다면 이렇게 기도해보시기를 바랍니다.

"하나님, 제 성격은 너무 못됐어요. 하나님만 아시는 게 아니고 제 주변에 있는 사람도 다 알아요. 그런데 이 성질은 제가 못 바꾸겠어요. 그래서 감사하고 찬양합니다. 나는 바꾸지 못해도 하나님은 바꾸실 수 있기에 감사하고 찬양합니다. 나는 이미 예수님과 함께 십자가에서 죽었고 예수님은 나의 생명이십니다. 하나님은 나를 완전히 새로운 성질로 살게 해주는 분이십니다. 저는 그것을 믿고 찬양합니다."

결국 "하나님이 하셨습니다"라는 고백을 하는 여러분이 되기를 축복합니다. 예수님을 통하여 하나님을 바라보면 우리에게 주어진 모든 순간과 환경은 예수님을 드러내는 기회입니다. 질병이든, 가난이든, 실패든, 고난이든 무엇이든지 그 가운데서 예수님을 드러낼 수 있습니다. 나는 죽고 예수로 사는 것이 얼마나 놀라운 것인가를 경험하게 됩니다. 어떤 어려움과 고통, 실패 속에서도 예수님을 통하여 하나님을 만날 수 있음을 믿으시기 바랍니다.

예수님으로 문제를 보면 은혜가 보인다

최근 같은 주간에 두 신학교에 가서 말씀을 전했습니다. 대전에 있는 신학교에서는 예수동행일기와 24시간 주님과 동행하는 삶에 대하여 영성 세미나를 인도했습니다. 강당이 가득 차서 맨바닥에 앉아야 할 정도로 많은 사람이 모였습니다. 한 시간이 정말 순식간에 지나갈 정도로 집중하여 들었고 반응이 뜨거웠습니다.

세미나를 성공적으로 마치고 돌아오면서 메일을 확인했는데, 며칠 전 제게 무엇을 요청하신 분으로부터 저를 꾸짖는 메일이 와 있었습니다. 그 분이 집회에 와달라고 부탁하셨는데 사정이 있어서 그 집회에 참여할 수 없다고 거절하자 교회가 커지고 유명해지더니 제가 교만해졌다는 내용의 메일을 보낸 것입니다. 사실이 아니기에 억울하기도 했지만, 그렇게 보였다는데 변명할 수도 없는 일이었습니다.

집으로 돌아오는 내내 마음이 무거웠습니다. 방금까지 세미나 가운데 충만한 은혜로 가득했던 기쁨이 다 사라졌습니다. 그런데 집에 도착할 때가 되어서 제 마음에 깨달아지는 것이 있었습니다. '주님이 오늘 너무 놀라운 은혜를 주셨기에, 이 일로 인해 마음이 풀어지고 교만해질까봐, 하나님이 아주 딱 분명히 못을 박으시는구나' 그렇게 감사의 눈물을 흘렸습니다. 하나님은 은혜의 역사뿐만 아니라 마음까지 단속해주시는 분입니다. 그래서 저는 메일을 보내준 분에게 사랑의 충고를 마음에 잘 새기겠다고 감사하다는 메일을 보냈습니다.

또 다른 신학교에 갔을 때는 20분 정도의 짧은 설교였는데도 많은 사람들이 깊이 반응하는 것을 보면서 마음이 정말 좋았습니다. 그런데 설교 후 한 학생이 저에게 다가와 자신이 예전에 선한목자교회에 다니다가 실망하여 교회를 떠났다고 했습니다. 그 말투에 저와 교회에 대한 원망과 비난이 담겨 있었습니다. 그 후에 많은 사람들이 은혜를 받았다고 인사했지만 하나도 귀에 들어오지 않고 집으로 돌아오는 내내 마음이 무거웠습니다. 그 청년에게 미안했습니다. 견디기 쉽지 않은 시험이었지만 주님을 바라보니 주님은 이번에도 제가 교만하지 않게 붙잡아주심을 깨닫고 감사했습니다. 예수님 안에서 문제를 보면 하나님이 역사하시는 것이 보입니다. 그래서 더 깊은 은혜로 들어갈 수 있습니다.

오스왈드 챔버스(Oswald Chambers)가 《주님은 나의 최고봉》이라는 책에 이런 글을 썼습니다.

"우리가 주님의 생명을 드러내는지의 여부는 역경을 당해보면 압니다. 하나님의 아들의 그 원천적인 향기를 드러냅니까? 아니면 그분을 떠나 나 자신의 짜증과 신경질과 초조함을 드러냅니까? 역경 가운데 참된 자유함을 누릴 수 있는 유일한 비결은 하나님의 아들의 생명이 우리 안에서 드러나기를 간절히 열망하는 것입니다."

우리가 예수님과 온전히 연합한 자라면 어려운 일 때문에 우리 자신이 짓이겨졌을 때 오히려 예수님의 생명의 향기가 짙어질 것입니다. 향유를 담은 옥합을 깨면 향기가 확 퍼지는 것과 마찬가지입니다. 예수님과 함께 사는 자들, 늘 주님을 바라보고 사는 자들에게는 이런 역사가 있습니다. 그가 고난당할 때, 시련을 당할 때, 어려움을 당할 때 주변에 있는 사람들이 향기를 느낍니다. 예수님을 통해서 하나님의 은혜의 세계에 들어갔기 때문입니다.

우리는 예수님을 통하여 하나님을 만나게 됩니다. 이것이야말로 가장 고귀한 삶이며 사명입니다. 그것으로 충분합니다. 오늘 예수님을 통해서 살아계신 하나님을 만나고, 그 깊은 은혜를 경험하고, 여러분의 문제를 향한 하나님의 대답을 듣고, 그 마음에서부터 문제가 풀어지는 역사가 일어나게 되기를 축복합니다.

prayer for revival

1. 주 예수님, 예수님을 통하여 하나님을 만나는 은혜를 허락하소서. 하나님을 바라보는 눈을 열어주소서.

2. 주 예수님, 사랑의 하나님, 아버지 하나님으로 만나주소서. 함께하시는 하나님으로 믿어지게 하소서.

3. 주님과 온전히 연합한 자가 되어서 힘들수록 더욱 주님 안에 거하여, 오히려 그리스도의 향기가 더 짙고 강하게 나게 하소서.

예수 그리스도 위에 굳게 서라

우리 인생은 태어났으니까 어쩔 수 없이 먹고 살다가 죽는 것이 아닙니다. 누구에게나 가장 소중한 것이 인생입니다. 그렇게 소중한 인생인데, 대부분 태어나서 공부하고 직장 다니다가 결혼해서 자식을 낳아 기르다가 인생을 마칩니다. 여러분의 장례식은 어떨 것 같습니까? 여러분의 인생은 어떤 평가를 받을 것 같습니까? 여러분의 장례예배를 인도하는 목사님이 과연 어떤 설교를 할 것이며, 여러분을 어떤 사람이라고 소개할 것 같습니까?

다음 질문에 대답해보면 여러분의 장례식 분위기를 대략 느낄 수 있을 것입니다. "지난 1년 동안 살면서 특별한 간증이 있으셨습니까?", "지난 한 달 동안 어떤 간증이 있었습니까?", "이번 주에는 어떤 간증이 있습니까?", "오늘 하루 동안 여러분에게 어떤 간

증이 있습니까?" 만약 특별하게 말할 것이 없다면 여러분의 장례
식에도 특별하게 말할 것이 없습니다. 정말 열심히 살았고, 울기
도 많이 울고, 화내기도 했고, 싸우기도 했지만 정작 나눌 것은
없는 허무한 인생을 산 것입니다. 하루하루 그냥 흘러가는 대로,
급한 일 처리하느라 허겁지겁 살았을 뿐입니다. 이렇게 살면 큰일
납니다. 그것은 집을 짓는 사람이 벽돌을 아무렇게나 쌓는 것과
같기 때문입니다. 그런 집이 어떤 집이 될지 뻔하지 않습니까?

나는 지금 어떤 집을 짓고 있는가?

성경은 인생을 '집'에 비유했습니다. 여러분은 지금 어떤 집을 짓
고 있습니까? 어떤 분은 상당히 괜찮은 집을 지어서 이제 곧 완성
단계에 있을 수도 있고, 어떤 분은 이제 막 집을 짓기 시작한 분도
있을 것입니다. 지금 어떤 단계에 있든지 집을 짓고 있다는 것은
누구나 똑같습니다. 우리가 평생을 살고 난 다음, 남는 것은 인생
이라는 집입니다.

　우리 인생은 하나님 앞에 영생을 얻는 인생과 영원히 버림받는
인생으로 극명히 갈립니다. 이것이 고린도전서 3장 10-15절 말씀
의 핵심입니다. 사람들이 사는 것을 보면 다 비슷합니다. 열심히
삽니다. 고민도 많이 하고, 울기도 하고, 애도 씁니다. 다 잘살자
는 것인데, 마지막에 가면 인생이 쫙 갈라져버립니다. 무슨 기준

으로 인생이 그렇게 갈라지는 겁니까? 성경은 그것이 '기초'라고 말합니다. 어디에 기초를 두고 살았는지에 따라 우리 인생이 마지막 순간에 갈라진다는 것입니다.

제가 신학교에 다닐 때 같이 공부하던 동기들은 전부 같은 신학생이었습니다. 특별히 다를 게 별로 없었습니다. 신학생이라는 신분으로 하나였습니다. 그런데 신학교를 졸업하고 난 다음 목회 현장으로 흩어져 10년, 20년, 30년이 지나면 각 사람에 대한 평가가 달라집니다.

그렇다면 과연 어떻게 산 사람이 잘산 것입니까? 누가 성공한 사람입니까? 흔히 돈을 많이 벌었고 높은 지위를 가졌으면 성공했다고 부러워합니다. 그러나 죽음 앞에 서보면 그것들은 아무것도 아닙니다. 목사도 큰 교회 담임목사가 있고, 아주 작은 교회를 섬기는 목사도 있습니다. 겉으로 보면 당연히 큰 교회 담임목사가 훨씬 성공한 것처럼 보입니다. 그러나 성경을 가만히 읽어보면 그것은 모르는 일입니다. 하나님은 교회를 큰 교회, 작은 교회로 구분하지 않으십니다.

그럼 어떤 사람이 복된 사람, 성공한 사람일까요? 성경은 "누가 주님과 더 가까워졌는가?" 이것이 진정한 평가 기준이라고 말합니다. 가장 복된 사람은 주님과 더 친밀해진 사람입니다. 결국 마지막 날에 예수님을 낯선 주님으로 만날지, 아주 친밀한 주님으로 만날지 그 차이입니다. 우리는 이제 인생에 대한 진정한 기준을 가지고 있어야 합니다. 평생 주님과 가깝고 친밀했다면 정말 좋은 집을 지은 사람입니다. 우리 인생의 기초는 예수님으로 갈라집니다.

예수 그리스도 위에 세워졌는가?

우리 인생의 기초는 예수님이어야 합니다. 사도 바울이 고린도교회를 개척하면서 가장 중요하게 생각했던 것 역시 교회의 기초였습니다. 그 기초는 바로 '예수 그리스도'입니다.

> 내게 주신 하나님의 은혜를 따라 내가 지혜로운 건축자와 같이 터를 닦아 두매 다른 이가 그 위에 세우나 그러나 각각 어떻게 그 위에 세울까를 조심할지니라 이 닦아 둔 것 외에 능히 다른 터를 닦아 둘 자가 없으니 이 터는 곧 예수 그리스도라 고전 3:10-11

저는 선한목자교회를 재창립한 목사입니다. 선한목자교회 이전에 이미 교회가 있었지만 예배당 건축의 문제와 재정의 어려움, 목회자의 신뢰 문제 등으로 많은 교인들이 교회를 떠났습니다. 저는 두 번째 담임목사로 부임하여 교회를 다시 세우는 일을 맡았습니다. 그때 제가 가장 중요하게 생각한 것이 예수 그리스도 위에 교회를 세워야 한다는 것이었습니다. 저는 예배당 건축을 마무리하고 교회를 부흥시킬 자신은 없었지만 제 사명이 이 교회를 예수 그리스도 위에 세우는 것이라는 점만큼은 확신했습니다. 그래서 교회 표어를 '예수님께서 이끄시는 교회'로 정했습니다. 건축을 마무리하고 빚을 갚는 것보다 교인들이 예수님을 바라보게 하는 일이 더 중요하다고 생각하였기 때문입니다. 이것이 교회의 기초를 예수 그리스도에게 두는 것이라 믿었습니다.

저는 또한 '나는 죽고 예수로 사는 십자가 복음'을 가르치는 일에 힘을 썼습니다. 왜냐하면 십자가 복음이 단순히 속죄의 복음만 아니라 '나는 죽고 예수로 사는' 복음임을 모르는 교인들이 너무 많았기 때문입니다. 교인들이 지겹게 느낄 정도로 그 메시지를 전하고 또 전했습니다. 그러자 교인들의 입에서도 '예수님이 이끄시는 교회', '나는 죽고 예수로 산다'는 말이 나오기 시작했습니다. 목회자와 교인들의 입에서 "예수님이 교회의 주인이시고, 교회를 이끌어 가시고, 나는 죽고 예수로 산다"는 고백이 나와야 비로소 교회가 올바르게 서는 것입니다. 제가 선한목자교회를 담임하면서 한 것은 그것밖에 없습니다. 예수님이 교회의 기초가 되시기 때문입니다.

저도 목회하면서 한동안 교회의 기초가 예수 그리스도여야 함을 분명히 알지 못했던 때가 있었습니다. 그때는 목사가 설교 잘하고, 심방 열심히 하고, 예배당을 크게 지어 교인들이 많아지면 좋은 교회를 세우는 것이라고 생각하였습니다. 그러나 교회가 커진다고 다 좋은 교회가 되는 것이 아님을 깨달았습니다. 규모가 아무리 작아도 온 성도가 주님을 주목하고, 교회의 주인이 예수님이심을 고백하고, 예수님의 뜻을 고민하며 나아가는 교회가 진짜 좋은 교회임을 알았습니다. 교회 규모가 아무리 커도 사람이 주인이고, 세상 냄새가 나는 교회는 겉보기에 좋은 교회처럼 보여도 절대로 좋은 교회가 되지 못합니다. 좋은 교회인지 아닌지를 나누는 기준은 교회가 예수 그리스도 위에 세워졌느냐에 있습니다.

불 가운데서 받는 시험

저는 선한목자교회를 목회하면서 목회자의 책임이 너무 중요하다는 것을 깨달았습니다. 그래서 감당할 수 없는 위기가 닥쳐와도 문제는 예수님께 맡기고, 저는 예수님이 기초가 되는 교회가 되도록 애를 썼습니다. 그러자 하나님께서 교회를 전혀 다른 분위기로 변화시켜주셨고, 예수님이 친히 역사하시는 증거를 보여주셨습니다. 기적적으로 예배당 공사가 마무리되었고 교회는 계속 성장해갔습니다.

그러나 예수님이 교회의 머리이시고, 교회가 예수님의 몸이라는 것을 안다고 끝이 아니었습니다. '나는 죽고 예수로 사는 십자가 복음'을 열심히 전하였을 때, 교인들이 예수님을 믿는다는 것이 무엇인지 비로소 깨달아 놀라기도 하고, 충격을 받으면서도 하나님이 눈을 열어주신 기쁨을 느꼈습니다. 하지만 얼마 못 가서 그들의 얼굴이 다시 어두워졌습니다. 여기저기서 "나는 아직 죽지 않았다"라는 탄식이 들렸습니다.

말씀을 듣고, 통성기도 할 때 "나는 죽었습니다!"라고 외쳤는데, 가정이나 교회 소그룹 공동체, 직장에서 혈기를 부리고, 화를 내고, 은밀한 죄를 짓기도 하는 자신을 보면서 '아직 나는 죽지 않았다'라고 생각한 것입니다. '나는 죽고 예수로 사는 십자가 복음'을 듣기는 했지만 진정 믿지 못하니 그대로 살아지지 않은 것입니다. 나는 죽고 예수로 사는 복음을 교리로만 알고 있기 때문이었습니다. 그러면 아직 예수님이 내 인생에 기초가 되었다고 자신 있게 말할 수 없는 것입니다.

사도 바울은 고린도교회를 세울 때 교회의 기초가 예수님인 것을 분명히 했습니다. 사도 바울 이후에 아볼로와 및 다른 사람들이 와서 그가 닦은 십자가 복음 위에 교회를 세워갔습니다. 사도 바울은 그들이 어떤 재료를 사용하여 집을 세웠는지에 대하여 시험을 받을 것이라고 했습니다.

만일 누구든지 금이나 은이나 보석이나 나무나 풀이나 짚으로 이 터 위에 세우면 각 사람의 공적이 나타날 터인데 그날이 공적을 밝히리니 이는 불로 나타내고 그 불이 각 사람의 공적이 어떠한 것을 시험할 것임이라 고전 3:12-13

그 시험은 불 시험이라고 했습니다. 그 시험을 거치면서 그들이 좋은 재료를 사용했으면 상을 받을 것이고 신통치 않은 재료를 사용했으면 해를 받을 것이라고 했습니다.

만일 누구든지 그 위에 세운 공적이 그대로 있으면 상을 받고 누구든지 그 공적이 불타면 해를 받으리니 그러나 자신은 구원을 받되 불 가운데서 받은 것 같으리라 고전 3:14-15

얼마나 두려운 말씀입니까? 예수 그리스도로 분명히 인생이 바뀌었다면, 이제는 어떻게 살아갈지가 중요합니다. 우리에게도 반드시 불 시험이 옵니다. 우리가 "불 가운데서 구원을 받은 것 같다"는 것입니다. 그럴 때 '내 믿음이 어디 갔나, 내가 진짜 예수 믿는 사람인가' 이렇게 탄식하지 않도록 준비해야 합니다.

예수님을 믿기 전에는 돈 많이 벌고, 세상에서 성공하고, 자식 잘 기르는 것 등이 인생의 기초가 되었을 것입니다. 그렇지만 그것은 완전히 망하는 길입니다. 하나님과 아무 상관이 없는 길이기 때문입니다. "나는 죽고 예수로 산다"는 것으로 인생의 기초가 바뀌어야 합니다. 그러나 아무리 올바른 진리라 하더라도 단순히 지식에 머무르면 아무 소용이 없습니다. 예수님은 우리가 어떻게 살아가는지, 진짜 자아가 죽고 예수로 사는지를 보십니다.

내가 네 행위를 아노니

요한 사도는 계시록에서 마지막 날 주님으로부터 교회들이 심판받을 것이라고 말씀하였습니다.

> 그러나 너를 책망할 것이 있나니 너의 처음 사랑을 버렸느니라 그러므로 어디서 떨어졌는지를 생각하고 회개하여 처음 행위를 가지라 만일 그리하지 아니하고 회개하지 아니하면 내가 네게 가서 네 촛대를 그 자리에서 옮기리라 계 2:4-5

이 말씀은 에베소교회를 향한 말씀입니다. 그들이 돌이키지 않으면 주님이 가서 촛대를 옮기시겠다고 하십니다. 정말 무서운 말씀입니다. 더 무서운 것은 사데교회에게 하신 말씀입니다.

> 내가 네 행위를 아노니 네가 살았다 하는 이름은 가졌으나 죽은 자로다 계 3:1

"나는 예수 믿었어", "우리 교회는 예수님의 교회야"라는 고백이 중요하지 않습니다. 실제로 가정에서 어떻게 사는지, 일터에서 어떻게 사는지, 교회에서 어떤 모습인지 하나님께서 다 아십니다. 그 인생이 예수님 위에 세워진 사람인지 아닌지 주님은 명확히 아신다는 것입니다.

내가 네 행위를 아노니 네가 차지도 아니하고 뜨겁지도 아니하도다 네가 차든지 뜨겁든지 하기를 원하노라 계 3:15

부유했던 라오디게아교회 역시 무서운 책망의 말씀을 받았다는 것을 명심해야 합니다. 정말 두려운 말씀이 아닐 수 없습니다. 그렇다면 한국 교회는 어떤 말씀을 들을까요? 여러분이 속한 교회는 어떤 말씀을 들을까요? 우리는 어떻게 해야 합니까? 믿을 때도 '오직 예수'이어야 하지만 믿고 난 다음에도 끝까지 '오직 예수'이어야 합니다. 이렇게 되어야 진정 예수 그리스도 위에 기초를 놓은 인생을 사는 것입니다. 그래서 24시간 주님을 바라보자고 외치고, 그렇게 하기 위하여 예수동행일기를 쓰게 된 것입니다.

기초가 다른 인생

예수님이 두 집 비유를 말씀하십니다.

그러므로 누구든지 나의 이 말을 듣고 행하는 자는 그 집을 반석 위에 지은 지혜로운 사람 같으리니 비가 내리고 창수가 나고 바람이 불어 그 집에 부딪치되 무너지지 아니하나니 이는 주추를 반석 위에 놓은 까닭이요 나의 이 말을 듣고 행하지 아니하는 자는 그 집을 모래 위에 지은 어리석은 사람 같으리니 비가 내리고

창수가 나고 바람이 불어 그 집에 부딪치매 무너져 그 무너짐이
심하니라 마 7:24-27

실제로 1906년 샌프란시스코에 큰 지진이 일어났을 때 말씀 그
대로 지진 피해가 드러났습니다. 지진은 새벽에 일어났는데, 바위
언덕 위에 지은 고급 주택에 사는 사람들은 지진이 일어났는지도
모르고 계속 잠들어 있었고 별다른 피해 없이 지진을 견뎌냈습니
다. 반면에 만(灣)을 따라 매립지 위에 지어진 주택들과 언덕들 사
이의 충적토 위에 지어진 주택에 살던 사람들은 지진의 충격으로
침대에서 튕겨 나왔고 진동이 지속되는 동안 일어설 수도 없었습
니다. 토사가 두꺼운 평지에서도 많은 건물들이 완전히 붕괴되었
습니다. 바위 위에 지은 집과 흙 위에 지은 집은 지진이 일어나보
면 극명하게 갈립니다.

우리 인생도 똑같습니다. 겉으로 보면 사람들이 사는 모습이
다 비슷해 보입니다. 그런데 하나님 앞에서는 영생과 지옥으로 명
확하게 갈라집니다. 먹고 사는 것이 다 비슷한 것 같은데 어떻게
극명하게 갈리는 것입니까? 기초가 다르기 때문입니다. 영생을 얻
는 사람은 예수님을 인생의 기초로 삼고 말씀에 순종하며 산 것이
다른 것입니다.

'내가 지은 집이 홍수가 나고 지진이 일어났을 때 무너지는 집
인가, 아니면 견고하여 흔들림이 없는 집인가'의 차이는 예수님에

대해서 얼마나 많이 알고 복음을 얼마나 많이 들었느냐에 달려 있지 않습니다. 예수님의 속죄함을 믿느냐 부인하느냐 하는 것도 아닙니다. 주님의 말씀에 대한 순종에 차이가 있습니다. "나의 이 말을 듣고 행하는 자"와 "나의 이 말을 듣고 행하지 아니하는 자"라고 했습니다. 모두 다 예수님의 가르침을 들은 사람이라는 것입니다. 무너지는 집을 지은 사람도 주님의 말씀을 들었습니다. 다만 듣고 순종하지 않았을 뿐입니다.

그러니까 우리 인생은 '주님의 말씀을 아느냐 모르느냐'가 아니라 '순종하느냐 불순종하느냐'로 영생과 지옥이 갈라집니다. 우리가 인생의 기초를 예수님에게 둔다는 것은 삶의 모든 순간 주님을 바라보는 것이며, 결국 예수님이 말씀하신 대로 사는 데까지 가는 것입니다.

예수님과의 관계가 가장 중요합니다. 항상 예수님을 바라보는 인생, 항상 예수님을 생각하는 인생을 살면 말씀이 들리기 시작합니다. 어떻게 살아야 하는지 예수님이 깨우쳐주십니다. 예수님은 우리가 예수님이 들려주신 말씀에 순종하며 살기를 원하십니다. 인생의 기초가 예수님에게 있는 사람은 그렇게 살아갑니다.

그리스도 안에 있는 믿음

> 하나님이 세상을 이처럼 사랑하사 독생자를 주셨으니 이는 그를
> 믿는 자마다 멸망하지 않고 영생을 얻게 하려 하심이라 요 3:16

요한복음 3장 16절은 사람들이 가장 많이 아는 성경 구절로 꼽힙니다. 기독교 복음을 가장 간략하게, 그러나 가장 완벽하게 요약한 말씀입니다. 그런데 이 말씀을 정확히 이해하는 사람은 많지 않습니다. 내가 예수를 믿었으니까 영생을 받았다고 생각하는 사람이 너무 많습니다. 그런데 그것은 "그를 믿는 자마다"라는 말씀을 정확하게 이해하지 못했기 때문에 오해한 것입니다. 그 말씀에 사용된 헬라어는 현재형 동사입니다. 그러니까 그 말은 "예수님을 한 번 믿은 자마다"라는 것이 아니라 "예수님을 지속적으로 믿고 있는 자마다" 혹은 "예수님에 대한 믿음 안에 머물러 있는 자마다"라는 의미입니다.

영생 얻는 믿음은 예전에 한 번 예수를 믿은 믿음이 아닙니다. 예수 그리스도 안에 자신의 존재를 맡기는 믿음이며, 그 상태로 계속 살아가는 믿음입니다. 그것이 예수님께서 말씀하신 믿음입니다. 그것을 강조하기 위해 주님은 '포도나무와 가지의 비유'를 말씀하셨습니다.

나는 포도나무요 너희는 가지라 그가 내 안에, 내가 그 안에 거하면 사람이 열매를 많이 맺나니 나를 떠나서는 너희가 아무것도 할 수 없음이라 요 15:5

포도나무 가지가 줄기에 붙어 있는 이미지는 믿음이 무엇인지 정확히 묘사해줍니다. 가지는 나무에 붙었다 떨어졌다 할 수 없습니다. 한 번 떨어지면 끝입니다. 이처럼 예수님을 믿는 것은 늘 주님 안에 머물러 있는 것입니다. 예수님 안에 거하는 관계를 맺으며 주님과 하나가 된 사람이 영생을 얻게 됩니다.

영어성경을 보면 좀 더 정확하게 알 수 있습니다. 영어성경은 '예수님을 믿는다'를 "Believe him"이 아니라 "Believe in him"으로, "Believe Lord"가 아니라 "Believe in Lord"로 표현합니다. "Believe him"은 그분을 신뢰한다는 것뿐입니다. 그분이 그리스도라는 것을 안다는 수준에 머문 것입니다. 그런데 'Believe in him', "그분 안에서 믿는다"는 것은 그분께 자신을 맡긴다는 것입니다. 이것이 바로 구원받는 믿음입니다.

사도 바울은 이렇게 말했습니다.

내가 그리스도와 함께 십자가에 못 박혔나니 그런즉 이제는 내가 사는 것이 아니요 오직 내 안에 그리스도께서 사시는 것이라 이제 내가 육체 가운데 사는 것은 나를 사랑하사 나를 위하여 자기

자신을 버리신 하나님의 아들을 믿는 믿음 안에서 사는 것이라

갈 2:20

이것이 예수님이 인생의 기초가 된 사람의 고백입니다. 그러니까 살아가는 동안 우리가 할 수 있는 일은 항상 예수님을 바라보며 예수님을 완전히 의지하는 것입니다.

베다니라는 마을에 살던 마리아는 특별할 것이 없는 평범한 여인이었습니다. 그런데 예수님의 칭찬을 받았습니다.

몇 가지만 하든지 혹은 한 가지만이라도 족하니라 마리아는 이 좋은 편을 택하였으니 빼앗기지 아니하리라 하시니라 눅 10:42

마리아가 무슨 특별한 일을 해서 칭찬을 받은 것이 아닙니다. 그것은 마리아가 오직 예수님을 갈망하며 예수님께만 몰두했기 때문입니다. 예수님의 발 아래 앉아 그분의 말씀을 귀담아들었을 뿐입니다. 언니 마르다가 식사를 준비하느라 바쁜데 도와주지도 않고 예수님의 말씀만 들은 것입니다. 마리아는 언니를 돕는 것보다 말씀을 듣는 것이 더 중요하다고 생각했습니다. 예수님은 그런 마리아에게 더 좋은 편을 택했다고 칭찬하십니다.

예수님은 우리에게 다른 특별한 것을 원하시지 않습니다. 예수님을 향한 갈망, 예수님이 무슨 말씀을 하시는지 귀 기울이는 삶

을 원하십니다. 이것이 바로 인생의 기초가 예수님이 된 사람에게 일어나는 성령의 역사입니다. 제게도 마리아와 같은 갈망이 있습니다. 정말 예수님 한 분이면 충분한 사람이 되고 싶은 것입니다. 저는 이것이 성령의 역사라고 느낍니다.

주님, 저는 그런 사람입니다

저는 요즘도 나는 죽고 예수로 살겠다는 고백을 수시로 합니다. 아침에 눈을 떴을 때도, 새벽기도 나올 때도, 시간이 날 때마다 고백합니다. 나이가 들수록 제가 너무 나약하고, 제가 여전히 가지고 있는 육신의 욕구와 충동들을 계속해서 느끼니까 할 수 있는 방법이 믿음의 고백으로 나아가는 것뿐입니다. 우리는 순간순간 주님 위에 굳게 서야 합니다. 속죄함을 받았다는 것을 믿는 것으로 충분하지 않습니다. 매 순간 주님 안에 거해야 하고 주님의 말씀에 순종해야 합니다.

물론 순종을 자신의 힘, 자신의 노력으로 하라고 하면 그것은 복음이 아닙니다. 주님의 말씀을 듣고 순종하는 것조차 전적인 성령의 역사로 주님이 해주시는 것입니다. 우리가 할 일은 계속해서 예수님을 바라보며 예수님께 귀 기울이는 것뿐입니다. 그러면 예수님께서 우리에게 말씀대로 살 힘을 주십니다.

저는 연약해서 주님의 말씀에 순종하지 못할 때도 많습니다.

그때마다 저는 어떻게 해서든지 순종하겠다고 작정하고 또 결심하며 나아갔습니다. 그런데 예수님은 오히려 저에게 "너는 너 자신이 할 수 없다는 것을 그냥 인정해라. 오히려 그것을 감사해라"라고 말씀하셨습니다. 저는 결국 제힘으로 순종하겠다는 것이 정말 무익하다는 것을 깨달았습니다.

그래서 "예수님, 저는 너무나 못돼서 감사합니다"라는 이상한 고백을 합니다. 왜냐하면 이렇게 못된 저를 통해 예수님의 역사하심이 분명하게 드러나기 때문입니다. 제 고집과 어리석음, 육신적인 연약함과 속물적인 근성 전부 그대로 있는데도 목사로서 설교하는 자리에 서게 됩니다. 제가 그 모든 것을 다 해결하고 어떻게 설 수 있겠습니까.

그래서 저는 주님 앞에 고백합니다. "주님, 저는 그런 사람입니다. 그래서 주님, 감사합니다. 제가 육신에 끌려가지 않고 주님 뜻대로 살 힘을 주실 분이 주님이시기 때문에 감사합니다." 제가 뭔가 그럴듯한 좋은 일을 했다면 그것은 전적으로 주님이 하신 것입니다. 저에게는 그렇게 할 수 있는 능력이 없습니다. 그러니까 오히려 주님이 하셨다는 간증의 삶을 살아갑니다.

모든 순간 주 예수님 위에 굳게 서라

우리는 이미 예수 그리스도를 믿은 사람들이고, 이미 성령도 받았는데, 왜 다시 "성령을 받으라"고 하시는 것입니까? 그것은 성령이 안 계시니까 받으라는 의미가 아닙니다. 이미 우리 안에 성령께서 오신 것을 알라는 것입니다. 우리가 너무 모르고 지내기 때문입니다. 성령을 모시고 살면서도 성령이 계신다는 의식이 없습니다. 우리 안에 성령이 내주하신다는 사실을 인정하고 성령께서 우리를 온전히 다스리시도록 자리를 내어 드리라는 말입니다. 나의 생각과 의지와 감정과 계획을 온전히 다스리시도록, 온종일 그분께 사로잡혀 살아가도록 주권을 이양하라는 말입니다.

예수님이 진짜 여러분 안에 계시는데 밥이 넘어갑니까? 우리가 그분의 영광을 제대로 안다면 앉지도 서지도 못할 것입니다. 하나님께서 그 영광의 빛을 상당 부분 가려주고 있으니까 우리가 이렇게 살아가는 것입니다. 그런데 마귀는 우리 눈을 아주 덮어버렸습니다. 그래서 예수님을 모시고 살면서도 할 말 안 할 말 다 하고, 갈 데 안 갈 데 다 가고, 엉뚱하고 부끄러운 짓을 아무렇지 않게 하는 것입니다. 그래서 성령을 받으라고 말하는 것입니다. 이제는 정말 성령의 내주하심을 믿고 성령으로 충만하게 살아야 합니다. 이것이 예수님이 삶의 기초가 된 사람입니다.

예수님이 기초인지 아닌지는 지진이 나면 드러납니다. 사막의 성자 샤를 드 푸코(Charles de Foucauld, 1858-1916)가 어느 날 나무를 보면서 깊은 깨달음을 얻었습니다. 나무는 떨어지는 잎이나 부서져 나가는 가지에 대해 아무런 염려를 하지 않는다는 것이었습니다. 떨어지지 못하도록 기를 쓰거나 떨어지는 것을 잡으려고 안달하지도 않습니다. 어떤 상황 속에서도 그저 의연할 뿐이었습니다. 전능하신 창조주 하나님을 믿는 자들이 떨어져 나가는 재물이나 건강이나 생명 때문에 염려하고 절망한다는 것은, 스스로를 하찮은 나무보다도 더 못한 존재로 전락시키는 것이 아닌가 하는 생각에 그는 어떤 상황 속에서도 하나님을 믿는 믿음으로 근심하거나 탄식하지 않게 되었다고 합니다.

우리는 너무 쉽게 하나님을 믿는다고 말합니다. 정말 하나님을 믿고 있는 것입니까? 진짜 향나무와 가짜 향나무의 차이는 도끼에 찍히는 순간에 드러납니다. 진짜 향나무는 찍힐수록 향기가 진동합니다. 우리가 정말 하나님을 믿는 자인지 아닌지는 평소에는 판가름이 나지 않습니다. 건강, 재물, 자신의 계획이 찍히고 떨어지고 빼앗기고 부서지고 깨어져 나갈 때 드러납니다. 이러한 순간에도 하나님을 전폭적으로 신뢰하고 기뻐한다면 정말 하나님을 믿는 사람입니다.

우리가 인생의 기초를 예수님이라고 생각하며 살아왔어도, 실제로 그렇게 살지 못했습니다. 지금부터라도 인생의 기초가 예수님이라는 생각을 분명히 하고 살아가야 합니다. 우리 인생을 전부 예수님이 이끌어가시게 해야 합니다. 우리의 연약함은 문제가 되지 않습니다. 계속 예수님을 바라보시기 바랍니다. 절대로 마귀에게 틈을 주지 마시기 바랍니다. 혼자서 힘들 때 영적 공동체에게 도움을 요청하시기 바랍니다. 주변 사람에게 지금부터 예수님만 바라보며 살겠다고 담대히 선포하며 나아가시기 바랍니다.

주님은 우리가 바로 살 힘을 우리의 능력에 두시지 않고, 성령께서 그렇게 해주시겠다고 하셨습니다. 그런데 그것은 우리가 믿음으로 고백할 때 그렇게 하시겠다는 것입니다. 가만히 쭈그리고 앉아 있기만 하면 예수님도 역사하실 수 없습니다. "주님, 제가 이제는 내 인생의 모든 순간 주 예수님 위에 굳게 서기 원합니다." 내 인생의 또 한 번의 새로운 전환점이 되기를 원한다고 간절히 기도하시기를 바랍니다.

prayer for revival

1. 오직 주 예수님만 제 삶의 기초가 되어 살게 하소서.

2. 주 예수님의 말씀에 귀 기울이오니 말씀으로 임하여 주옵소서. 주님이 하시는 말씀을 분명히 듣게 해주소서. 말씀으로 살아나고 일어나게 하소서.

3. 어떤 유혹에도 넘어지지 않게 하소서. 비바람이 몰아치고 지진이 날지라도 무너지지 않게 하소서. 넘어진 자들을 다시 일으켜주소서. 다시 붙잡아 세워주실 주님을 찬양합니다.

예수 그리스도 안에 거하라

어느 초등학생이 '중독'이라는 시를 썼습니다.

틈만 나면 게임한다고 / 중독이라 하지만 / 난, 학교 갔다 와서 할 뿐 / 난, 학원 갔다 와서 할 뿐 / 난, 밥 먹고 할 뿐 / 난, 똥 싸고 할 뿐 / 학교도 안 가 / 학원도 안 가 / 밥도 안 먹어 / 똥도 안 싸 / 틈도 없이 하는 게 중독이지 / 틈도 없이 잔소리하는 엄마가 중독이지

학생의 입장에서 보면 자신은 학교도 가고, 학원도 가고, 그저 남는 시간에 게임을 할 뿐이니 게임 중독이라는 엄마의 말에 동의할 수 없다는 것입니다. 오히려 시도 때도 없이 잔소리하는 엄마가 중독처럼 느껴진다는 참 재미있는 시입니다.

우리가 어떻게 하면 변화된 삶을 살 수 있을까요? 예수님을 믿고 죄사함을 받았다는 믿음은 가졌지만, 죄를 이기는 승리는 경험하지 못하고 있습니다. 마치 중독에 빠진 사람처럼 도무지 해결되지 않는 크고 작은 죄가 우리 가운데 여전히 남아 있습니다. 하지 말아야 할 것은 계속하게 되고, 해야 한다고 생각하는 일은 하지 못한 채 실패감, 좌절감으로 삽니다. 우리는 예수님을 믿으면 '거듭났다'고 합니다. 그런데도 왜 삶은 변화되지 못하는 것입니까?

누군가는 '예수님을 믿어도 죄는 어쩔 수 없다'는 생각을 할 수 있습니다. 하지만 그 생각은 틀렸습니다. 분명 자신에게 문제가 있는 것입니다. 어쩔 수 없다는 말로 타협하면 안 됩니다. 예수님을 믿으면 성경이 말한 대로 놀랍게 변화된 삶, 거듭난 삶이 반드시 우리에게 주어집니다.

포도나무 예수

성경에 나오는 예수님에 대한 증거는 두 가지입니다. 하나는 예수님은 하나님의 아들이시고 온 인류를 구원하시는 그리스도라는 것입니다. 또 다른 하나는 예수님이 믿는 자들 안에 계신다는 것입니다.

너희는 믿음 안에 있는가 너희 자신을 시험하고 너희 자신을 확증하라 예수 그리스도께서 너희 안에 계신 줄을 너희가 스스로 알지 못하느냐 그렇지 않으면 너희는 버림 받은 자니라 고후 13:5

예수님을 믿어도 삶이 바뀌지 않는 이유는 예수님이 그리스도라는 사실에만 머물기 때문입니다. 예수님이 누구이신지 알지만 예수님이 자신 안에 계신다는 사실이 분명하지 못하기 때문입니다. 예수님이 내 안에 오셨다고 고백은 하지만, 천지를 창조하신 하나님이 지금 내 안에 오셨다고는 믿지 않는 것입니다. 그러니까 예수님이 마음에 임하셨다고 하면서도 문제와 질병과 시험 앞에서 두려워하고 염려하는 것입니다. 예수님이 어떤 분이신지 건성으로 믿고 있는 것입니다. 엄밀히 말하면 안 믿는 것입니다.

나는 포도나무요 너희는 가지라 그가 내 안에, 내가 그 안에 거하면 사람이 열매를 많이 맺나니 나를 떠나서는 너희가 아무것도 할 수 없음이라 요 15:5

우리가 정말 체험하고 누려야 할 말씀은 이 말씀입니다. 이 말씀은 귀에 못이 박히도록 들은 말씀입니다. 그러나 우리는 말씀처럼 열매를 맺지 못합니다. 우리는 단순히 말씀을 듣고 아는데서 머물지 말아야 합니다. 말씀을 진짜 믿어야 합니다. 우리가 주님 안에 거하고 주님이 우리 안에 거하신다는 이 말씀을 정말 믿어야 하고, 이 말씀이 반드시 체험되어야 합니다. 이 말씀에 능력이 있기 때문입니다.

전국에 계신 목사님들의 기도 모임이 있었습니다. 특별한 강사도 없이 부산에서 대구에서 호주에서 오신 목사님도 소식을 듣고 참석하였고, 실제로 단순히 한국 교회를 위해 기도만 하였습니다. 합심으로 기도하며 이 말씀을 붙잡았습니다.

진실로 다시 너희에게 이르노니 너희 중의 두 사람이 땅에서 합심하여 무엇이든지 구하면 하늘에 계신 내 아버지께서 그들을 위하여 이루게 하시리라 두세 사람이 내 이름으로 모인 곳에는 나도 그들 중에 있느니라 마 18:19-20

예수님이 우리에게 말씀하실 것을 기대하며 하나님이 주시는 마음을 같이 나누고 모임을 마쳤습니다. 예수님이 지금 우리와 함께 계시고, 우리를 이끄신다는 것만 믿고 헤어졌기에 멀리서 오신 분들에게 미안한 마음이 들기도 했습니다.

그런데 다음날 새벽에 기도하는데 마음이 평소 같지 않고 기도에 힘이 생긴 것을 느꼈습니다. 마음이 간절해지고 정말 뜨거워지는 것입니다. 새벽기도를 마치고 내 마음이 이처럼 새로운 이유가 뭘까 곰곰이 생각해보았습니다. 그랬더니 어제 기도 모임에서 제 영이 힘을 얻었음을 깨달았습니다. 어제의 기도 모임이 밋밋한 것 같았지만 그것은 육신의 감각으로 그런 것이었고 영으로는 알찬 모임이었다는 것을 깨달았습니다. 특별한 기도회를 한 것은 아니지만 충분히 기도하였고 주님 안에만 거하려고 했을 때 기도가 회복되고 심령이 힘을 얻었음을 알았습니다. 예수님에게 초점을 맞추는 것이 이렇게 중요합니다.

그리스도 안에 있는 한 사람

정말 예수님이 포도나무이고 내가 그 가지임을 믿습니까? 이것을 진짜 믿은 사람이 사도 바울이었습니다.

> 그러므로 내가 그리스도 예수 안에서 하나님의 일에 대하여 자랑하는 것이 있거니와 그리스도께서 이방인들을 순종하게 하기 위하여 나를 통하여 역사하신 것 외에는 내가 감히 말하지 아니하노라 롬 15:17–18

사도 바울은 예수님이 자신을 통하여 역사하셨다는 것 외에는 아무것도 자랑하지 않겠다고 고백했습니다. 요한복음 15장 5절 말씀이 사도 바울에게 정말 그대로 이루어진 것입니다. 그렇습니다. 예수님의 말씀은 뜬구름 잡는 이야기가 아닙니다. 실제로 성도들의 삶 속에서 그대로 이루어지는 말씀입니다. 어떻게 하면 그렇게 할 수 있습니까? 어떻게 하면 사도 바울처럼 예수님의 말씀이 그대로 이루어지는 삶을 살 수 있습니까? 예수님이 알려주셨습니다.

> 내 안에 거하라 나도 너희 안에 거하리라 가지가 포도나무에 붙어 있지 아니하면 스스로 열매를 맺을 수 없음 같이 너희도 내 안에 있지 아니하면 그러하리라 요 15:4

먼저 예수님 안에 거하는 것이 열쇠입니다. 사도 바울은 예수님 안에 거하는 사람이었습니다. 사도 바울의 서신을 읽어보면 '그리스도 안에'라는 구절이 164회 사용되고 있습니다. 그리스도 안에 거하는 것이 사도 바울의 신앙의 핵심이었다는 말입니다. 그가 삼층천을 체험한 간증을 할 때도 자신을 가리켜 '그리스도 안에 있는 한 사람'이라고 쓰고 있습니다.

> 내가 그리스도 안에 있는 한 사람을 아노니 그는 십사 년 전에 셋째 하늘에 이끌려 간 자라 고후 12:2

이것이 바로 예수님께서 사도 바울을 통해 역사하실 수 있는 이유입니다. 여러분도 "나는 그리스도 안에 있는 사람입니다", "예수님 안에 있는 사람입니다"라고 고백될 수 있는 삶을 살면 예수님의 능력을 경험하게 됩니다.

아직도 예수님 안에 거하는 것이 무엇인지 잘 모르겠습니까? 그렇다면 한번 잠잠히 생각해보십시오. 예수님 안에 있다면 어떻게 되는 것입니까? 그것은 '완전히 믿는다', '완전히 맡긴다', '전적으로 의지한다'는 것입니다. 이것이 믿음입니다.

> 믿음으로 말미암아 그리스도께서 너희 마음에 계시게 하시옵고
> 너희가 사랑 가운데서 뿌리가 박히고 터가 굳어져서 엡 3:17

믿음으로 예수님이 우리 안에 거하시게 됩니다. 여기서 믿음은 그저 알고 있는 것이 아닙니다. 완전히 믿고 맡기고 의지하는 것입니다. 이것이 얼마나 편안하고 놀라운 것인지 아십니까? 지금까지는 문제를 해결해달라고 말할 곳도, 의지할 곳도 없어서 혼자 외롭게 싸웠는데, 이제 그 문제를 맡길 곳이 생긴 것입니다.

보잘것없는 나의 작은 가지

중국 선교사였던 허드슨 테일러(Hudson Taylor)도 예수님 안에 있는 믿음을 가지고 살았던 분입니다. 중국에서 사역하던 그가 1869년 좌절과 낙심으로 쓰러졌습니다. 중국에서 중국 사람처

럼 살며 사역하는 것이 육신에 무리를 주었기 때문이기도 하지만, 온전히 하나님이 기뻐하시는 삶을 살지 못한다는 자책감이 더 큰 원인이었습니다. 그는 거룩한 삶을 추구하고 애쓸수록 더욱 거룩하지 못한 자신을 보며 절망하였습니다. 기도하고, 금식하고, 결단하고, 더 열심히 하나님의 말씀을 읽고, 묵상 시간을 더 많이 가졌지만 아무 소용이 없었습니다.

매일, 거의 매 시간마다 죄의식이 나를 억눌렀다. 그리스도 안에 거할 수만 있다면 모든 것이 잘 될 것임을 알고 있었지만, 그렇게 할 수 없었다. 나는 기도로 하루를 시작했고 한순간도 그분으로부터 시선을 떼지 않겠다고 결심했으나 그렇게 하고자 하는 의무감이 주는 중압감 때문에 오히려 몹시 괴로웠고, 너무 지쳤고, 자주 그분을 잊었다. 그리고 이런 상황에서 신경이 너무나 예민해져서 화를 잘 내게 되었고, 거칠고 불친절한 말을 하는 등 나 자신을 더욱 통제하기 어려웠다. 그 결과 나는 매일 죄와 실패와 능력의 부족을 경험해야 했다. 참으로 내게 원함은 있었지만, 어떻게 해야 하는지를 알 수 없었다.

그러자 다음과 같은 의문이 들었다. "이러한 상태에서 정녕 벗어날 수 없는 것은 아닌가? 끊임없이 갈등하고 패배하다가 인생이 끝나는 것은 아닌가? 나의 체험이 그렇지 않은데, 어떻게 '예수님을 영접하는 자마다 하나님의 아들이 되는 권세를 주셨다'고 선포할 수 있다는 말인가?"

나는 강해지는 대신에 점점 약해졌으며 죄에 대항하는 권능이 점점 없어지는 것 같았다. 나는 자신을 미워했다. 나는 나의 죄를 미워했다. 그러나 그 죄에 대항하는 힘을 얻을 수 없었다. 나는 하나님의 자녀임을 믿었다. 내 마음 안에 계신 하나님의 영께서는 "아바 아버지"라고 외치라고 하신다. 그러나 하나님의 자녀로서의 특권은 누려지지 않았다.

나는 내 힘으로만 거룩에 도달하고자 애쓰지는 않았다. 나는 자신이 무능하다는 사실을 알았기에 주님께 도움과 힘을 달라고 구했다. 때로 나는 그분께서 나를 지키시고 보호해주실 것이라고 믿었다. 그러나 저녁에 돌이켜보면, 슬프게도 하나님 앞에서 고백하고 슬퍼해야 할 죄와 실패만이 있을 뿐이었다!

내 마음은 너무나 자주 그런 상태에 이르렀고, 대부분 절망으로 끝났다. 더 이상 그리스도께서 보배로운 분, 곧 나 같은 죄인을 구원하실 구주로 여겨지지 않았다! … 때로 주님 안에서 화평을 누리거나 기쁨을 가질 때도 있었다. 그러나 그것은 일시적이었다.

나는 그리스도 안에 필요로 하는 모든 것이 있다고 확신하였다. 그러나 실제적으로 그것을 어떻게 얻느냐가 문제였다. 실로 그분은 부요하시지만 나는 가난하였다. 그분은 강하셨지만 나는 약하였다. 나는 뿌리와 줄기에 풍부한 부요함이 있다는 사실을 익히 알고 있었다. 그러나 문제는 그것을 어떻게 보잘것없는 나의 작은 가지 안으로 얻어내느냐는 것이었다.

나는 믿음만이 그리스도의 충만을 붙들고 그 충만을 나의 것이 되게 하는 데 유일하게 필요한 것임을 알았다. 그러나 나는 이 믿음을 갖지 못했다. 믿음을 구하려고 애썼지만 내게 임하지 않았다. 힘써 얻고자 시도하였지만 헛수고였다. 나는 불신의 죄에 빠졌다. 믿음을 구했지만 임하지 않았다.

이제 무엇을 해야만 하는가?

허드슨 테일러가 절망에 빠졌을 때의 고백입니다. 허드슨 테일러와 같은 절망감에 빠진 분들도 있을 것입니다. 겉으로는 훌륭하고, 믿음도 좋고, 주변에서 존경을 받는 분 중에서도 내면으로는 허드슨 테일러가 가졌던 이 고민을 가지고 있는 분들이 있을 것입니다. 정말 잘 믿어보고 싶은데, 치열하게 몸부림치는데, 진짜 예수님이 말씀하신 포도나무와 가지처럼 하나가 되고 싶은데, 눈물로 기도하고, 결심도 하는데 왜 안 됩니까? 도대체 믿음이라는 것이 어떻게 오는 것입니까?

그리스도의 한 지체가 되는 법

허드슨 테일러의 고뇌가 깊어졌을 때 메카디라는 동료 선교사님으로부터 편지가 왔습니다. 허드슨 테일러 선교사는 그 편지 속에 담긴 한 문장이 자신의 눈에서 비늘을 제거해주었다고 말합니다.

하나님의 영께서 이전에 결코 알 수 없었던 '예수님과의 하나됨의 진리'를 계시하셨다고 하였습니다.

"어떻게 믿음을 강하게 할 수 있는가? 그것은 믿음을 구하려고 애쓰는 것이 아니라 신실하신 분을 의지하는 것이다." 그 문장을 읽을 때, 나는 예수님을 바라보았고, 주님께서 "나는 결코 너를 떠나지 아니하리라"고 말씀하시는 것을 보았다. (그것을 보았을 때, 오, 얼마나 기쁨이 넘쳤던가!)

"우리가 믿지 아니한다 할지라도 그분께서는 변함없이 신실하시니." 이 구절을 읽고 '오, 거기에 안식이 있구나!'라고 나는 생각했다. '그동안 예수님 안에서 안식하기 위해 헛되이 애써 왔구나. 이제 결코 더 이상 애쓰지 않겠다. 왜냐하면 그분께서 나와 함께 거하시겠다고, 결코 나를 떠나지 않으시고 결코 나를 저버리지 않으시겠다고 약속하지 않으셨던가?'

이것은 그분께서 보여주신 전부가 아니었다. 그것은 반도 되지 않았다. 내가 포도나무와 가지에 대해 생각했을 때 복되신 성령께서 내 마음에 빛을 쏟으셨다. 그분으로부터 수액(樹液), 곧 그분의 충만을 얻고자 했던 일에서 나는 얼마나 큰 실수를 저질렀던가. 나는 예수님께서 결코 나를 떠나지 않으실 것이라는 사실뿐 아니라 내가 그분의 몸과 살과 뼈의 한 지체라는 사실을 보았다. 포도나무는 단지 뿌리만이 아니다. 뿌리, 줄기, 가지, 어린 가지, 잎, 꽃, 열매 모두가 다 포도나무이다.

오, 이 진리를 보는 기쁨이여! 오, 부활하시고 높여지신 구주(救主)와 진정으로 하나 되는 것, 그리스도의 한 지체가 되는 것은 얼마나 놀라운 일인가!

그리스도는 부요하신데 나는 가난할 수 있는가? 너의 오른손은 부요한데 왼손이 가난할 수 있는가? 너의 머리는 잘 공급받는데 몸은 굶어 죽을 수 있는가? 은행원이 고객에게 "그 수표를 쓴 것은 당신의 손이지 당신이 아니요"라고 하거나 "나는 이 금액을 당신 손에 지불할 수 없으며, 당신에게만 지불할 수 있소"라고 말할 수 있는가?

우리가 그리스도께 속한 자요 그분의 지체이다. 그러므로 예수님의 이름으로 드리는 기도는 반드시 응답을 받을 것이다! 비성경적이거나 하나님의 뜻을 따르지 않는 어떤 것을 요구할 경우, 그리스도께서는 응답하실 수 없다. 그러나 "우리가 그분의 뜻대로 무엇을 구하면 그분께서 들으시는 것이라 … 우리가 그분께 구하여 청원한 것들을 가진 줄로 아느니라."

허드슨 테일러 선교사님의 고백이 여러분의 고백이 되지 못하여 답답함이 있는 분이 계실 것입니다. 믿는 것이 가장 쉬운데, 또 가장 힘듭니다. 감이 잡히지 않을 때 그렇습니다. 그러나 예수님은 여러분의 눈을 열어주십니다. 허드슨 테일러는 예수님은 포도나무요 자신은 가지라는 말씀을 이미 알고 있었습니다. 그렇게 되고 싶었고, 그렇게 되기를 갈망하였지만 그 말씀이 체험되지는 않았습니다.

예수님께 완전히 맡겨버리라

지금 많은 그리스도인들이 이와 같은 상태에 있습니다. 무엇이 문제입니까? 예수님 안에 거하려고 노력하고 몸부림치고 결단하고 힘쓰고 애썼습니다. 그러나 그가 하지 않은 것은 정말 믿는 것이었습니다. 그러다가 쓰러졌는데 동료 선교사의 편지를 통하여 이 말씀을 믿기만 하면 된다는 것을 깨달았습니다. 믿음은 가지려고 몸부림치는 것이 아니라 예수님께 맡기고 받아들이는 것입니다.

예수님은 여러분에게 믿음을 주기도 하시고, 여러분의 삶을 바꾸기도 하십니다. 오히려 여러분이 애쓰면 예수님이 못하십니다. 여러분이 할 수 있는 일은 예수님께 맡기는 것뿐입니다. 늘 무너지고 실패하는 자신을 주님께 완전히 맡겨버리는 것입니다. 그 말은 더 이상 걱정하지 않는 것입니다. 더 이상 몸부림치지 않는 것입니다. 정말 변화된 삶을 살고 싶습니까? 도무지 끊지 못하는 죄에서 끊어지는 역사가 일어나기를 원하십니까? 주님을 믿는 것밖에 없습니다.

아주 버릇이 없고 부모 말을 안 듣는 아들이 있다고 합시다. 부모가 이 아이를 바로잡으려고 했지만 안 됩니다. 그런데 너무 훌륭한 선생님이 계시고, 그 분에게 맡겨진 아이들은 다 변화된다는 소문을 들었습니다. 그런데 그러려면 그 선생님 집에 아들을 맡겨야 합니다. 아들을 데리고 그 선생님의 집에 갔습니다. 내 아이를 선생님 집에 맡기고 가도 될지 차마 발걸음이 떨어지지 않고, 혹시 그래도 안 되면 어떻게 하나 하는 의심도 들었지만, 아들을 그 선생님의 집에 맡기고 뒤도 안 돌아보고 나왔습니다.

이것이 우리가 주님 안에 거하는 것입니다. 비록 계속 실패하였을지라도, 이제는 주님께 자신을 완전히 맡겨야 합니다. 안 된다, 못한다 말하지 않는 것입니다. 실패하더라도 이기게 하실 분이 주님이심을 고백하고 다시 주님만 바라보고 순종하는 것입니다.

예수님을 믿어도 변화가 일어나지 않는 것은 우리가 예수님께 진짜 맡기지 않기 때문입니다. 예수님 안에 거하지 않는 것입니다. 예수님 안에 거하고 싶다고 몸부림을 치지만, 진짜 거하는 것이 무엇인지에 대해서는 눈이 열리지 않은 것입니다. 허드슨 테일러 선교사님도 우리와 똑같은 고민을 했습니다. 그 분이 내린 참 놀라운 결론은 그냥 받아들이는 것이었습니다. 예수님과 우리는 이미 하나입니다. 우리가 할 수 있는 일은 예수님이 우리를 바로 잡아주실 것을 진짜 믿는 것뿐입니다. 예수님께 나 자신을 완전히 맡겨버리는 것입니다.

더 이상 걱정하지 않고 분명하게 선포하는 것입니다. "예수님이 나를 바로잡아주실 것이다." 그때 우리 마음속에 믿음의 싸움이 일어납니다. '상식적으로 맞는 이야기야? 아니, 너 자신이 이렇게 부끄럽고, 추하고, 의지도 약하고, 죄의 종노릇하고 있는데 예수님께 맡긴다고 하면 진짜 해결이 가능할 거라고 믿어?'라고 우리의 결심을 무너트립니다.

여러분, 우리는 죄와 싸우는 게 아닙니다. 마귀가 심어주는 의심과 싸우는 것입니다. 우리가 할 수 있는 일은 "아무것도 할 수 없음을 나는 찬양합니다. 내가 너무 속물이고, 내 육신 속에 죄가 뿌리 깊이 박혀 있는 것에 대해서 하나님께 감사합니다"라고 고백하는 것입니다. 승리는 우리에게서 오는 것이 아님을 알기에 나를 변화시키는 건 예수님뿐임을 믿는 것입니다. 이것이 복음의 영광입니다. 예수님이 그렇게 하실 것을 저는 정말로 믿습니다.

하나님의 아들의 믿음으로 살다

예수님과 하나가 되었음을 확신하게 된 허드슨 테일러는 1869년 10월 17일 누이 아멜리아에게 다음과 같은 편지를 보냈습니다.

이제 부담과 중압감은 모두 사라졌다. 아마도 요즘 며칠이 내 인생에서 가장 행복했던 때였던 것 같다. 주님께서 나를 위해 행하신 것은 새롭거나 이상하거나 놀라운 것은 없었다. 그럼에도 불구하고 지금은 모든 것이 새롭다. 한마디로 말하면 내가 눈이 멀었다가 지금은 본다는 것이다.

다른 어느 것보다도 달콤한 것은 그리스도와의 완전한 일치가 가져오는 안식이다. 이것을 알기에 나는 더 이상 염려하지 않는다. 그분께서 나를 어느 곳에 어떻게 두시는지는 중요하지 않다. 왜냐하면 그분께서는 가장 편안한 상태에서도 내게 은혜를 주시며, 가장 어려운 상태에서도 그분의 은혜는 충분하기 때문이다.

내가 하인에게 비싼 물건을 사러 보내더라도 그에게는 문제가 되지 않는다. 그에게 필요한 돈을 지불할 것이기 때문입니다. 그와 같이, 하나님께서 나를 몹시 당혹스러운 처지에 처하게 하신다면 마땅히 내게 많은 지침을 주시지 않겠는가? 몹시 어려운 처지에 처하게 하신다면 마땅히 많은 은혜를 주시지 않겠는가? 큰 압박과 시련 가운데 처하게 하신다면 마땅히 큰 힘을 주시지 않겠는가?

믿음에 의해 그리스도께서 내 마음 안에 거하셨기 때문에 나는 너무나 행복했다! 나 자신은 이전과 다를 바 없다. 그러나 나는 그리스도와 함께 죽었고 장사되었으며, 또한 부활하였고 승천하였다. 지금 그리스도께서 내 안에 사시며 "내가 육체 안에서 사는 것은 나를 사랑하사 나를 위해 자신을 주신 하나님의 아들의 믿음으로 사는 것이다."

이제 나는 죄에 대하여 죽었다는 것을 믿는다. 하나님께서는 나를 그와 같이 간주하시며, 나에게도 그렇게 간주하라고 말씀하신다. 하나님께서는 가장 잘 알고 계신다.

나는 이전과 같이 죄를 범할 수 있다. 내가 이 빛을 본 이후로 죄를 범하지 않았다고 말할 수는 없지만 (이렇게 고백해야 하는 것이 부끄럽구나.) 죄를 범할 필요가 없었다고 느낀다. 게다가 빛 가운데 걸으면 걸을수록 나의 양심은 더욱 부드러워졌다. 죄는 끊임없이 나타났고, 고백했고, 용서를 받았다. 그리고 완전히 고백을 하지 않고 자아를 정당화하려고 시도했던 때의 몇 시간 동안 화평과 기쁨이 돌아오지 않았던 한 번의 경우를 제외하고는, 화평과 (겸손이 함께한) 기쁨이 즉시 회복되었다.

이 체험, 이 진리들은 소수의 몇 사람만을 위한 것이 아니다. 이 진리는 모든 하나님의 자녀들의 상속권이다.

너의 사랑하는 오빠, J. 허드슨 테일러

예수님은 저를 고치실 수 있습니다

허드슨 테일러가 누렸던 이 은혜는 우리 모두에게 주시는 은혜입니다. 요한복음 15장 5절 말씀을 실제로 경험할 수 있게 되기를 바랍니다. "예수님만 믿으라!"는 것은 팔짱을 끼고 가만히 기다리라는 말이 아닙니다. 계속 실패하더라도 좌절하지 말라는 것입니다. "나는 할 수 없음을 감사합니다", "나의 실패로 인하여 주님을 찬양합니다", "능히 주님께서 저를 주님과 하나 된 자로 살게 하실 것을 믿습니다", "나는 죽고 예수로 사는 십자가의 은혜를 의지합니다" 이렇게 고백하는 것이 주님 안에 거하는 것입니다.

조금 낯설겠지만, 내 안에 오신 주님을 완전히 신뢰하고, 내 문제를 완전히 예수님께 맡기기를 바랍니다. 진짜 믿음을 가지게 되면 힘들어도 그것 때문에 좌절하거나 낙심하는 말을 하지 않게 됩니다. 무더위가 끝나지 않을 것 같아도 선선한 가을이 오는 것을 확실히 믿기 때문에 더위도 견뎌냅니다. 우리에게도 이처럼 예수님을 믿는 믿음이 필요합니다. 예수님을 진짜 믿고, 진짜 맡기면 때때로 실패가 오고 좌절이 와도 불평하지 않습니다. 오히려 하나님을 찬양하고, 문제를 해결해주실 예수님을 찬양하고, 하나님께 미리 감사하고, 예수님이 역사하실 것을 선포하게 됩니다.

저도 저 스스로는 도무지 극복되지 않는 죄 문제, 내적인 나쁜 습성의 문제와 지금까지 계속 싸우고 있습니다. 그러면서 얻게 된 한 가지 결론은 제가 저를 고쳐보려고 애를 쓰면 쓸수록 고쳐지지 않는다는 것입니다. 예수님이 저에게 깨우쳐주신 것은 요한복음 15장 5절 말씀입니다. 예수님 안에 거하는 것, 예수님께 맡기는 것입니다.

그래서 "예수님, 저는 못합니다. 저는 목사로 살았지만, 육신의 유혹과 욕심이 너무 강합니다. 저는 형편없는 자입니다. 그러나 저는 예수님을 믿습니다. 예수님은 이미 제 안에 오셨고, 제 생명이 되셨습니다. 저는 저 자신을 고치지 못하지만 예수님은 저를 고쳐주실 것을 믿습니다"라고 고백합니다. 그러다가 엄청난 확신이 들면 정신 나간 사람처럼 정말 큰 목소리로 "예수님은 저를 고치실 수 있습니다. 예수님이 저를 고치실 수 있음을 믿습니다. 예수님은 하실 수 있습니다. 예수님은 내 생명이시고, 나는 이미 예수님과 함께 죽었고, 예수님이 나의 왕이십니다"라고 고백합니다. 정말 놀라운 것은 예수님이 저에게 승리를 주신다는 것입니다. 그렇게 안 되던 것이 고쳐집니다. 변화됩니다. 정말 말씀하신 대로 이루어집니다.

귓속말도 나눌 수 있는 특권

어느 장로님께서 뉴스를 보다가 보좌관이 대통령과 함께 걸으며 대통령과 대화하는 장면을 보고 너무 인상이 깊었다고 합니다. 보좌관이 대통령 바로 옆에서 대통령에게 귓속말을 하면서 가는 것이 참 대단한 권력이고, 엄청난 일이라고 느낀 것입니다. 그런데 우리는 대통령과는 비교가 안 되는 예수 그리스도와 교제할 수 있습니다. 하지만 그 교제를 제대로 누리지 못합니다. 그렇게 살지 않았기 때문입니다. 우리가 누리고 있는 이 복이 얼마나 큰지를 아셔야 합니다. 예수님과 교제하고, 모든 문제를 맡기고, 문제가 해결되는 은혜를 경험하고, 예수님을 더 알게 되고, 나중에는 귓속말로 소곤소곤 이야기할 수 있는 특권을 누려야 합니다.

하지만 오늘 결심했다고 내일 이루어지는 것은 아닙니다. 여러분이 그런 믿음을 가지고 계속 예수님과 교제해 나가기 시작하면 어느 순간 여러분이 예수님과 깊은 교제를 하는 자가 되어 있을 것입니다. 저는 예수님과 깊은 교제로 가기 위해 예수동행일기를 쓰기 시작했습니다. 선한목자교회 담임목사로 있으면서 성도들에게도 권하며 얼마나 놀라운 일들이 일어날지 많은 기대를 품기도 했습니다. 지금 생각해보면 정말 황홀할 정도입니다.

성도들이 예수님과 교제하는 것이 정말 자연스러워지고, 친밀해지고, 예수님이 내 안에 거하시는 것을 분명히 알게 되고, 개인적으로, 교회적으로 예수님의 열매가 맺어지기 시작했습니다. 우리를 통해서 가정과 직장 그리고 한국 교회까지 예수님이 일하셨으니 얼마나 놀라운 일입니까.

아직은 우리가 예수님 안에 거하고, 예수님이 우리 안에 거하시는 게 자연스럽지 않으니까 조금 삐걱거리기도 하고, 실망스럽기도 하고, 답답하기도 하지만 계속하다보면 엄청난 변화가 있을 것입니다. 그 변화를 저는 경험했고 옆에서 지켜봤습니다.

우리가 주님과 동행하는 온전한 삶이 반드시 이루어짐을 믿으면 실패에 무너지지 않습니다. 실패가 와도 좌절하지 않고 계속합니다. 실패 때문에 안 된다 못한다 하지 않고 계속 나아갑니다. 만약 좌절했다면 오늘부터 다시 시작해보시기 바랍니다. 요한복음 15장 5절 말씀을 붙잡고 "예수님, 요한복음 15장 5절 말씀이 저에게 그대로 경험되기를 원합니다. 예수님과 나는 포도나무와 가지인 것을 정말 믿고 나가겠습니다. 마귀가 나에게 계속 좌절을 심어주고, 실패를 보게 하고, 믿지 못하게 자꾸 방해해도 저는 믿음을 고백하고 나가겠습니다. 나를 변화시켜주실 분은 예수님이시고, 이기게 하실 분도 예수님이시고, 중독에서 벗어나게 하실 분도 예수님이심을 믿습니다"라고 고백하시기를 바랍니다.

prayer for revival

1. 구제불능인 나 자신을 이제는 정말 주님 안에 던져 넣겠습니다. 더 이상 내 문제와 고민과 답답함으로 염려하고 안달하지 않겠습니다. 주님을 완전히 믿고 주님께 진짜 맡겨드립니다. 오직 주님 안에만 거하게 하소서.

2. 주님은 포도나무요 나는 가지라는 말씀이 우리에게 그대로 이루어지게 하소서. 주님과 우리 사이에 완전한 하나됨을 누리게 하소서.

3. 믿음으로 주님께 나오는 모든 이들에게 주님으로부터 부어지는 생명, 평안, 기쁨, 치유, 능력을 부어주소서. 주님, 역사해주소서.

내 안에 거하지 아니하면

시험 때문에 걱정하는 학생이 좋은 참고서를 구하거나 족집게 과외를 해주는 강사를 만났다면 마음이 얼마나 편안하겠습니까. 재력가가 어느 사업가에게 그의 사업을 지원해주겠다고 나선다면 마음이 얼마나 든든하고 좋겠습니까. 어린아이가 피곤할 때 아버지 품에 안겨서 자면 얼마나 편안하겠습니까. 이것이 주님 안에 거할 때 우리가 누리는 평안과 담대함, 확신입니다.

여러분은 지금 편안함을 느끼고 계십니까? 어려움이 와도 두렵지 않고 담대하십니까? 주위 사람들로부터 "당신 형편이 참 어려운 것을 아는데, 너무 편안해 보입니다. 어디 믿는 데가 있나봐요?"라는 말을 듣고 있습니까? 우리야말로 '믿는 데'가 있는 사람이지 않습니까?

예수님 안에 거하면 아무리 어려운 형편에서도 편안함을 느낍니다. 그래서 예수님 안에 거하는 사람을 보면 놀라게 됩니다. '어떻게 저렇게 살 수 있을까? 어떻게 저런 믿음을 가졌을까?'라는 생각이 듭니다. 예수님 안에 거하게 되는 일은 정말 황홀한 일입니다.

내 안에 거하라

예수님은 제자들에게 "내 안에 거하라"고 하셨습니다. 예수님께서 승천하신 후 제자들이 어떻게 될지 아셨기 때문입니다.

> 내 안에 거하라 나도 너희 안에 거하리라 … 요 15:4

예수님이 십자가에서 죽으셨다가 부활하셔서 제자들에게 사명을 주고 승천하시게 되면 제자들은 예수님을 더 이상 볼 수 없게 될 것입니다. 그때 제자들은 마치 지휘관으로부터 명을 받은 병사처럼 예수님의 명령을 수행하려고 애쓰게 될 것입니다. 그러다가 어려움을 겪게 되면서 고민하고, 좌절하고, 낙심하고, 지치고, 두려움과 염려로 가득차게 될 것입니다.

우리가 세상 일만 하기 때문에 지치고 염려하는 것이 아닙니다. 주의 일을 하면서도 지치고 염려하고 좌절하게 됩니다. 그러므로 주의 일을 하는데 왜 이렇게 시험이 많냐고 탄식해서는 안 됩니다. 어떤 일을 하느냐도 중요하지만 어떤 분위기로 하느냐도 중요합니다. 하나님이 기뻐하시는 일을 해야 하지만 하나님이 기뻐하시는 분위기로 해야 합니다. 그 길이 바로 예수님 안에 거하는 것입니다.

예수님께서 "내 안에 거하라"고 하신 말씀은 예수님이 승천하셨다고 해서 제자들이 스스로의 힘으로 예수님의 명령을 지키고 실천하려고 애쓰면 안 된다는 것입니다. 예수님께서 승천하신 후에도, 계속 예수님을 의지하여야 한다는 것입니다. 예수님께서 육신으로 계실 때는 예수님을 따라다니기만 하면 되었습니다. 그러나 지금은 예수님이 육신으로 함께하지 않으십니다. 그렇지만 예수님과의 관계는 더 가까워졌습니다. 예수님이 제자들 안에 거하실 것이기 때문입니다.

여러분, 우리는 예수님을 육신으로 알지 못합니다. 그런 우리가 예수님을 믿으려면 예수님 안에 거할 수 있어야 합니다. 예수님을 직접 보았던 제자들보다 보지 못하고 믿는 우리가 예수님과 더 친밀할 수 있습니다. 지금 우리는 예수님 안에 거하고 예수님은 우리 안에 거하시기 때문입니다.

나는 포도나무요 너희는 가지라 그가 내 안에, 내가 그 안에 거하면 사람이 열매를 많이 맺나니… 요 15:5

예수님께서 부활 승천하신 후 예수님과 제자들의 관계는 '포도나무와 가지'인 관계가 될 것입니다. 한 몸입니다. 이것은 모든 그리스도인이 누리는 은혜입니다. 이것을 정말 믿지 않으면 결코 예수 믿는 사람으로 살 수 없습니다.

우리는 예배드릴 때 주님이 우리와 함께하시는 것을 경험합니다. 예수님께서 자기 안에 거하신다는 것이 믿어지면 예배는 너무나 놀라운 은혜의 자리가 됩니다. 극장이나 시장이나 야구장에도 사람들이 많이 모입니다. 그러나 우리가 모여서 찬양하고 뜨겁게 기도드리고 예배드리는 것과는 영적으로 분위기가 완전히 다릅니다. 이 차이는 함께하시는 주님 때문에 생기는 것입니다. 우리가 눈으로 예수님을 볼 수 없어도 예수님이 함께 계신다는 것을 알 수 있습니다.

예수님을 영접한 사람이라면 조용히 묵상하며 찬양을 불러보거나 성경을 읽고 기도하면 예수님이 함께하심을 느낄 수 있습니다. 예수님이 우리 안에 거하시기 때문입니다.

이처럼 예수님의 임재가 느껴지는 것은 교회에서만 그런 것이 아닙니다. 하나님이 창조하신 하늘을 보고, 땅을 보고, 해와 달을 볼 때도 예수님의 임재를 경험하게 됩니다. 하늘을 보고, 땅을 보고, 산을 보고, 바다를 보면서 하나님의 창조의 손길을 보게 되기 때문입니다. 우리가 보는 빛과 세상 모든 만물이 다 하나님의 임재를 드러냅니다. 그래서 하늘을 보고, 산을 보고, 바다를 보면서 "오, 하나님, 참으로 위대하십니다"라고 고백하게 되는 것입니다.

예수님만 따라가면 길이 열린다

우리 눈에 예수님이 보이지는 않지만, 얼마든지 예수님의 임재를 느낄 수 있습니다. 그런데도 예수님의 임재를 느끼지 못하고 사는 그리스도인들이 많은 것이 현실입니다. 그것이 참 안타깝습니다. 이제는 주님을 바라보는 영적인 눈이 열려야 합니다. 많은 목회자나 사역자가 힘들다는 말들을 합니다. 물론 실제로 아주 힘듭니다. 그 형편과 처지를 살펴보면 충분히 그럴 수 있습니다. 그러나 우리는 그보다 더 놀라운 것이 있다는 것을 알아야 합니다. 예수 그리스도께서 함께하시는 것입니다. 본질로 돌아가면 사역은 너무나 간단하고 쉬운 것입니다. 그저 예수님만 따라가면 됩니다. 예수님 안에 거하기만 하면 됩니다. 그다음에는 주님이 하실 것입니다.

아무리 형편이 어렵고, 환경이 좋지 않고, 문제가 크다고 해도 예수님보다 더 클 수 있겠습니까. 하나님이 살아계신 것보다 더 놀라울 수 있습니까. 우리가 어떤 형편에서 살든지 고민하며 몸부림칠 이유가 없습니다. 예수님을 믿었다면 정말 예수님만 믿고 살면 됩니다.

앞이 캄캄하고 길이 없을 것 같아도 주님만 따라가면 길이 열립니다. 예수님이 길이시기 때문입니다. 자전거를 타고 시장에 가보신 적 있습니까? 시장에 사람들이 많아 자전거가 지나갈 틈이 없어 보입니다. 그러나 자전거를 타고 가면 신기하게도 길이 열려서 결국 복잡한 시장을 빠져나오게 됩니다. 예수님을 믿고 사는 삶이 이와 같습니다. 믿음의 눈으로 예수님만 바라보고 살면 염려할 것도 고민할 것도 없는 것입니다.

가정, 직장, 사업 등의 문제로 눈앞이 캄캄합니까? 지금 서 있는 곳이 절벽입니까? 명심하시기 바랍니다. 우리가 믿는 것은 눈에 보이는 좋은 형편이 아닙니다. 예수님을 믿어야 합니다. 예수님이 우리의 길이십니다. 예수님이 함께 계신 것이 분명하다면 답은 정해졌습니다. 예수님 안에 거하는 것뿐입니다.

예수님 안에 거하지 않으면서 하는 말과 행동

왜 많은 그리스도인들이 낙심하거나 시험에 들어 영적으로 메말라 있습니까? 환경이 어려워서일까요? 함께하는 사람이 힘들게 해서일까요? 일이 많아서일까요? 아닙니다. 지금 주 예수님 안에 거하고 있지 않기 때문입니다.

… 가지가 포도나무에 붙어 있지 아니하면 스스로 열매를 맺을

수 없음 같이 너희도 내 안에 있지 아니하면 그러하리라 요 15:4

최선을 다했는데 왜 열매가 없습니까? 예수님이 함께 계신다는 증거가 왜 안 나타납니까? 가지가 포도나무에 붙어 있지 않기 때문입니다. 우리가 예수님 안에 거하지 않으면 예수님의 역사는 나타날 수 없습니다.

… 나를 떠나서는 너희가 아무것도 할 수 없음이라 사람이 내 안에 거하지 아니하면 가지처럼 밖에 버려져 마르나니 사람들이 그것을 모아다가 불에 던져 사르느니라 요 15:5–6

우리가 예수님 안에 거하지 않는 것은 참으로 두려운 일입니다. 제가 어느 교회 부흥회에 갔을 때 한 집사님이 눈물범벅이 되어 기도해달라고 하였습니다. 사정을 들어보니까 딸이 고1 때인 어느 날, 사업장에서 일을 마치고 돌아와 공부하는 줄 알았던 딸의 방문을 열었다가 딸이 컴퓨터 음란사이트에 접속해 있는 것을 목격한 것입니다. 딸이 학교에서 친구들이 하는 말을 듣고 처음 음란사이트에 접속했던 것이었는데, 집사님은 딸이 완전히 타락했다 여겨 밤새 딸을 얼마나 야단쳤는지, 그만 딸에게 정신이상이 생겼습니다. 결국 다니던 학교를 중퇴하게 되고, 정신병 치료를 받게 될 정도가 되었다고 합니다. 집사님은 딸을 그렇게 만든 것이 부모인 자신 때문이라고 했습니다.

그 일이 있을 당시 사업 문제, 시동생 문제 등으로 부부 사이에 심각한 갈등이 있었고, 겨우 주일에 교회에 와서 예배드리는 정도였을 뿐, 말씀도 보지 않고 기도생활도 없이 예수님 안에 거하지 못하고 있었기에 딸에게 문제가 생기자 딸을 여유 있게 품어주고 바로잡아주지 못하고 "너까지 왜 이러니!" 하며 딸을 닦달하였다는 것입니다. 집사님은 딸에게 무릎 꿇고 용서해달라고 빌고 싶다며 이제 어떻게 해야 하느냐고 물었습니다.

우리가 예수님 안에 거하지 않으면 이런 문제를 겪게 됩니다. 지금도 성도들의 가정에서 이런 일들이 계속 일어납니다. 예수님 안에 거하지 않는 것은 정말 두려운 일입니다. 예수님 안에 거하지 않으면서 했던 말과 행동과 결정은 반드시 실패와 상처와 후회를 남기게 됩니다.

주일 예배에 빠지지 않고, 성경공부도 하고, 새벽기도도 하는 것은 매우 유익합니다. 그러나 중요한 것은 예배나 기도나 성경 읽기 그 자체가 아니라 그것을 통하여 예수님 안에 거하는 것입니다. 예배, 기도, 성경 읽기 모두 예수님 안에 거하는 방법일 뿐입니다.

우리가 예수님을 믿었다면 복을 누려야 합니다. 예수님 안에 항상 거하는 삶을 살아야 합니다. 염려를 다 예수님께 맡기고, 걱정하지 않고, 예수님이 이끄시는 대로만 따라가면 됩니다. 예수님 안에 거하지 않는다면 예배도, 기도도, 성경 읽기도 다 종교생활이 되고 맙니다. 가장 중요한 것은 예수님 안에 거하는 것입니다.

모든 신령한 은혜와 복은 '그리스도 안에' 있을 때 임합니다.

이는 그가 사랑하시는 자 안에서 우리에게 거저 주시는 바 그의 은혜의 영광을 찬송하게 하려는 것이라 우리는 그리스도 안에서 그의 은혜의 풍성함을 따라 그의 피로 말미암아 속량 곧 죄 사함을 받았느니라 엡 1:6-7

하나님은 우리를 예수 그리스도 안에 있는 자로 보십니다. 그래서 우리를 죄인으로 보지 않으시는 것입니다. 우리를 의롭다 인정하시고 자녀로 보시며 사랑스러워 견딜 수 없어 하시는 것입니다.

그리스도인 : 그리스도 안에 있는 자

어떤 사람이 예수님을 믿는 사람입니까? 천주교에서는 세례를 받은 세례 증서가 있는지가 제일 중요합니다. 기독교는 십자가의 복음을 믿는 것을 강조합니다. 또 어떤 교단은 이웃에게 사랑을 베푸느냐, 선행을 많이 하느냐, 정의롭게 행동하느냐를 중요하게 따지고, 또 다른 교단은 방언과 같은 성령의 은사 체험을 강조하기도 합니다. 그 어느 것도 틀렸다고 할 수 없습니다. 다 중요하고 반드시 있어야 할 것들입니다. 그런데 그 근본은 예수님 안에 거하는 것입니다. 성경이 말하는 그리스도인의 정의가 그리스도 안에 있는 자, 곧 그리스도와 연합한 자입니다. 예수님이 내 안에 거하시느냐부터 분명히 한 다음 세례와 신조와 은사와 행동이 뒤따라야 하는 것입니다.

1678년 영국의 헨리 스쿠걸(Henry Scougal)은 《인간의 영혼 안에 있는 하나님의 생명》이라는 책을 썼습니다. 헨리 스쿠걸 목사님은 진정한 복음을 이해하는 그리스도인이 너무 적다고 했습니다. 기독교의 본질이 정통 신앙과 교리에 있다고 생각하거나 종교적이고 도덕적인 행위 또는 황홀하고 뜨거운 감정적인 체험에 있다고 여기는 사람들이 있다는 것입니다. 지금도 마찬가지입니다. 정통 신앙과 교리를 중요하게 여기는 사람, 선행과 사랑을 중요하게 여기는 사람, 황홀하고 뜨거운 성령의 체험을 중요하게 생각하는 사람들로 부류가 나눠집니다. 하지만 그가 말하는 기독교의 본질은 "영혼이 하나님과 연합하는 것, 우리 안에 이루어지는 그리스도의 형상"이라고 하였습니다. 이 책은 웨슬리 형제들과 조지 휫필드가 중생하는 데 엄청난 영향을 끼쳤습니다.

예수님도 "나는 포도나무요 너희는 가지라"(요 15:5)라고 분명하게 말씀하셨습니다. 사도 바울 역시 "이제는 내가 사는 것이 아니요 오직 내 안에 그리스도께서 사시는 것이라"(갈 2:20)고 말했습니다. 성경은 우리에게 일관되게 말씀하고 있습니다. 그래서 예수님을 믿는 사람이라면 문제가 생길 때 예수님을 바라보게 되는 것입니다.

예수님을 정말 믿는가?

안타깝지만 많은 그리스도인들이 문제가 생겨도 예수님을 바라 보지 못합니다. 예수님과 정말 친밀하게 교제할 수 있음을 믿지 못하고, 예수님을 막연하게 믿고 살았기 때문입니다. 그렇기 때 문에 문제가 생길 때마다 예수님을 바라보지 못하고 눈에 보이는 사람을 의지하는 것입니다.

　제가 성도들에게 "예수님을 바라봅시다"라고 했을 때 교인들의 눈빛을 지금도 기억합니다. 눈을 껌벅거리며 예수님을 바라본다 는 것이 무슨 말인지 도통 모르겠다는 눈빛이었습니다. 사역자들 과 대화를 나누거나 신앙 상담을 할 때 "예수님은 무엇이라고 하 셨습니까?"라고 물어보면 다들 이상하게 생각하였습니다. 예수님 이 우리와 함께 계신다는 것을 정말 믿지 못했고, 실제로 예수님 의 음성을 듣고 인도함을 받을 수 있다고 생각하지 않기 때문 입니다. 예수님을 믿는다고 말하고, 스스로를 예수님의 몸이라고 말하는 교회 안에서 예수님을 믿는 것이 이상한 일이 되어버렸고, 교회 안에서 예수님을 바라보는 것이 생소한 일이 된 것입니다.

　《나는 죽고 예수로 사는 사람》이 대만에서 출간되었는데, 책

제목을 결정할 때 논란이 있었습니다. '나는 죽고 예수로 사는 사람'을 번역하여 '아사예수생'(我死耶蘇生)으로 제목을 정하려고 했는데 대만의 출판사에서 강력히 반대를 했습니다. 제목을 그렇게 정하면 독자들이 선택하지 않을 것이고, 제목이 너무 강해서 사람들이 서점에서 책을 봐도 그냥 지나치게 될 것이라고 말입니다. 그래서 결국 《24시간 예수님을 바라보는 사람》이라는 제목으로 출간하게 되었습니다. 그 사건을 겪으면서 우리가 예수님을 믿어도 제대로 믿지 못하고 있다는 것을 알게 되었습니다.

여러분은 예수님을 말씀 그대로 믿고 있습니까? 예수님을 정말 믿으면 우리의 문제는 간단하게 해결됩니다. 지금까지 나는 제대로 예수님을 믿었는지, 성경대로 살았는지를 점검해보기 바랍니다. 예수님이 "내 안에 거하라"고 하신 말씀부터 지켜보는 것입니다. 더 늦기 전에 함께하시는 예수님을 정말 믿어야 합니다. 이제부터 예수님 안에 거하는 자로 살아야 합니다.

문제를 예수님께 맡기는 법

어느 목사님이 예수동행일기에 한 성도와 상담했던 내용을 쓰셨습니다. 딸이 자살을 하였는데 그동안 딸을 모질게 닦달했던 것이 무서운 죄책감이 되어 거기서 벗어나지 못하고 있었습니다. 그 성도는 예수님을 믿으면 행복해진다는 설교가 도저히 믿기지 않고 딸 문제로 겪은 마음의 고통이 해결되지 않는다고 했습니다. 목사님이 그 성도를 만나서 상담을 하는데 너무 어려웠다고 했습니다. 왜냐하면 그 성도가 예수님에게 맡기는 법을 몰랐기 때문입니다. 예수님께 맡기는 건 저절로 되는 것이 아닙니다. 주님께 염려를 맡기고 싶어도 맡긴다는 것이 무엇인지 잘 모르는 교인들이 많습니다. 그래서 목사님은 문제를 주님께 맡겨버렸던 자신의 간증을 나누었다고 합니다.

"그냥 가감 없이 지금 저에게 일어나고 있는 일들을 얘기해드렸습니다. 저도 맡긴다는 것이 무엇인지 체험한 지 얼마 되지는 않았지만, 주님이 저에게 주신 은혜를 나누었습니다."

목사님 자신이 예수님께 문제를 맡겼던 일들, 예수님을 믿고 염려하지 않았던 일, 예수님이 역사해주실 것을 기대했던 일 등을 가감 없이 이야기하며 은혜를 나누었는데, 놀랍게 그 성도가 예수님께 맡기는 것에 대해 눈이 뜨이기 시작했다는 것입니다. 여러분도 예수님께 문제를 맡기는 것을 시작해보기 바랍니다. 예수님이 분명히 함께하시고, 예수님께서 그것을 더 원하시니 반드시 눈이 뜨이게 하실 것입니다.

오만에서 사역하시는 선교사님이 한국으로 귀국하는 선교사 한 분을 공항으로 모셔다드리며 물었습니다. "선교사님, 이제 한국에 들어가시는데 다시 오실 마음은 없으십니까?" 그러자 그 분이 "한국으로 돌아가는 데는 여러 가지 이유가 있습니다. 선교가 어려운 것도, 공동체 생활의 어려움도 있지만, 내 안에 기쁨이 없는데 어떻게 다른 사람에게 복음을 전할 수 있겠습니까?"라고 하였답니다. 예수님을 믿고 선교사로 왔는데도 기쁨이 사라지니까 더 이상 복음을 전할 수 없는 것입니다. 결국 이것이 선교사가 되돌아가는 가장 큰 문제였습니다. 그 선교사님을 공항에 모셔다 드리고 집으로 돌아오면서 자신에게는 기쁨이 있는지 돌아보았고, 결국 예수님만이 해주실 수 있는 일이기에 주님께 맡기는 기도를 드렸다고 합니다.

지금 예수님이 함께하신다는 말로는 해결이 되지 않는 문제에 부딪혔습니까? 예수님 안에 거하라는 말을 건성으로 듣지 마시고, '꼭 경험해야겠다', '예수님을 더 바라보겠다'고 결심하시기 바랍니다. 그때가 정말 중요한 때입니다. 예수님의 말씀을 체험할 수 있는 기막힌 기회이기 때문입니다.

"하나님, 저 정말 힘듭니다. 그런데 예수님은 이런 가운데서도 평안을 주시고 기쁨을 주실 수 있습니까? 제가 정말 살아계신 예수님을 믿고 있다면, 예수님께 문제를 맡기고, 예수님이 주시는 평강을 경험하고 싶습니다." 이렇게 고백하십시오. 그리고 예수님 안에 거하고 있다는 확신이 들면 마음속에 설명할 수 없는 하나님의 평안이 찾아옵니다. 아무리 어려워도 감사와 찬양이 나옵니다.

감사가 나오면 예수님 안에 거하는 것이다!

일본에서 목회하시는 소대섭 목사님은 매일 50가지 감사의 기도 제목으로 예수동행일기를 마무리합니다. 정말 50가지 감사기도 제목이 매일 일기에 올라옵니다. 제가 왜 매일 50가지 감사기도 제목을 쓰냐고 물어봤습니다. 그러자 소대섭 목사님이 이렇게 답하셨습니다.

"날마다 50가지의 감사 제목을 예수동행일기에 기록하는 것은 저 자신이 영적으로 무너지지 않고 살기 위해서 몸부림치는 것입니다. 부족해도, 나약해도, 누가 알아주지 않아도 매일 모든 순간을 감사로 고백하고, 그것을 기록하는 예수동행일기를 쓰면서 상황과 시련과 유혹에 무너지지 않고 주님을 바라보게 됩니다."

이처럼 감사가 나오면 예수님 안에 거하고 있는 것입니다.

서울의 유명한 교회 담임목사님의 사모님이 암에 걸렸다는 진단을 받고 간절한 마음으로 기도하였습니다. 그런데 기도하면서 수술과 항암치료를 받지 않기로 하였습니다. 대신 즐겁게 감사하며 살기로 결정하였습니다. 주님께서 그렇게 할 마음과 인도하심을 분명히 주셨기에 할 수 있는 일이었습니다. '죽으면 죽으리라' 결심하였습니다. 어느 날 그 사모님을 만날 기회가 있었는데, 밝은 얼굴로 암 진단을 받은 지 3년이 지나 이번 주에 병원에 가서 검사해보기로 했다는 것입니다. 결과가 너무 궁금했는데 병원에서 암세포가 다 사라졌다는 말을 들었습니다. 정말 큰 감동이었습니다.

예수님 안에 거하는 것은 목표가 있습니다. 평안이 오고 마음이 쉬어지고 감사와 찬송이 나오는 것입니다. 주님 안에 거하는 것은 정말 놀라운 일입니다. 예수님은 반드시 역사하십니다. 만약 여러분의 마음에 평안이 없고 감사가 없다면 여러분에게 필요한 것은 예수님 안에 거하는 것뿐입니다. 예수님 안에 거하는데도 여전히 그렇습니까? 예수님 안에 더 거할 뿐입니다. 예수님께서 반드시 회복시켜주십니다.

나의 모든 것은 주님 품안에 있습니다

저는 설교하러 강단에 서기 전에 예수님 안에 거하는 시간을 갖습니다. 사실 교인들은 잘 모르지만 강단에 서서 설교하는 일은 참 어려운 일입니다. 예수님 안에 거하는 시간을 충분히 갖지 않으면, 교인들이 바라보는 눈이 무섭게 느껴집니다. 저도 모르게 하지 말아야 할 말을 하게 되거나, 숨이 찰 만큼 답답함을 느낄 때도 있습니다. 그래서 설교하러 강단에 올라가기 전에 주님 안에 거하는 시간을 가지는 것입니다. 언제까지 주님 안에 거하느냐고 물어본다면 마음이 평안해지고, 담대해지고, 말씀을 전할 수 있음에 감사하고, 사람들의 칭찬보다 주님의 기뻐하심을 기대하게 될 때까지입니다.

청와대 외교안보 수석 비서관과 주중대사를 역임하신 김하중 장로님이 섬긴 대통령이 김대중 대통령이었습니다. 장로님은 대통령께 결재를 맡으러 들어갈 때 먼저 예수님 안에 거하는 기도의 시간을 가졌다고 했습니다. 만일 급히 서두르느라 주님 안에 거하는 기도 시간을 가지지 못했다면 대통령께 중요한 것을 잊고 왔다고 말씀드리고 대통령 집무실에서 나와 잠깐이라도 기도하고 다시 들어가 보고를 하였다고 했습니다.

여러분도 예수님 안에 거할 준비가 되었습니까? 가족들을 만나고 아이들을 만날 때 예수님 안에 거하는 상태가 되어야 합니다. 말 한마디도 정말 예수님 안에 거하는 상태에서 할 수 있어야 합니다. 그러면 죽음도 두렵지 않습니다. 예수님 안에 거하는 자에게는 두려움이 없습니다.

4세기 교부 크리소스톰(Chrysostom)이 체포되어서 황제로부터 죽임의 위협을 받았습니다. "내가 너의 목숨을 끊어도 좋으냐?" 그때 그가 담대하게 그렇게 말했다고 합니다.

"저의 생명은 벌써부터 예수 그리스도 안에 안겨 있습니다. 황제 폐하, 당신이 나에게서 빼앗을 것은 한 가지도 없습니다. 나의 모든 것은 예수 그리스도의 품안에 있습니다."

주님 안에 거하는 사람은 죽음의 순간이 와도 두렵지 않습니다. 그 은혜가 여러분에게 있기를 축복합니다. 여러분, 주님은 포도나무요 우리는 가지라는 진리와 "내 안에 거하라!" 하고 부르신 주님의 음성은 엄청난 축복입니다. 우리 모두 누릴 수 있습니다. 여러분 모두 누리시기를 축복합니다.

*prayer **for** revival* ✝

1. 주 안에 거하게 하소서. 마음에 평안과 기쁨, 감사와 찬송이 임하게 하소서. 그것이 실제 체험되게 하소서.

2. 주님께 다 맡깁니다. 문제와 두려움과 염려, 미움과 원망, 육신의 질병, 다 주님께 맡깁니다. 사랑하는 가족을 다 주님께 맡깁니다.

3. 주님의 인도하심을 주소서. 말씀으로 역사하소서. 성령으로 역사하소서. 주님 앞에 설 때까지 주님을 붙들고 갈 수 있게 해주옵소서.

24시간 주 예수님을 바라보자

2007년 10월 제가 한 달 동안 꼼짝없이 병원에 입원해 있을 때 주님은 "전하는 말씀과 실제로 사는 삶에 틈이 생기는 것을 작게 여겨서는 안 된다"라고 말씀하셨습니다. 그때 저는 설교자로서 말씀한 대로 살아야 하고, 사는 대로 설교해야 한다는 엄중한 교훈을 받았습니다. 그 말씀을 처음 들었을 때는 마음이 대단히 무거웠습니다. 심각하게 고민이 되었습니다. 아무리 설교자라도 설교한 대로 산다는 것은 불가능한 일이라 여겨졌기 때문입니다.

그러나 예수님께서 이 점에 있어서 타협해서는 안 된다고 말씀하셨습니다. 목사만 아니라 모든 그리스도인에게 요구하시는 것입니다. 이것은 인생 전체가 걸린 중요한 일입니다. 사람은 하나님의 말씀을 듣고 행하는 자와 말씀을 듣고도 행하지 않는 자로 나뉩니다. 인생의 집을 반석 위에 지었는지, 모래 위에 지었는지가 여기서 갈라집니다. 하나님의 말씀을 아는 것도 중요하지만, 더 중요한 것은 말씀대로 사는 것입니다.

예수님을 바라보라

말씀대로 사는 것이 중요하다는 것을 알지만, 어떻게 하나님의 말씀대로 살 수 있는지 답답했습니다. 그때 하나님께서 주신 답이 "예수님을 바라보라"는 것이었습니다.

주님은 "담배를 끊어라", "술도 끊어라", "은밀한 죄를 끊어라", "주일예배에 참석하라", "열심히 봉사하라", "원수도 사랑하라"고 명령만 하시는 분이 아닙니다. 예수님은 인생의 답으로 우리 안에 오셨습니다. 우리의 새 생명이 되셨고, 우리가 새 생명의 삶을 살 수 있는 능력이 되어주십니다. 이 사실을 정말 믿어야 합니다.

하나님의 말씀대로 사는 것은 노력해서 되는 것이 아닙니다. 하나님의 말씀대로 살아보려고 노력을 하면 할수록 더 깊은 좌절에 빠지게 됩니다. 성실한 그리스도인들이 노력하고 노력하다가 실패의 수렁에 빠져 있습니다. "난 안 돼", "난 못해", "나는 실패자야", "난 위선자야"라며 자책과 깊은 좌절에 빠집니다. 이런 상황에서 명심할 것은 함께하시는 주 예수님을 바라보라는 것입니다.

주 예수님을 바라보기를 힘써야 합니다. 예수님을 바라보는 것은 너무나 황홀한 답이며 우리에게 허락된 말할 수 없는 기쁨입니다. 하루를 시작하면서 '오늘 하루를 어떻게 살아야 하지? 이 일은 어떻게 처리해야 하지?'라고 고민하지 말고, '오늘은 예수님이 어떻게 하실까? 어떻게 이끄실까?' 하며 늘 함께하시는 주님과 동행하는 것을 그날의 목표로 삼아야 합니다. 예수님과 함께 사는 것에 집중해야 합니다. 그것은 완전히 새로운 삶입니다.

바라보고 믿고 기대하는 믿음

환경과 상황이 어려워도 괜찮습니다. 형편이 좋은 것이 꼭 복은 아니며, 형편이 어려운 것도 결코 저주가 아닙니다. 형편이 좋기 때문에 믿음이 자라지 못하고 타락하는 사람도 많습니다. 반대로 어려운 형편 때문에 믿음이 자라고 귀하게 쓰임 받은 사람이 많습니다. 핵심은 형편에 있는 것이 아니라 주님과 동행하는 것에 있습니다. 어려운 형편에 있더라도 주님을 바라보기 시작하면 주님을 향한 기대가 커집니다. 주님과 동행하면 어려운 형편에서 간증이 더 많아지고 실족할 위험은 적어집니다.

선한목자교회에 부임한 지 2년이 지난 2006년, 기적적으로 예배당 건축은 마쳤지만, 너무 많은 건축비 부채로 인하여 부도 위기에 몰렸습니다. 그때 미국 집회를 끝내고 한국으로 돌아오는 비행기 안에서 스트레스 때문에 심장 쇼크를 겪었습니다. 그 상황에서 제가 할 수 있었던 것은 '나는 죽었습니다'라고 고백하는 것 뿐이었습니다. 그 순간 정말 놀랍게도 극심했던 심장 통증이 가라앉았는데, '살았다'라는 생각과 함께 교회 부채 문제가 해결되었다는 것이 믿어지기 시작했습니다. 그 확신을 설명할 방법이 없습니다. 아무런 근거가 없지만 믿어지는 것이었습니다. 그러자 교회에 빨리 가고 싶어졌습니다. '예수님께서 어떻게 해결하실까? 앞으로 무슨 일이 벌어질까?' 빨리 보고 싶어졌습니다.

지금 형편과 처지가 어렵더라도 예수님을 바라보게 되면 어려운 형편이 오히려 설렘이 됩니다. 지금 어렵다면 그 어려운 형편을 일기에 그대로 기록해보기 바랍니다. 그리고 예수님께서 그 어려움을 어떻게 해결하실지를 믿고 기대해보기 바랍니다.

빠른 응답이 아니라 친밀한 교제

우리가 예수님을 바라보는 것은 예수님이 원하시는 일입니다. 예수님께서 우리에게 기대하시는 것은 노력이 아닙니다. 죄를 짓지 않으려는 노력, 하나님 말씀대로 살아보려는 노력이 아니라 계속 예수님을 바라보기를 원하십니다. 그래서 24시간 예수님을 바라보라고 그렇게 강조하는 것입니다.

어떤 사람은 24시간 예수님을 바라보라고 하니 그러면 '예수님 스토커가 되라는 말이냐? 예수님이 부담스러워하지 않겠느냐?'라며 빈정거리듯 말했습니다. 진정으로 주님이 함께하신다는 것을 믿는다면 그렇게 말하지 않을 것입니다. 예수님이 함께 계신 것을 믿는 사람은 그런 생각을 할 수 없습니다. 예수님은 우리가 계속 주님을 바라보기를 원하십니다.

성경은 분명히 주님을 계속 바라보라고 말씀합니다.

믿음의 주요 또 온전하게 하시는 이인 예수를 바라보자… 히 12:2

여기서 '예수를 바라보자'는 것은 원어의 의미로 "눈을 주님께 고정하라"는 말입니다. 누구나 기도할 때 빨리 응답받기를 원합니다. 하지만 하나님께서 속히 응답하지 않으실 때가 많습니다. 여러 이유가 있겠습니다만 우리는 응답을 원하지만, 하나님께서 원하시는 것은 친밀한 교제이기 때문입니다.

우리는 문제가 생기면 하나님의 뜻이 무엇인지 알기 원합니다. 하나님을 알기 원하지 않습니다. 고생하지 않고 편안하고 성공하는 길을 원할 뿐입니다. 그래서 하나님의 뜻이 무엇인지 알고 나면, 그 길로 쌩하고 달려가버립니다. 관심이 오직 기도 제목에 있기 때문에 하나님께 구하면서도 시선은 하나님에게 있지 않습니다. 응답을 받고 나면 금방 하나님을 떠납니다. 응답이 목적이었기 때문입니다. 그러다가 어려운 일을 만나면 "분명히 응답받았는데, 왜 이렇게 힘든가?" 하고 탄식합니다.

우리에게 정말 필요한 것이 무엇인지 깨달아야 합니다. 하나님께서 원하시는 것은 확실하고 빠른 응답이 아니라 늘 함께하시는 하나님과 동행하는 것입니다. 우리에게 정말 필요한 것은 '예수님과의 교제'입니다. 늘 주님을 바라보고 사는 것입니다. 우리에게 정말 필요한 것은 문제 해결이나 더 좋은 환경이 아닙니다. 예수님과 동행하지 않으면 좋아진 형편 때문에 큰 어려움을 겪게 됩니다. 예수님이 함께 계시는 것만 분명히 믿어지면 염려하고 두려워할 것이 없습니다.

가장 놀라운 행복의 길

선교사 훈련을 마무리하는 수료 예배에 갔다가 어느 전도사님을 상담한 적이 있습니다. 상담의 내용은 자신에게 여전히 음란한 습관이 있다는 것이었습니다. 아마 그는 선교사 훈련을 받으면 이 은밀한 죄의 문제를 해결할 수 있다고 생각했던 것 같습니다. 그런데 수료 예배를 드리는 날까지 해결이 되지 않아 자신이 여전히 음란의 죄에 사로잡혀 있다고 고백하는 전도사님이 얼마나 고통스러웠겠습니까.

음란의 죄는 훈련으로 해결되지 않습니다. 선교사 훈련보다 더한 훈련을 받아도 해결되지 않습니다. 은밀한 죄는 자신과 늘 함께 계시는 예수님을 바라보게 되어야 해결됩니다. 예수님을 바라보는데 어떻게 음란하고 은밀한 죄를 계속 짓고 살겠습니까. 주를 바라보는 눈이 뜨이지 않으니까 죄책감 속에 빠져 있으면서도 해결이 안 되는 것입니다.

우리는 사람을 잘못 만나서 불행한 것이 아닙니다. 이상한 사람과 결혼해서 불행한 것이 아닙니다. 우리는 좋은 사람을 만나면 행복해질 것이라고 착각하지만 그렇지 않습니다. 그런데도 많은 사람이 자신을 행복하게 해줄 사람이나 직장이나 사업이 따로 있는 줄 압니다. 목회자 중에도 행복한 교회가 따로 있는 줄 압니다. 진정한 성공이나 행복은 운명처럼 정해져 있는 것이 아니라 계속 하나님과 동행하는 가운데 누려지는 것입니다.

'어떻게 저런 사람과 살면서 행복할 수 있을까?'라는 생각이 드는 부부가 있는 반면, '어떻게 저런 직장, 저런 형편에서 행복하지 않을 수 있을까?'라는 생각이 드는 이해하기 어려운 사람도 있습니다.

행복은 어떤 처지와 형편 속에 있든지 늘 예수님과 동행하는 사람이 될 때 누려집니다. 행복은 오직 예수님으로부터 옵니다. 예수님은 우리가 누구와 살아야 행복할지, 무엇을 해야 행복할지 가르쳐주시는 분이 아닙니다. 예수님 자신이 '길'이십니다. 항상 예수님을 바라보고 순종하면서 주님과 동행하는 것이 인생 행복의 답입니다. 예수님과 함께하는 삶을 사는 사람은 행복할 수밖에 없습니다. 24시간 예수님만 바라보고 사는 것이 우리의 삶에 가장 놀라운 행복의 길입니다.

허다한 증인 앞에서 살아가는 그리스도인

저도 처음에는 24시간 예수님을 바라보는 삶이 참 막막했습니다. 예수님과 인격적으로 만나고 친밀히 동행하는 것을 경험하거나 배운 적이 없었기 때문입니다. 그 누구도 24시간 예수님을 바라보라고 제게 권하지 않았습니다. 학교 공부도 열심히 했고, 목사가 되는 과정도 열심히 밟아갔습니다. 목회도 열심히 했습니다. 그런데 그런 열심으로는 해결이 되지 않는 문제가 제 내면 깊은 곳에 있었습니다. 목사가 되어 예수님에 대하여 아는 것은 많아졌는데, 예수님과의 친밀함에 있어서는 정말 부끄러울 정도로 성장하지 못하였습니다. 그때는 아무리 고민하여도 하나님의 말씀대로 살 수가 없었습니다.

그런데 어느 날 어릴 때부터 한 번도 제대로 듣지 못하고, 배우지 못했던 것이 예수님을 바라보는 것이었다는 것을 깨달았습니다. 예수님을 바라보게 되면서 그동안 최선을 다해서 살아온 제 삶의 방식이 완전히 뒤바뀌었습니다.

2010년 천안 유관순 체육관에서 열린 연합집회에 강사로 초청을 받았습니다. 말씀을 전하러 갔더니 체육관 앞쪽에 강단이 높이 만들어져 있었습니다. 매우 높이 설치된 강단 위 강사석에 올라가 앉으니까 숨이 턱 막히는 것 같았습니다. 체육관을 가득 메운 수많은 사람이 저를 주목하는 것 같았고, 방송 카메라 여러 대가 저를 비추고 있었습니다. 너무 부담스러웠습니다. 물 한 모금 마시기도, 땀을 닦기도 조심스러웠습니다. 그때 갑자기 말씀이 생각났습니다.

이러므로 우리에게 구름같이 둘러싼 허다한 증인들이 있으니 히 12:1

이 말씀이 너무나 실감이 났습니다. '사실은 내가 이런 가운데 사는 것이구나!' 하고 깨달아졌습니다. 주님은 그날 유관순 체육관에 모인 사람들과 비교할 수 없이 많은 증인이 내려다보는 가운데 제가 말하고 행동하고 살고 있었음을 깨닫게 해주셨습니다. 거기에 저의 아버님도 어머님도 계신 것입니다. 우리가 엄청나게 많은 증인이 보는 앞에서 산다는 것을 명심해야 합니다. 이것을 정말 믿는다면 어떻게 은밀한 죄를 짓고 살 수 있겠습니까?

모든 무거운 것과 얽매이기 쉬운 죄를 벗어버리고 인내로써 우리 앞에 당한 경주를 하며 히 12:1

허다한 증인이 지켜보고 있다는 것을 알고 나면 저절로 얽매이기 쉬운 죄를 벗어버리고, 인내로써 경주를 하는 삶을 살게 됩니다. 문제는 허다한 증인이 지켜보고 있다는 사실에 눈이 뜨였느냐 안 뜨였느냐 하는 것뿐입니다. 참으로 두려운 일은 이 눈이 뜨이지 않으면 허다한 증인이 보는 앞에서 온갖 부끄러운 죄를 짓고 산다는 것입니다. 자신은 은밀하다고 생각하지만, 사실은 다 보고 있는 것입니다. 그 부끄러운 모습을 상상할 수 있습니까? 그러나 더 중요한 사실이 있음을 알았습니다. 허다한 증인이 보는 것을 아는 것도 중요하지만, 제 안에 예수님께서 계신 것입니다.

믿음의 주요 또 온전하게 하시는 이인 예수를 바라보자 히 12:2

많은 증인은 제 겉모습만 볼 뿐입니다. 그러나 예수님은 제 마음과 생각을 다 보고 계십니다. 그러니 겉으로는 웃으면서 속으로는 찡그리거나, 겉으로는 사랑한다고 하면서 속으로는 미워할 수도 없는 것입니다. 그날 예수님을 믿으면 어떻게 살게 되는지 분명한 깨달음을 받았습니다. 여러분, 이제는 분명한 결론을 내려야 합니다. 예수님을 믿는다는 것은 허다한 증인 앞에서 사는 것이고, 우리 안에 오신 주 예수님, 우리 마음과 생각까지 다 알고 계시는 주 예수님을 바라보고 사는 것입니다.

주님을 바라보면서 인생이 바뀌는 않는 사람은 없다
여러분은 예수님을 어느 정도로 바라보고 사십니까? 아침에 눈을 뜰 때 예수님을 생각했습니까? 식사하면서 예수님을 생각했습니까? 사람들을 만날 때 예수님을 생각했습니까? 아무도 없을 때 예수님을 생각하고 살았는지 분명하게 돌아보기 바랍니다.

우리가 예배드리러 교회에 오면서도 예수님을 생각하지 못할 수도 있습니다. 예배드리면서도 예수님을 생각하지 못할 수도 있습니다. 그러나 이제는 이런 신앙생활에서 벗어나야 합니다. 아주 바쁠 때도, 한가할 때도, 어려운 일이 생겼을 때도, 모든 일이 다 편안할 때도 항상 예수님을 바라볼 수 있는 사람이어야 예수님을 믿는 사람입니다.

우리는 어려운 일을 만나면 예수님을 생각합니다. 도와달라는 말이 저절로 나옵니다. 암에 걸렸다고 하면 한순간에 새벽기도 체질이 됩니다. 하지만 어려움이 사라지고 문제가 해결되면 예수님 생각이 싹 사라집니다. 그런 삶을 살아서는 안 됩니다. 어려운 형편이든지 아니든지 한결같이 주님을 바라봄이 필요합니다. 그렇게 될 때 인생이 바뀌게 되어 있습니다.

귀한 분을 모시고 다니면 얼마나 신경써서 잘 모십니까? 그 분을 모시고 식사 대접을 하거나 여행을 떠나거나, 일을 돕게 되면 자세가 달라집니다. 주님께도 얼마든지 그렇게 할 수 있는 것입니다. 우리가 정말 예수님을 바라보며 산다면 삶이 바뀌지 않는 것이 이상한 일일 것입니다.

톨스토이의 《인생독본》에 재미있는 이야기가 나옵니다. 어느 수도사가 주님께 물었습니다. "주님, 어떻게 하면 주님께 충성스러운 삶을 살 수 있는지 가르쳐주십시오." 주님은 이렇게 대답하셨습니다. "저기 가면 나에게 아주 충성스러운 농부가 한 사람 있는데, 너는 가서 그 농부가 하는 것을 잘 살펴보아라. 그러면 나에게 충성하며 사는 비결을 배우게 될 것이다." 그 수도사는 많은 기대를 품고 그 농부의 집에 가서 먹고 자며 그 농부가 어떻게 하는지 살폈습니다.

그런데 별다른 것이 없었습니다. 기도를 많이 하는 것도 아니고 성경을 많이 읽는 것도 아니었습니다. 아침에 해가 뜰 때 일어나서 "주여!" 한 번 외치고는, 밭에 나가서 하루 종일 쉬지 않고 일합니다. 저녁에 들어와서 저녁식사를 하고 또 "주여!" 한마디를 외치고 쓰러져서 잡니다. 그다음 날 또 그렇게 합니다.

일주일째 되는 날 수도사가 주님께 물었습니다. "주님, 저는 주님의 말씀에 따라 그 농부의 생활을 잘 살폈습니다. 그러나 배울 것이 별로 없습니다. 주님, 무엇을 배우라고 하는 것입니까?" 주님은 이렇게 말씀하셨습니다. "너는 조그만 항아리에 물을 가득 담아 동네를 한 바퀴 돌아라. 그런데 항아리에 든 물을 엎질러서는 안 된다." 수도사는 주님의 말씀대로 다 하였습니다. 그리고 "주님, 주님이 시키는 대로 했나이다"라고 했습니다.

주님이 수도사에게 물었습니다. "잘했다. 그런데 너는 물 항아리를 들고 마을을 도는 동안 나를 몇 번이나 생각했느냐?" 수도사는 솔직히 물이 엎질러지지 않게 하느라고 한 번도 주님을 생각하지 못했다고 했습니다. 그러자 주님은 "그것 보아라. 너는 그

단순한 한 가지 이유 때문에 나를 한 번도 생각하지 못했는데, 농부는 그렇게 바쁘게 농사를 지으면서도 하루에 두 번이나 나를 생각하고 나를 부르고 있느니라." 수도사는 크게 깨닫고 돌아갔다고 합니다.

문제보다 더 크신 예수님을 바라보라

"정말 24시간 예수님을 바라보며 살 수 있습니까?" 물론입니다. 누구나 무엇인가를 계속 바라보고 살고 있습니다. 24시간 주식을 바라보는 분, 24시간 손주를 바라보는 분, 24시간 애인을 바라보는 분, 24시간 원수를 바라보는 분도 있습니다.

한 젊은 부부가 저를 찾아와 기도를 부탁했습니다. 7년 만에 암이 재발한 것입니다. 암 환자인 아내는 물론 남편의 얼굴도 몹시 어두웠습니다. 그동안 암만 묵상하고 살았음을 알 수 있었습니다. 암보다 더 큰 예수님이 마음에 계신데도 실제로 암에 걸리고 나니 암이 훨씬 더 크게 느껴진 것입니다. 예수님도 잊어버릴 정도로 암만 묵상하니까 몸이 어떻게 견디겠습니까. 저는 기도해 드리기 전에 숙제를 하나 드렸습니다.

"집사님, 암보다 훨씬 크신 예수님만 바라보세요. 나에게 암이 있다는 것을 잊어버릴 정도로 예수님만 바라보세요."

그 후 그 집사님은 예배 찬양단에 나와 함께 찬양하고 계십니다.

여러분, 우리는 얼마든지 24시간 예수님을 바라볼 수 있게 되어 있습니다. 그러므로 주님 바라보는 일을 소홀히 하면 안 됩니다.

엠마오로 가는 두 제자가 예수님과 동행했습니다. 예수님과 대화하면서도 예수님인 줄 몰랐습니다. 눈이 가려져 있기 때문입니다. 그런데 예수님이 떡을 떼어 그들에게 주실 때 눈이 열려 예수님을 알아보게 되었습니다. 우리가 주님을 바라보는 것도 눈에 비늘이 벗겨지는 것과 같습니다. 예수님이 우리와 같이 계십니다. 예수님이 우리를 이끌고 계십니다. 그런데도 우리는 예수님 바라보기를 굉장히 힘들어합니다. 눈이 가리어졌기 때문입니다. 우리 눈에 비늘이 떨어져 주님을 바라보게 되면 인생 자체가 바뀝니다. 그 일이 여러분에게 일어나기를 축복합니다.

주님을 바라보는 눈을 뜬 순간

1850년 12월 6일 주일이었습니다. 영국의 콜체스터라는 작은 도시에 심한 눈보라가 몰아쳤습니다. 교통이 두절되어 10대 청년이 자기 교회에 갈 수 없어 집 근처에 있는 작은 감리교회에 갔습니다. 이 청년은 평소에 감리교회에 대한 인상이 좋지 않았습니다. 감리교회에서는 큰 소리로 찬양하고 통성기도도 한다고 소문이 났기 때문입니다.

그날 감리교회에 12명 정도가 모여 있었습니다. 그런데 키가 크고 마른 한 평신도가 단에 올라가더니 목사님께서 눈 때문에 오시지 못하여 자신이 설교를 하게 되었다고 하면서, 이사야서 45장 22절을 본문으로 읽었습니다. "땅 끝의 모든 백성아 나를 앙망하라 그리하면 구원을 얻으리라…"(개역한글). 그리고 설교를 하는데 준비를 못했으니 계속 성경만 인용할 뿐 헤매는 모습이 역력했습니다. 그는 말했습니다.

"여러분! 이 말씀은 매우 간단합니다. '앙망하라'고 하였습니다. 앙망한다는 것은 바라보는 것 아닙니까? 본다는 것은 결코 어려운 일이 아닙니다. 우리가 어떤 것을 보기 위해서 다리를 들어야 하거나 손가락을 움직일 필요도 없습니다. 그저 바라보기만 하면 됩니다. 우리는 보는 방법을 배우기 위해 대학 같은 곳에 다니며 고등교육을 받을 필요도 없습니다. 어린아이도 볼 수 있지요. 문제는 모두 자기 자신만을 바라본다는 것입니다. 봐야 아무 소용도 없는 자기 자신을 바라본다고 문제가 해결됩니까? 결코 그렇지 않습니다. 예수를 보십시오. 지금 당장 그를 바라보십시오!"

그러더니 약간 오버하기 시작했습니다. 그가 위를 쳐다보면서 이렇게 말했습니다.

"나를 바라보라! 나는 십자가에 매달렸노라. 나를 바라보라! 나는 핏방울을 떨어트리고 있노라. 보라. 나는 죽어 장사되었다! 나를 바라보라! 나는 다시 살아났노라. 나는 승천했노라. 나는 아버지 오른편에 앉아 있노라. 나를 바라보라! 오오, 나를 바라보라!"

그런데 이 설교가 이상하게도 이 청년의 마음을 사로잡았습니다.

'아버지가 목사이고 할아버지도 목사이건만, 나는 지금 예수님을 바라보고 있는가? 하나님을 앙망하는 자는 구원을 얻는다고 말씀하셨는데 내 마음속에는 과연 구원의 확신과 감격이 있는가?'

아무리 생각해도 자신이 서지 않아 마음이 괴로웠습니다. '쳐다보기만 하라?' 왜 이전에는 이런 사실을 알지 못했는지 놀랍기만 했습니다. 그런데 설교자의 한계는 거기까지였습니다. 이제 어떻게 설교를 이어가야 할지 잠깐 망설이더니 한 낯선 청년이 예배에 참석한 것을 보고, 손가락으로 그를 가리키며 말했습니다.

"이봐요 젊은이! 자네는 지금 참 비참해 보이는군. 뭐하시오. 예수를 바라보시오. 지금 예수를 바라보시오!"

이때 그 청년이 얼마나 놀라고 당황했는지 반쯤 자리에서 일어났습니다. 그런데 그 순간 예수 그리스도를 바라보는 눈이 뜨였습니다. 예수님을 바라보게 되었습니다. 그리고 일평생 예수 그리스도만 바라보며 살았습니다. 그가 바로 영국의 위대한 설교가였던 찰스 스펄전(Charles Spurgeon) 목사님입니다.

그 후 스펄전은 이렇게 간증했습니다.

"나는 구원받는 방법을 단번에 보았다. 어두움은 물러갔고 나는 태양을 본 것이다. 나는 앉은자리에서 봄이 온 것처럼 포근함을 느꼈고, 이 감리교 형제들과 함께 흥분하여 소리치고 싶었다.

'나는 용서받았다'라고."

스펄전 목사님이 처음 주님을 바라보는 눈을 떴을 때 있었던 일입니다. 예수님을 바라보는 것은 특별한 은혜가 주어져야만 되는 것이 아닙니다.

예수님의 갈망

예수님은 우리에게 예수님을 바라보는 눈이 떠지기를 원하십니다. 우리에게 그 갈망이 생기는 것은 전적으로 예수님의 역사입니다. 우리가 그 갈망을 품으면 당연히 주님의 역사가 일어납니다. 그리고 예수님을 바라보는 눈이 뜨이면 모든 문제, 모든 방황이 끝이 납니다.

예수님을 바라보면 은밀한 죄를 짓기 어려워집니다. 우리의 본성이 바뀌어서가 아닙니다. 여전히 죄를 좋아하고 육신의 유혹이 계속 있지만, 예수님을 바라보니까 죄를 짓기가 어려워지는 것입니다. 요셉이 보디발의 아내의 유혹에서 벗어날 수 있었던 것도 하나님을 바라보았기 때문입니다.

목사님 한 분이 반복하여 짓는 죄로 인한 좌절감, 도무지 이기지 못하는 음란함에 대해 고백하셨습니다. 제가 그 목사님의 손을 잡고 말씀드렸습니다.

"목사님이 죄를 이기려고 애쓰지 마세요. 목사님을 죄에서 건져

내실 예수님을 믿으세요."

그런데 목사님께서 말씀하셨습니다.

"그것이 안 돼요."

제가 다시 말씀드렸습니다.

"목사님, 그저 예수님 안에 거하세요. 그러면 예수님께서 목사님 안에 거하신다고 하셨지 않습니까?"

그 목사님이 말씀하셨습니다.

"자신이 없습니다. 예수님 안에 거하고 싶어도 도무지 안 됩니다."

제가 그 목사님의 손을 잡고 따라 하라고 했습니다.

"저는 예수님 안에 있습니다."

목사님은 한동안 아무 말도 못하셨습니다. 아무 느낌도 없고 자신도 없다고 하셨습니다.

"주님의 말씀을 믿고 해보세요. 아무리 느낌도 자신도 없다 하지만 일을 열어 고백도 못하십니까?"

목사님은 겨우 입을 열어 "저는 예수님 안에 있습니다"라고 고백하였습니다. 그리고 그 목사님에게 주님의 임재가 부어졌습니다. 목사님이 통곡하기 시작했습니다. 회개하고 싶어도 눈물도 나지 않는다고 하신 분이 말입니다.

예수님은 우리와 눈을 마주보며 교제하기를 원하십니다. 우리가 예수님을 바라보며 매일매일을 살아가기를 원하십니다. 제가 선한목자교회 담임목사로서 할 일은 딱 하나였습니다. 예수님을 바라보는 것입니다. 저부터 끊임없이 예수님을 바라보려고 하고, 교인들에게도 끊임없이 예수님을 바라보자고 하는 것입니다. 저의 목회 비결을 묻는 분들이 있습니다. 그것은 오직 예수를 바라보면서 교인들이 예수를 바라보게 하는 것입니다. 선한목자교회의 역사, 선한목자교회의 미래는 담임목사에게 달려 있는 것이 아니라 온 교인들이 계속 예수님만 바라보려고 하는 것에 달려 있습니다. 그러면 예수님이 역사하십니다.

prayer for revival

1. 주님을 바라보며 사는 것이 삶의 이유요, 매일매일의 기쁨이 되게 하소서.

2. 주 예수님으로 말미암아 말씀대로 살아지는 기적이 심령에서부터 일어나게 하소서. 주님을 바라봄으로 하지 말아야 될 것은 하기 싫어지고, 해야 할 것은 하고 싶어지는 역사를 일으켜주소서.

3. 제 눈에서 비늘이 떨어져 주를 바라보게 하소서. 영원히 그 주님과 동행하며 살게 하소서.

2

마음을
지키라

어떻게 항상 기뻐할 수 있는가

"항상 기뻐하고, 쉬지 말고 기도하고, 범사에 감사하라"는 말씀은 많이 들어서 잘 아는 말씀이지만, 가장 순종하지 못하는 말씀이기도 합니다. 그런데 이 말씀은 도무지 지킬 수 없는 율법과 같은 무거운 짐이 아닙니다. 하나님이 부어주시는 은혜이며, 예수님 안에서 삶이 완전히 변화될 것이라는 약속입니다.

정말 항상 기뻐하고, 쉬지 않고 기도하고, 범사에 감사할 수 있다면 우리 삶이 완전히 변화되지 않겠습니까? 어떤 어려운 형편에 있다 하더라도 매 순간 기뻐하고 모든 일에 감사하는 사람을 세상이 어떻게 감당할 수 있겠습니까. 마귀가 아무리 강하여도 항상 기뻐하고 쉬지 않고 기도하고 범사에 감사하는 사람을 어떻게 불행하게 만들겠습니까. 그런 삶에 기적이 일어나지 않을 수 있겠습니까.

　그러나 많은 그리스도인들이 이 말씀대로 살 수 있다고 생각하지 않습니다. 말이 안 된다고 생각하기 때문입니다. 출애굽 때 이스라엘 백성은 갈라진 바다를 건너 구원을 받았습니다. 그것은 말이 됩니까? 예수님께서 떡 다섯 개와 물고기 두 마리로 5천 명을 먹이고 열두 광주리를 남겼습니다. 그것은 말이 됩니까? 말이 안 되지만 실제로 일어난 일입니다. 하나님이 하셨기 때문입니다. 그런데 왜 항상 기뻐하고 쉬지 않고 기도하고 범사에 감사하는 것은 안 된다고 여깁니까? 하나님이 하시면 못하실 리 없지 않습니까?

　항상 기뻐하고, 쉬지 않고 기도하고, 범사에 감사하라는 것이 말이 안 된다고 생각하면 안 됩니다. 우리 생각에는 불가능해 보일지라도 홍해도 가르시고, 오병이어의 기적을 행하시고, 죽은 나사로를 살리신 예수님은 능히 하실 수 있습니다. 예수님을 믿었다면 예수님의 말씀이 자신에게 이루어지기를 원하고, 체험되기를 원하는 것은 당연한 일입니다. 불가능한 말씀이라고 여기면서 믿음으로 취하지 못하니까 엄청난 약속을 받고도 그 은혜를 누리지 못하는 것입니다.

기뻐하기로 한 결단

말씀을 보면 항상 기뻐하라고 하셨지, 항상 기쁘다고 하지 않았습니다. 기쁜 일이 생기면 자연적으로 기쁘니까 군이 "기뻐하라"고 말할 필요가 없습니다. 그러나 기뻐하라는 것은 기쁘게 여기는 결단과 의지가 필요합니다. 하나님의 뜻은 우리가 '항상 기쁘게 될 것이다'라는 것이 아니라 '항상 기뻐하라'는 것입니다. 그 말은 전혀 기쁘지 않은데 기뻐해야 할 순간이 많다는 것입니다.

예를 들면 사랑하는 사람이 생긴 청년에게는 기뻐하라고 말할 필요가 없을 것입니다. 그러나 사랑하는 사람과 헤어졌다면 청년이 낙심하고 슬퍼할 것입니다. 그런데 헤어진 애인이 청년에게 그리 좋은 사람이 아님을 알고 있던 어떤 사람이 그에게 오히려 잘된 일이고 기뻐할 일이라고 말해줄 수 있습니다. 군에 입대하게 된 청년이 마냥 기뻐할 수는 없을지 모릅니다. 고된 훈련도 받아야 되니 걱정과 근심이 가득할 수 있습니다. 그런데 주위에서 기뻐하라고 할 수 있습니다. "군대는 몸도 마음도 건강한 대한민국 청년이 갈 수 있어. 군대에서 보내는 시간이 아무 의미없이 보일지라도 반드시 네 인생에 도움이 될 거야. 그러니 힘들어하지만 말고 기뻐해." 하나님께서 "항상 기뻐하라, 쉬지 말고 기도하라, 범사에 감사하라" 하시는 것도 이와 같은 말씀입니다.

많은 그리스도인들이 기뻐할 수 없는 여러 가지 시험거리로 힘들어합니다. 어느 분이 메일을 보내셨습니다.

"하나님께로 나아가기 위해 몸부림을 칠 때마다 예상치 못한 시련이

한꺼번에 달려들곤 하는 일들이 자주 생기는 것 같습니다. 예를 들면, 착하게 보이던 회사 직원이 나한테 불만을 표시하며 대들기도 하고, 신뢰를 가지고 모시던 직장 상사가 불신을 표시하면서 나를 악의 적으로 대하기도 하고, 내가 관여하고 있는 일들이 이상할 정도로 자꾸 꼬이면서 해결이 안 되거나 사람들과 계속 부딪히는 일들이 생기고, 좋은 관계를 맺고 있던 친구와 후배가 어느 날 갑자기 거리감을 느끼게 하고 등등….”

기쁜 일이 생겨야만 기뻐할 수 있다고 생각하면 “항상 기뻐하라”는 말씀은 영원히 지킬 수가 없습니다. 기쁜 일이 생기는 것을 기쁨의 조건으로 삼으면 우리는 절대로 항상 기뻐하고 쉬지 않고 기도하고 범사에 감사하면서 사는 인생의 기적을 경험할 수 없습니다. 중요한 것은 항상 기뻐할 이유를 분명히 아는 것입니다. 억지로는 기쁠 수가 없습니다. 항상 기뻐하려면 항상 기쁠 수 있는 이유가 분명해야 합니다. 그것이 예수 그리스도께서 함께하심을 아는 것입니다. 기쁨의 근원이신 예수님이 항상 함께하시며 그 예수님을 바라볼 때 우리는 어떤 상황에서도 기뻐할 수 있는 것입니다.

괜찮아, 내가 있잖아!

예수님이 기쁨의 근원이십니다. 우리와 항상 같이 계신 예수님은 우리를 위해 십자가에서 죽으셨을 뿐만 아니라 우리 안에 오셨습니다. 실제로 우리와 항상 함께하십니다. 그렇기 때문에 우리가 주 예수님을 바라보는 눈이 뜨이면 항상 기뻐할 수 있는 것입니다.

만약 사랑하는 사람이 병에 걸려서 치유를 위해 오래 기도했는데 끝내 죽었다면 얼마나 슬프겠습니까. 그런 사람에게 기뻐하라고 하기는 어렵습니다. 그러나 여전히 함께하시는 주님을 바라보면 달라집니다. 그럴 때 주님은 이렇게 말씀하십니다. "내가 있잖아!" 그러므로 항상 기뻐하라는 것은 주님을 바라보라는 말씀과 같은 것입니다. "죽은 사람만 묵상하지 말고 나를 바라보라"는 주님의 권면입니다. 그것은 슬픔을 극복하게 해주시려는 은혜입니다.

사랑하는 사람을 떠나보내는 정말 힘든 그 순간에도 예수님은 "내가 있잖아. 내가 너와 함께하잖아. 그러니 너무 슬퍼하지 마. 다시 만날 소망이 있어. 내가 그렇게 해줄게"라고 말씀하시는 것입니다. 그래서 우리가 어려움을 바라보면 낙심이 되고 슬프지만, 예수님을 바라보면 기쁨이 되는 것입니다.

"항상 기뻐하라"는 말씀을 다른 식으로 표현하면 "항상 함께하시는 예수님을 바라보라"는 뜻입니다. 동물원에 간 어린 딸이 호랑이를 보고 무서워합니다. 그때 아빠가 "무서워하지 마!"라고 하면 말이 됩니까? 무서운 호랑이가 눈앞에 있는데 무서워하지 말라니요. 그러나 아빠가 하는 말의 의미는 "아빠가 있잖아! 아빠가 안전을 확인했고 너를 지켜줄 거야. 그러니 호랑이를 무서워할 필요가 없어. 오히려 이 순간을 즐기거라" 하는 말이지 않습니까?

> 내 형제들아 너희가 여러 가지 시험을 당하거든 온전히 기쁘게 여기라 약 1:2

이 말씀도 여러 가지 시험을 만날지라도 주님은 "내가 있잖아!" 하시니 오히려 크게 기뻐하라는 것입니다. 주님이 여러 가지 시험보다 더 크신 분입니다. 문제는 "내가 있잖아!"라고 하시는 주님의 음성을 들을 수 있느냐, 듣지 못하느냐입니다. 주님을 바라보지 못하면 항상 기뻐할 수 없습니다. 불가능한 요구입니다. 그러므로 다급한 상황이 오기 전에 주님과의 관계를 친밀히 유지해야 합니다. "내가 있잖아!" 하시는 주님의 음성을 분명히 들을 수 있는 사람이 되어야 합니다.

어떤 형편에서든지 기쁜 이유

김형석 교수님께는 늘 가까이하던 친구가 있었는데, 김태길 교수와 안병욱 교수입니다. 팔순을 넘긴 어느 날, 안병욱 교수가 먼저 "그동안 셋이 일만 했는데 이제는 1년에 봄 여름 가을 겨울 네 번 만나서 차도 마시고 셋이 좋은 시간을 갖자"고 제안했다고 합니다. 그래서 김태길 교수에게 전화했는데, "그런데 이제 한 사람씩 떠나갈 텐데, 남은 사람은 힘들어서 어떻게 사나"라고 하였답니다.

그래서 세 분은 팔순이 넘어서까지 교제를 나누었고, 이제 누군가 먼저 세상을 떠나면 남은 사람은 상실감이 클 테니 더 이상 만나지 말고 편지나 전화로만 서로 안부를 확인하자고 했다고 합니다. '우리는 만날 나이가 아니라 이제 헤어져야 하는 나이'라는데 마음을 모은 것입니다. 그 후 김태길 교수가 가장 먼저 세상을 떠났고, 안병욱 교수마저 세상을 떠났습니다.

우리는 아직 그 정도의 나이가 되지 않아 완전히 공감하기는 어렵습니다. 하지만 누군가와 이별한다는 것이 얼마나 슬픈 일인지는 잘 압니다. 우리도 준비해야 합니다. 사랑하는 사람과 헤어질 때가 옵니다. 부부도, 부모와 자녀도, 친구도 언젠가는 헤어져야 합니다. 헤어지는 순간 기뻐할 수 있겠습니까? 사랑하는 사람과 사별하고 나서 그 아픔을 극복하지 못해 얼마 안 가서 본인도 세상을 떠나는 일이 많습니다.

자신과 함께하시는 예수님을 알지 못하면 이렇게 됩니다. 기쁨의 근원이신 예수님이 함께 계시는 것을 믿고 살아야 어떤 형편에서든지 기쁜 것입니다. 그 기쁨으로 여러 가지 시험을 다 이겨낼 수 있는 것입니다. 이것이 예수님을 믿는 진정한 복입니다.

말기 암에도 뜨겁게 차오르는 기쁨

어떤 성도가 큰 은혜의 눈이 열려 늘 회개와 감사의 눈물로 살았는데, 그때 위암이라는 진단을 받게 되었습니다. 그 순간 두려움보다는 "하나님께서 드디어 나를 만나주시려나보다"라는 기대가 생겨 수술을 받을 때도 두렵지 않았다고 합니다. 하나님께서 자신을 만나주시기만 한다면, 6개월, 1년의 시한부 인생인들 아무 상관이 없다고 믿어진 것입니다.

그런데 항암 치료가 시작되자 너무 고통스러웠다고 합니다. 하나님을 향한 원망이 나오기도 하였습니다. 고통은 더 심해졌고, 병원에서는 더 이상의 모르핀을 투여할 수 없다고 하며, 특별관리 대상자로 분류되면서 극심한 고통과 고독, 절망이 집채만한 파도처럼 밀려왔습니다.

가족과 주위 사람들의 위로도 위로가 되지 않았고 하나님께서 아무 역사도 행하지 않으신다는 절망감에 사로잡혔습니다. 이대로 다 끝인가 하는 두려움에 짓눌렸습니다. 마음이 무너지면서 차라리 죽는 게 낫겠다는 생각에 가족들 몰래 약국을 돌아다니며 수면제를 사 모으기도 했습니다.

"정신과 육체가 완전히 허물어져 갈 무렵 어느 날 아침, 정말 기적처럼 주님은 제게 빛으로 찾아오셨습니다. 찾아오셔서는, 제 마음을 보게 하시고, 하나님이 저의 창조주이심을 알게 하셨습니다. 하나님의 영광에 압도되었습니다. 그때 알 수 없는 기쁨이 마음 깊은 곳에서부터 차올라왔습니다. 그 기쁨은, 곧바로 뭐라 설명할 수 없는 통곡이 되었고, 그 순간 이분, 나를 창조하신 하나님께 경배를 드려야겠다는 생각이 들었습니다.

그 생각에 사로잡혀 찬양하고 또 감사의 고백을 올려드렸습니다. 그 예배의 감격은 영원히 잊을 수 없을 것입니다. 오직 주님만 보였습니다. 주님만 눈앞에 계실 뿐이었습니다. 살아도 좋고, 죽어도 좋고, 나를 몰라주셔도 좋고, 알아주셔도 좋았습니다.

'아, 이제 됐다!' 그것이었습니다. 이제 예배하며 살 뿐입니다."

예수님을 만나고, 예수님이 자신과 함께 계신 것을 빛으로 체험하니까 말기 암으로 극심한 고통 속에 있지만, 속에서부터 뜨겁게 치밀어 오르는 기쁨이 있었다는 것입니다. 마음에 기쁨이 넘치니까 예배만 드려도 기쁜 마음이 되었다고 합니다. 예수님을 바라보는 눈이 뜨이면 이렇게 됩니다. 어려움을 보면 두렵습니다. 그러나 함께하시는 주님을 바라보면 기쁩니다. 문제를 보면 슬프지만 주님을 보면 기쁩니다. 세상을 바라보면 좌절하게 됩니다. 그러나 함께하시는 주님을 바라볼 수 있으면 그 사람은 기쁩니다.

우리 안에서 착한 일을 시작하신 예수님

그러나 꼭 이런 체험이 있어야 항상 기뻐할 수 있는 것은 아닙니다. 왜냐하면 그런 체험이 있든지 없든지 우리는 똑같은 영적인 상태에 있기 때문입니다. 예수님은 우리 안에 이미 와 계십니다. 어떤 사람은 아주 신비하게 눈이 뜨여서 생생히 볼 수도 있는가 하면, 어떤 사람은 평범해 보이는 예수님의 이끌림을 받아 예배드리고 기도하는 자리에 나올 수도 있는 것입니다. 강물 같든 시냇물 같든 주님이 함께하신 증거는 동일합니다. 크고 분명한 체험이 없다고 주님이 우리 안에 계시지 않는 것이 아닙니다. 주님이 우리 안에 계셔서 우리를 이끄시는 것은 조금도 다름이 없습니다.

우리에게 중요한 것은 더 강력한 체험을 하게 해달라고 매달리는 것이 아닙니다. 이미 주어진 은혜에 대해서 믿음으로 반응하는 것입니다. 주님이 함께하심을 믿음으로 취하는 것입니다. 그래서 24시간 예수님을 바라보라는 것입니다.

우리는 항상 기뻐할 수 있습니다. 주님이 친히 이루실 것이기 때문입니다.

너희 안에서 착한 일을 시작하신 이가 그리스도 예수의 날까지 이루실 줄을 우리는 확신하노라 빌 1:6

평강의 하나님이 친히 너희를 온전히 거룩하게 하시고 또 너희의 온 영과 혼과 몸이 우리 주 예수 그리스도께서 강림하실 때에 흠 없게 보전되기를 원하노라 너희를 부르시는 이는 미쁘시니 그가 또한 이루시리라 살전 5:23-24

우리를 구원하시고 여기까지 오게 하신 예수님은 항상 기뻐하고, 쉬지 않고 기도하고, 범사에 감사하며 살게 해주시는 분입니다. 우리에게는 그 사실을 믿음으로 취하는 것이 필요합니다. 그래서 우리가 할 일은 그렇게 해주실 예수님을 계속 바라보는 것입니다.

시험이 오고 낙심이 오고 문제가 생기고 두려움이 오고 기쁠 일이 하나도 없을 것 같은 순간에도 기뻐하게 해주시고 감사하게 해주시고 기도의 문을 열어주시는 예수님을 바라보는 것, 광야에서 불뱀에 물린 자들이 장대 위에 매단 놋뱀을 쳐다보았을 때 다 살았던 것과 같은 역사가 지금도 주 예수님을 바라보는 이들 가운데 이루어집니다.

나와 한 몸이 되신 예수님

24시간 예수님을 바라보는 것에 대해서 이상하게 생각하는 사람들이 많습니다. 2014년 대만에 가서 예수동행세미나를 인도하였을 때 24시간 주님을 바라보며 살고자 하는 대만 교회와 성도들의 갈망을 뜨겁게 느낄 수 있었습니다. 그렇지만 24시간 주님을 바라보는 삶에 대해 비판하는 교인들도 많다는 것을 말해주었습니다. '어떻게 24시간 주님을 바라볼 수 있느냐?', '그렇게 예수님을 믿는 것은 너무 지나치고 위험하다', '24시간 주님을 바라보면 일상생활은 어떻게 하느냐?', '세상 일을 도외시하는 이원론적 신앙이다'라는 등의 말을 듣는다는 것입니다.

한번은 안양에 있는 어느 병원의 신우회 회원들과 예배드리고 질문에 답하는 시간을 가졌습니다. 그중에 이런 질문이 있었습니다. "하나님께 모든 것을 맡긴다는 것, 예수님의 인도하심을 받는다는 것의 범위를 알고 싶습니다. 정말로 전 영역에서 가능한 것일까요? 가령 집을 사거나 사업을 시작할 때 이것이 내 욕심으로 시작되는 것인지, 아니면 정말 하나님이 주시는 마음으로 시작하는 것인지 어떻게 분별할 수 있을까요? 예수님이 내 삶을 인도하실 거라는 생각은 하지만, 정작 결정은 본인이 내려야 하는 것 아닌가요?"

이런 질문은 예수님을 믿는 것이 예수님과 온전히 하나되는 것임을 믿지 못하기에 나오는 것입니다. "어떻게 미주알고주알 다 예수님께 의논하고 살아요?", "모든 결정을 어떻게 다 예수님이 내리시도록 하며 살 수 있어요?" 이와 같은 질문이 생긴다면 예수님과의 관계가 부부관계만도 못하다는 증거입니다. 부부라면 서로 미주알고주알 의논하며 살지 않습니까? 무슨 일을 결정할 때, 남편과 아내가 서로 의논하여 결정하지 않습니까? 우리가 예수님 안에 거하고 예수님이 우리 안에 거하는 것이 분명하다면 예수님과 모든 일을 의논하는 것이 왜 이상한 일입니까? 예수님은 분명히 우리가 예수님과 한 몸 된 존재라고 말씀하셨습니다.

> 나는 포도나무요 너희는 가지라 그가 내 안에, 내가 그 안에 거하면 사람이 열매를 많이 맺나니 나를 떠나서는 너희가 아무것도 할 수 없음이라 요 15:5

여러분, 예수님은 우리를 위해서 십자가에 죽으시고 부활하신 다음 "이제는 너희들이 알아서 잘살아봐"라고 하지 않으셨습니다. 만약 그랬다면 24시간 예수님을 바라보는 것은 의미가 없을 것입니다. 우리 마음대로 살라고 하셨는데 예수님을 왜 바라보겠습니까.

우리가 예수님을 믿는다는 말은 우리를 위해서 십자가에 죽으신 예수님이 지금 우리 안에 오셔서 우리와 한 몸이 되셨음을 믿는 것입니다. 그렇기 때문에 24시간 예수님을 바라보는 것이 예수님을 믿는 신앙의 핵심이 되는 것입니다. 만일 예수님이 우리 안에 오셨고, 우리가 예수님 안에 거한다고 하면서 항상 예수님을 바라보지 않는다면 그것은 거짓일 것입니다.

묻고 또 물으며 산다!

한번은 제 아내가 세미나에서 강의하면서 "'주님, 오늘 점심은 어디에서 먹을까요? 오늘 장을 봐야 하는데, 언제 갈까요? 무엇을 살까요?' 매 순간 이렇게 주님께 물으며 주님과 친밀히 동행하려고 노력한다"라고 했습니다. 그러자 선교사님 한 분이 이렇게 질문을 하셨습니다.

"그렇게 미주알고주알 다 주님께 물어보면, 우리에게 자유의지를 주신 하나님의 뜻을 거스르는 것이 아닙니까?"

그 순간 아내는 난감하여 조용히 '주님, 뭐라고 대답해야 합니까?'라고 여쭤보았다고 합니다. 그때 주님께서 마음에 감동을 주시며 오히려 물으시더라는 것입니다.

"너희의 문제가 나에게 미주알고주알 다 물어보는 것이냐, 아니면 물어보아야 하는데 안 물어보는 것이냐?"

시시콜콜 주님께 묻고 또 물으며 사는 것은 자유의지가 없고, 얽매여 사는 것이 아닙니다. 사랑에 빠진 것입니다. 사랑하는 사람들 사이에서는 누구나 사소한 것까지 묻고 또 물으며 지냅니다. 주님을 사랑하게 되면 누구나 매 순간 주님을 바라보고 의식하며 또 묻게 됩니다.

24시간 예수님을 바라보고 사는 것은 우리의 삶을 아주 힘들게 하는 것이 아닙니다. 오히려 비로소 우리 삶을 제대로 된 방향으로 바꾸는 것입니다. 우리가 워낙 예수님과 동행하는 것을 잊어버리고 살았고, 예수님께 의논하지 않으며 살았기 때문에 이상하게 보일 뿐입니다. 우리는 예수님과 온전히 동행하는 삶을 훈련해야 합니다. 아무리 힘든 순간이 찾아와도 "괜찮아, 내가 있잖아"라는 예수님의 음성이 실제로 느껴지도록 훈련해야 합니다. 그래야 비로소 예수님을 믿는 삶이 실제로 가능해집니다.

폭포수와 같은 사랑을 기억하라

우리에게는 반드시 시험이 옵니다. 예수님을 믿었으니 시험도 없고, 어려움도 없고, 낙심할 일도 없어져서 항상 기쁜 것이 아닙니다. 시험도 오고, 어려움도 오고, 기가 막힌 순간을 만나기도 하지만 예수님이 함께 계시는 것이 너무 분명해서 기쁜 것입니다. 예수님이 항상 같이 계시니까 모든 것에 감사하게 되니 인생에 기적이 일어나고, 삶이 완전히 바뀌는 것입니다.

> 우리가 아직 죄인 되었을 때에 그리스도께서 우리를 위하여 죽으심으로 하나님께서 우리에 대한 자기의 사랑을 확증하셨느니라
>
> 롬 5:8

하나님은 이미 예수님의 십자가, 우리 가운데 임하신 성령으로 우리를 향한 당신의 사랑을 확증하셨습니다. 이보다 더 큰 사랑

을 어떻게 보여주실 수 있겠습니까? 우리는 이 폭포수 같은 하나님의 사랑을 받고 살면서도 그 사랑을 느끼지 못합니다. 이유는 눈에 보이는 것으로만 판단하기 때문입니다. 잘되면 하나님께서 나를 사랑하시는 것 같다고 느끼다가 어려워지면 하나님께서 왜 이렇게 힘들게 하실까 생각하는 것입니다. 그래서 하나님의 사랑을 확신하며 살지 못하는 것입니다. 그래서 24시간 주님을 바라보자는 것입니다. 그러면 믿음이 바뀝니다.

"하나님은 나를 정말 사랑하신다!"

우리는 매일 모든 순간에 우리의 마음과 감정을 지켜야 합니다. 그것이 기쁨과 기도와 감사입니다. "항상 기뻐하라, 쉬지 말고 기도하라, 범사에 감사하라" 이 말을 다시 표현해보면 "예수님을 바라보라, 나를 바라봐, 내가 있잖아"입니다. 기뻐하려고 노력하고 또 노력하는 것이 아니라 '항상 기뻐해도 돼, 쉬지 않고 기도해도 돼, 범사에 감사해도 돼'라고 하시는 은혜를 누리는 것입니다.

영적인 기복은 누구에게나 있습니다. 없을 수는 없습니다. 중요한 것은 영적 회복의 주기를 짧게 해보라는 것입니다. 24시간 예수님을 바라보려고 하는 사람은 영적인 기복이 심하지 않고, 영적 회복의 주기 또한 짧아지니 항상 기뻐하고, 쉬지 않고 기도하며, 범사에 감사하는 것처럼 보이는 것입니다. "항상 기뻐하라!"는 것은 율법이 아니라 예수님 안에서 누리는 축복입니다. 이제 항상 기뻐할 수 있다고 믿어지십니까?

　매일매일 예수동행일기를 쓰면서 예수님을 바라보는 것이 중요합니다. 시험이 오고, 낙심이 오고, 어려운 일이 생겨도 예수님을 바라보면서 그것들을 기록하면 회개가 일어나고, 다시 회복되고, 예수님을 주목하게 되고, 감사가 일어나고, 기쁨을 얻게 됩니다. 정말 하루도 안 되는 사이에 회복이 되는 것입니다. 예수님을 24시간 바라보니까 넘어져도 다시 일어나는 것입니다. 몇 개월 몇 년이 걸리던 영적 회복이 이제는 하루에 되니까 항상 기쁘고 범사에 감사하게 됩니다. 이런 은혜가 여러분에게 있기를 축복합니다.

prayer for revival

1. "항상 기뻐하라, 쉬지 말고 기도하라, 범사에 감사하라"고 하신 이 말씀이 우리의 삶 속에 이루어지게 하소서.

2. "내가 있잖아" 이렇게 말씀하시는 주님의 음성이 분명히 들리게 해주소서. 문제보다 더 크신 주님을 분명히 바라보게 하소서.

3. 우리 마음에 기쁨의 문이 활짝 열리게 하소서. 이 시간에 기도의 문이 활짝 열리게 해주옵소서. 감사의 문이 열리게 하소서.

무엇보다 마음을 지키라

많은 성도가 예수님을 믿으면서 자기 성질 하나 바뀌지 않는 것 때문에 고통스러워하는 것을 봅니다. 어떤 분들은 고쳐지지 않는다고 포기하고, 어떤 분들은 좀 변한 것 같기는 하지만 다시 옛 모습으로 돌아가는 것 같아 좌절합니다. 예수님을 믿어도 사람의 성질은 변하지 않는 것일까요?

제가 신학교에 다닐 때 교수님 한 분이 사람들의 성질은 변하는 것이 아니라서 예수님을 믿어도 다 자기 성질대로 믿는다고 하셨습니다. 저도 그런 줄 알았습니다. 그런데 아니었습니다. 예수님을 믿으면 사람의 성질도 바뀌고 삶도 바뀝니다. 이것이 바른 믿음입니다. 우리가 성질은 안 바뀐다고 믿으니까 하나님께서 역사하지 못하시는 것입니다. 예수 그리스도 안에서 고쳐지지 않는 성질은 없습니다. 그래서 예수님을 믿으면 거듭난다고 말하는 것입니다. 죽고 다시 사는 것이 예수님을 믿는 것입니다.

외모보다 마음 단장

우리의 삶이 변하지 않는 것은 마음을 너무 소홀히 여기기 때문입니다. 성질이 바뀌었다는 말은 마음이 변화되었다는 것인데, 우리는 마음이 얼마나 중요한지를 잘 모릅니다.

사람들은 외모에 엄청나게 신경을 씁니다. 예배에 늦어도 외모를 단장하는 것은 포기할 수 없습니다. 이처럼 외모에 신경 쓰는 것과 비교할 수 없이 중요한 마음은 신경쓰지 않습니다. 그래서 외모는 괜찮은데 마음은 더러운 사람이 너무 많습니다. 예수님이 임하신 곳, 하나님이 주목하시는 곳, 인생의 변화가 시작되는 곳이 마음인데 그 마음을 내버려두는 것입니다.

마음에 부정적인 생각이 가득하여도 신경쓰지 않습니다. 화가 나는 대로, 엉뚱한 상상, 욕심, 거짓, 교만한 마음을 그대로 가지고 겉모습만 신경을 쓰고 예배드리러 옵니다. 그러면서 예수님을 믿어도 성질은 바뀌지 않는다고 생각하는 것입니다. 이처럼 마음을 중요하게 여기지 않는 태도는 심각한 문제를 일으킵니다.

사람들 눈에 보이지 않아서 그렇지, 우리 마음은 말할 수 없이 더럽습니다.

만물보다 거짓되고 심히 부패한 것은 마음이라 누가 능히 이를 알리요마는 렘 17:9

마음은 부패하고 더러운데 외모만 단장하고 하나님 앞에 예배 드리러 나오는 것은 마치 위에는 외출복을 입고 아래는 잠옷을 입고 나온 것이나 다름없습니다. 하나님의 눈에는 예배하는 많은 사람이 침 흘린 자국 그대로, 눈곱 낀 그대로, 까치 머리 그대로 나온 것처럼 보일 것입니다. 정말 기막힌 모습입니다. 우리는 아무리 급해도 외출하려면 반드시 세수하고 머리도 감고 화장도 하고 옷도 차려 입습니다. 사람들이 보기 때문입니다. 마음도 얼마든지 그렇게 할 수 있습니다. 누군가 마음도 본다는 것을 알면 반드시 그렇게 할 것입니다.

우리가 예수님이 마음에 거하심을 정말 믿는다면 '내가 지금 이 마음을 가지고 하나님 앞에 나가도 될까? 내가 이런 마음으로 예수님을 내 마음에 모시고 산다고 할 수 있을까?' 생각하게 됩니다. 그래서 버려야 될 마음은 버리고, 대적해야 할 것은 대적하고, 정상적인 마음의 상태가 되기 위해 기도한 후 다른 일도 하게 되는 것입니다. 이것이 성도의 기본자세입니다. 그것이 하나님이 역사하실 수 있는 마음 상태이며 예수님이 기뻐하시는 마음입니다.

이런 과정을 통해 성질이 바뀌는 역사가 일어납니다. 정신을 똑바로 차려서 마음을 점검하며 살아야 합니다. 마귀가 틈을 타서 들어올 생각들은 철저히 정리해야 합니다. 시간이 없어서 외모를 제대로 꾸미지 못할지언정 마음만큼은 예수님이 기뻐하시는 마음으로 항상 점검하며 살아야 합니다.

마음의 죄

많은 사람이 자신은 별로 죄지은 것이 없다고 말합니다. 자신의 마음 상태가 어떤지 전혀 알지 못하고, 마음의 죄를 죄라고 여기지 않기 때문입니다. 이것은 완전히 속고 있는 것입니다.

> 만일 우리가 죄가 없다고 말하면 스스로 속이고 또 진리가 우리 속에 있지 아니할 것이요 요일 1:8

우리는 실제로 간음을 저지르지 않으면 간음하지 않았다고 생각합니다. 사람을 죽이지 않으면 살인하지 않았다고 생각합니다. 또 남의 것을 훔치지 않았으면 도둑질하지 않았다고 생각합니다. 그런데 예수님은 마음에 음욕을 품으면 간음한 것이고, 다른 사람을 미워하는 사람은 살인자이고, 다른 사람이 가지고 있는 것을 탐내면 도둑질하는 것과 똑같다고 말씀하십니다.

살인한 사람, 간음한 사람, 도둑질한 사람, 파렴치범, 성추행범이 옆에 있다면 신경이 쓰일 것입니다. 그러나 자신이 마음에 누구를 미워하고 죽이고 싶어하고, 음란한 생각을 하고, 탐심을 가지고, 온갖 더러운 상상을 하는 것은 아무렇지도 않게 여깁니다.

> 또 간음하지 말라 하였다는 것을 너희가 들었으나 나는 너희에게 이르노니 음욕을 품고 여자를 보는 자마다 마음에 이미 간음하였느니라 마 5:27-28

마음이 더러우니까 결국 더러운 삶을 살게 되는 것입니다. 예수님은 우리의 마음이 어떤 상태인지를 더 중요하게 보십니다. 우리도 그렇게 받아들여야 합니다. 내가 마음으로 엉뚱한 생각을 하고 잘못을 품으면, 실제로 그와 같은 일을 한 것과 같다고 생각해야 합니다. 그래야 마음을 조심하게 됩니다. 예수님이 기뻐하지 않으실 마음, 정말 말도 안 되는 생각을 품고 그냥 넘어가지 않게 됩니다.

아들 하나만 바라보고 사시는 어느 집사님이 계셨습니다. 어느 날 얌전한 아들이 성폭행범으로 체포되어 경찰서에 있다는 청천벽력 같은 소식을 듣게 되었습니다. 전혀 그럴 아이가 아니었기 때문에 정말 이해가 가지 않았습니다. 그동안의 사정을 들어보니 아이가 음란 서적에 빠져 항상 음란한 생각만 하다가 결국 충동을 억제하지 못하여 그런 일을 저지르게 된 것이었습니다. 마음을 더러운 상태 그대로 내버려두는 것은 너무 두려운 일입니다. 그러나 안타깝게도 많은 사람이 마음속에 있는 나쁜 생각, 믿음 없는 생각, 예수님이 기뻐하지 않는 마음을 그대로 내버려둡니다.

마음의 상태에 주목하시는 예수님

미국에서 목회하시는 유명한 목사님의 일화입니다. 목사님이 집회를 인도하고 돌아오는 비행기 옆자리에 한 동양인이 앉았습니다. 목사님은 피곤했지만 그 날의 말씀을 큐티하고, 계속 책을 읽었습니다. 그런데 내릴 때가 되자 옆에 있던 동양인이 "목사님, 안녕하세요?"라고 인사를 하더랍니다. 한국인이었고 목사님을 잘 아는 분이었습니다. "어떻게 저를 아세요?"라고 물으니 "제가 목사님의 설교를 듣고 있었습니다"라고 해서 "아니 그럼 왜 내릴 때가 되어서야 인사를 하세요? 미리 말씀하시지…." 그러자 그 분이 이렇게 말했습니다.

"목사님이 비행기를 타고 오시는 내내 무엇을 하시는지 보고 싶었습니다."

그 말에 목사님은 순간 등골이 오싹했다고 합니다. '만약 목사답지 않은 짓을 하고 왔다면 어쩔 뻔했나?' 그 후로 목사님은 그 일을 잊지 않고, 언제 어디서나 누군가 나를 보고 있을 수 있다고 생각하며 평생 목회를 하셨다고 합니다.

마찬가지로 가정에서 일터에서 누군가 우리를 지켜보고 있습니다. 아는 사람이 아무도 없는 곳에 가면 괜찮을 거라고 생각하겠지만, 여러분 안에 계신 예수님이 보십니다. 사람의 눈도 두렵지만, 우리 안에 계신 예수님은 우리의 마음 상태까지 주목하십니다. 이 사실을 잊지 말아야 합니다.

예수님을 영접한 사람은 마음이 바뀌게 됩니다. 예수님을 영접한 것이 진짜라면 마음이 안 바뀔 수가 없습니다. 마음이 바뀐다는 것 자체가 예수님을 영접한 것이기 때문입니다. 예수님을 영접했는데 예수님이 기뻐하지 않는 생각을 어떻게 마음에 품을 수 있겠습니까? 예수님을 품든지, 나쁜 생각을 마음에 품든지 둘 중에 하나만 해야 합니다. 예수님을 영접하고 마음에 분노를 품을 수 있습니까? 유혹을 받는다고 음란함을 품을 수 있습니까? 아무리 슬프다고 슬픔 속에 빠져 살 수 있겠습니까? 예수님을 마음에 모시고 사는 그리스도인이 어떻게 그렇게 살 수 있습니까.

하지만 안타깝게도 많은 그리스도인이 예수님을 마음에 영접했다고 하면서 여전히 마음은 엉망입니다. 집에 가서 침대 밑, 장롱 뒤, 주방 싱크대 바닥 등 눈에 띄지 않는 곳을 한번 들춰보십시오. 켜켜이 쌓인 먼지와 쓰레기, 거미줄로 불쾌할 정도일 것입니다. 아무도 들여다보지 않으니까 그렇게 된 것입니다. 많은 그리스도인이 마음을 그런 상태로 내버려두고 있는 것입니다.

마음이 어떤 상태인지에 따라서 삶이 바뀝니다. 마음이 더러우면 더러운 일을 하게 되고, 마음에 탐심이 있으면 탐심을 내는 사람이 됩니다. 음란한 마음을 품으면 음란한 일을, 슬픈 마음을 품으면 항상 슬프게 살고, 원망과 미움으로 마음을 채우니까 하나님께서 싫어하시는 원망과 불평의 삶을 살게 되는 것입니다. 그렇다면 마음을 어떻게 바꿉니까? 여러분의 마음을 아무도 안 본다고 생각하지 않으면 됩니다. 내 생애의 가장 소중한 그분이 지금 마음에 임하여 계신다는 것을 잊지 말아야 합니다.

베드로 사도는 마음을 단장하라고 말씀합니다.

> 여러분은 머리를 꾸미며 금붙이를 달거나 옷을 차려 입거나 하여 겉치장을 하지 말고, 썩지 않는 온유하고 정숙한 마음으로 속 사람을 단장하도록 하십시오. 그것이 하나님께서 보시기에 값진 것입니다. 벧전 3:3-4 새번역

예수님이 값지게 보시는 것은 마음입니다. 품지 말아야 할 생각은 품지 않고, 하나님이 기뻐하실 마음 상태로 사는 것이 예수님이 우리에게 원하시는 것입니다. 그러나 많은 그리스도인들이 자신의 마음을 대수롭지 않게 여깁니다. 마음이 얼마나 중요한지에 대한 우리의 생각과 하나님의 생각에는 너무나 큰 차이가 있습니다. 성경을 가만히 읽어보면 하나님은 마음을 정말 중요하게 생각하고 계심을 알 수 있습니다. 그래서 이스라엘 백성들이 하나님의 말씀을 거역하는 것을 안타까워하시면서 직접 그들의 마음속

에 오시겠다고 약속하셨습니다.

> 내가 그들에게 한마음을 주고 그 속에 새 영을 주며 그 몸에서 돌 같은 마음을 제거하고 살처럼 부드러운 마음을 주어 내 율례를 따르며 내 규례를 지켜 행하게 하리니 그들은 내 백성이 되고 나는 그들의 하나님이 되리라 겔 11:19-20

이것이 지금 예수 그리스도 안에서 우리 모두에게 이루어졌습니다. 여러분이 지금 그 은혜를 받고 있습니다. 예수님이 여러분 안에 이미 와 계십니다. 이 사실을 절대 잊으면 안 됩니다.

마음을 지키는 승리

당장 돈이 필요한데 돈이 안 생길 수 있습니다. 고대하던 좋은 소식을 듣지 못할 수도 있습니다. 오늘 큰 시험이 닥칠지도 모릅니다. 그때 중요한 것이 마음임을 알아야 합니다. 마음이 무너지지 않았다면 무너진 것이 아닙니다. 어떤 시험이 와도 마음을 지켰다면 승리한 것입니다. 마음이 무너지지 않았다면 하나님께서 반드시 역사하실 것이기 때문입니다.

> 그가 또한 우리에게 인치시고 보증으로 우리 마음에 성령을 주셨

느니라 _{고후 1:22}

마음에 성령이 임하였다는 것은 상상할 수 없는 기적이 일어난 것입니다. 이 사실을 귀하게 여기지 않고, 마음에 아무 말, 부정적인 영상, 지나가는 사람들이 내뱉는 말까지 아무렇게나 받아들이면 안 됩니다. 그러니까 우리 안에 오신 성령께서 근심하실 수밖에 없습니다. 이제는 그렇게 살지 말아야 합니다. 보고 듣는 것을 정말 조심해야 합니다.

지금까지 살아오면서 보고 들은 많은 일로 인하여 우리 마음에는 잊어버리고 싶은 기억, 고통스러운 기억, 부끄러운 기억들이 남아 있을 수 있습니다. 예수 그리스도께서 그것을 해결해주고 싶어하십니다. 우리의 마음이 주님의 보혈로 씻음을 받는 은혜가 필요합니다. 말씀의 빛 앞에서 여러분의 마음을 온전히 정결하게 하기를 바랍니다.

예수님을 모시고 사는데 예수님이 자기 마음에 계신지 잘 모르겠다는 분들이 많습니다. 이유는 마귀가 여러분의 눈과 마음을 혼미하게 해서 예수님을 바라보지 못하게 하기 때문입니다. 마귀의 미혹으로 마음이 혼미한 상태에 빠져 있는 것입니다.

그 중에 이 세상의 신이 믿지 아니하는 자들의 마음을 혼미하게 하여 그리스도의 영광의 복음의 광채가 비치지 못하게 함이니 그

리스도는 하나님의 형상이니라 고후 4:4

　20년을 한결같이 새벽기도와 매주 한 끼 금식을 이어가는 권사님이 계셨습니다. 권사님의 이런 모습은 교회 성도들에게 귀감이 되었습니다. 권사님 자신도 은근한 자부심이 있었습니다. 그러던 어느 날 새벽, 몸이 너무 피곤해서 도무지 일어날 수가 없었는데, 권사님을 흔들어 깨우는 형체가 있었습니다. 권사님은 깜짝 놀라서 일어나 떠나려는 그를 붙잡고 물었습니다.

　"새벽마다 나를 깨우는 당신은 누구십니까?"

　그 형체는 아무 말 없이 돌아서며 웃었고, 권사님은 그 모습을 보고 깜짝 놀라고 말았습니다. 그 얼굴의 형체가 사탄이었던 것입니다. 권사님이 사탄에게 물었습니다.

　"왜 당신이 나를 새벽기도에 빠지지 말라고 깨우는 건가요?"

　사탄은 아무 말 없이 사라졌습니다. 꺼림직했지만 권사님은 새벽기도회에 나갔고 그날 예배당에서 기도하며 깨달았다고 합니다. '나는 이렇게 기도하는데 새벽기도도 안 나오는 장로님은 도대체 뭐야?', '금식도 안하고 목회하는 목사님은 뭐야?', '이 교회에 나만한 영적인 인물을 찾아보기는 힘들어!', '금식도 안하고, 새벽기도도 안하면서 그리스도인라고 할 수 있어?' 그동안 새벽기도를 하면서 어느새 자신의 영혼 한편에 찾아든 교만을 발견한 것입니다.

물론 권사님의 고백과 간증이기에 지극히 개인적인 체험이자 본인의 해석이지만, 마귀가 얼마나 교묘하게 우리의 마음을 혼미하게 해서 결국 예수님을 바라보지 못하게 하는지를 알 수 있습니다. 마귀에게 마음을 내주면 예수님을 잘 믿는다고 한 것 때문에 오히려 사람들을 시험하거나 실족하게 하는 존재가 될 수도 있습니다. 우리의 마음 상태에 따라서 예수님의 역사가 달라집니다.

그 속에 말씀이 풍성히 거하는 사람

마음이 청결한 자는 복이 있나니 그들이 하나님을 볼 것임이요
마 5:8

좋은 땅에 있다는 것은 착하고 좋은 마음으로 말씀을 듣고 지키어 인내로 결실하는 자니라 눅 8:15

절대로 마음을 함부로 내버려두지 않겠다는 결심을 해야 합니다. 예수님이 기뻐하지 않는 마음이라면 정신을 똑바로 차려서 예수님이 기뻐하는 마음으로 바꾸어야 합니다.

모든 지킬 만한 것 중에 더욱 네 마음을 지키라 생명의 근원이 이

에서 남이니라 잠 4:23

이 말씀을 암송만 하지 말고 말씀대로 살아야 합니다. 우리가 할 일은 마음을 지키는 것뿐입니다. 마음을 지키는 가장 좋은 방법은 말씀으로 마음을 채우는 것입니다. 우리의 마음이 예수님의 말씀으로 풍성하면 완벽하게 마음을 지킨 것입니다.

그리스도의 말씀이 너희 속에 풍성히 거하여 모든 지혜로 피차 가르치며 권면하고 시와 찬송과 신령한 노래를 부르며 감사하는 마음으로 하나님을 찬양하고 골 3:16

"그리스도의 말씀이 너희 속에 풍성히 거하여"라고 했습니다. 이 말씀이 우리 마음에 이루어지기를 기도해야 합니다. 우리 마음에 끊임없이 일어나는 더럽고 악한 생각들, 하나님이 기뻐하지 않는 생각을 어떻게든지 떨쳐버리려고 애쓰는 노력을 해보신 분들은 마음을 지키는 것이 얼마나 어려운지 잘 아실 것입니다. 그때에는 예수님께서 어떻게 하셨는지를 생각하시기 바랍니다. 마귀가 예수님을 세 번이나 유혹했을 때 예수님은 말씀으로 유혹을 이기셨습니다. 우리도 똑같이 해야 합니다.

어느 교회에서는 중직에 임명되려면 성경 600구절을 암송해야 한다는 교회 규정을 만들었다고 합니다. 너무 과하다고 여기실 분도 계실 것입니다. 하지만 하나님은 그리스도의 말씀이 그 속에 풍성히 거하는 사람을 쓰십니다. 그런 사람은 마귀가 어떻게 해 볼 수가 없습니다. 이처럼 우리의 마음을 지키는 가장 확실한 방법은 말씀을 읽고, 말씀을 묵상하고, 말씀을 암송하는 것입니다.

하나님의 약병

예전에 《하나님의 약병》(복의근원)이라는 책을 선물로 받았습니다. 그 책을 찬찬히 읽다가 그 자리에서 다 읽어버렸습니다. 저자인 데릭 프린스(Derek Prince)는 캠브리지대학교 철학 교수를 역임했고, 아주 뛰어난 성경 해설가이기도 합니다.

그가 2차 세계대전 중 의무병으로 5년 동안 군복무를 하면서 3년간 중동에서 근무하였는데, 사막에서 지내는 동안 피부병이 생겼습니다. 손발이 갈라지고 치료해도 계속 재발하였고, 상태가 악화되어 남아프리카공화국으로 가서 2년 동안 병원생활을 했습니다. 그런데 도저히 고쳐지지 않았습니다. 그때 같은 병원에 있던 어느 병사가 책을 한 권 선물해주었는데 책의 내용 중 '하나님의 약병'이라고 부르게 된 구절을 만나게 되었습니다.

내 아들아 내 말에 주의하며 내가 말하는 것에 네 귀를 기울이라

그것을 네 눈에서 떠나게 하지 말며 네 마음 속에 지키라 그것은

얻는 자에게 생명이 되며 그의 온 육체의 건강이 됨이니라

잠 4:20-22

이 말씀이 그의 마음에 꽂혔습니다. 거기서 구체적인 네 가지 지침을 발견했습니다. "첫째, 내 말에 주의하라. 둘째, 내가 말하는 것에 네 귀를 기울이라. 셋째, 내 말을 네 눈에서 떠나게 하지 말라. 넷째, 내 말을 네 마음속에 지키라." 그러면 온 육체가 건강하게 된다는 것입니다. 그는 병원의 모든 조치와 처방해준 약으로 효과를 보지 못했기 때문에 하나님의 이 말씀을 약으로 복용하기로 결심하였습니다. 그리고 약병에 적힌 복용법을 읽는 마음으로 성경을 자세히 읽기 시작했습니다. 그가 의무병이었기 때문에 특히 처방대로 약을 먹지 않으면 안 된다는 것을 잘 알고 있었습니다. 그래서 식사 후에 성경을 읽기 시작했습니다. 보통 식사 후에 약을 먹기 때문입니다. 그리고 몇 달 후 그의 몸의 모든 부분이 완전히 회복되었습니다.

그는 실로 우리의 질고를 지고 우리의 슬픔을 당하였거늘 우리는 생각하기를 그는 징벌을 받아 하나님께 맞으며 고난을 당한다 하였노라 그가 찔림은 우리의 허물 때문이요 그가 상함은 우리의 죄악 때문이라 그가 징계를 받으므로 우리는 평화를 누리고 그가 채찍에 맞으므로 우리는 나음을 받았도다 사 53:4-5

내 이름을 경외하는 너희에게는 공의로운 해가 떠올라서 치료하
는 광선을 비추리니 너희가 나가서 외양간에서 나온 송아지 같이
뛰리라 말 4:2

말씀이 '하나님의 약'이라는 마음으로 정말 열심히 성경을 읽었
고, 그렇게 성경을 읽어가면서 하나님께서 정말 말씀으로 자신을
치유하시는 경험을 하게 된 것입니다. 그는 마음과 심령에 변화가
생기기 시작했고, 성령을 체험하고, 십자가를 지신 예수님에 대해
서 알게 되었습니다.

그러므로 믿음은 들음에서 나며 들음은 그리스도의 말씀으로 말
미암았느니라 롬 10:17

그는 병 때문에 어려움을 당하는 동료 병사들에게도 말씀이 하
나님의 약이라고 권했습니다. 이를 믿고 지킨 사람들도 병에서 치
유되었습니다. 그 후 데릭 프린스 박사는 목사가 되었습니다. 프
린스 목사는 성경 말씀 속에 5가지의 능력이 있다는 것을 깨닫게
되었습니다.

첫째, 성경 말씀은 생명의 양식이다.
둘째, 성경 말씀은 하나님의 약병이다.

셋째, 성경 말씀은 삶의 힘이 된다.

넷째, 하나님의 말씀은 삶의 지혜이다.

다섯째, 성경 말씀은 구원의 능력이다.

그는 많은 사람들을 성경 말씀으로 치유하는 사역을 하다가 삶을 마쳤습니다.

마음을 지켜주는 예수동행일기

성경을 읽고 진정 하나님을 경외하는 것이 우리의 육체적 건강과 정신적 건강을 모두 회복시켜주시는 놀라운 능력입니다. 그러나 말씀으로 우리 마음이 변화되는 것에 비하면 작은 일일 것입니다.

하나님의 말씀으로 마음을 지키는 것은 정말 탁월한 하나님의 방법입니다. 예수동행일기를 쓰는 것은 이런 삶을 지속하기 위해서입니다. 우리 마음은 하루에도 얼마나 많이 바뀌는지 모릅니다. 만일 예수동행일기를 쓰지 않는다면 그것들을 정리하지 않은 채 그날 하루를 보내게 됩니다. 그렇게 일주일을 보내고 한 달을 보내고 살게 됩니다. 그렇게 되면 예수님을 믿고도 하나님의 역사가 없는 좌절을 겪게 됩니다. 그런데 매일 예수동행일기를 쓰면 매일 자신의 마음을 점검하고 돌아보게 됩니다. 다시 말씀을 붙잡고 나아가게 됩니다.

우리가 할 일은 그것밖에 없습니다. 예수님이 마음에 계십니다. 이것을 분명히 명심하고 살면 인생이 바뀝니다. 예수동행일기는 매일 자신의 마음을 들여다보게 합니다.

한 성도가 예수동행일기를 쓰면서 변화된 간증을 하셨습니다.

"예수동행훈련 질문 중에 예수동행일기를 쓰면서 변화된 것이 무엇인지 적어보라고 하는 부분이 있었습니다. 그런데 나는 아무것도 적지 못했습니다. 변화된 것이 느껴지지만 가족들에게 그렇다고 말하기에 쑥스럽고 아직 자신도 없습니다. 그런데 말씀으로 주님께서 답을 해주셨습니다. '너의 마음이란다!' 주님의 말씀에 감사해서 울었습니다. 정말 마음이 변한 것만큼은 확실합니다. 그러나 이것으로 만족할 수는 없습니다. 그래서 기도합니다. '주님, 더 해주세요.'"

여러분도 예수님 앞에서 매일 마음이 깨끗해지고, 그 마음을 계속 지켜가기를 바랍니다. 예수님이 여러분의 마음을 완전히 새롭게 하시는 하루가 되기를 원합니다.

1. 주님, 우리 마음에 있는 모든 더러운 것들, 음란과 욕심, 의심, 염려, 두려움, 슬픔을 다 씻겨주소서. 주님으로부터 오지 않은 모든 생각들, 잊고 싶은 나쁜 기억들, 주의 보혈로 씻어주소서.

2. 주여, 우리 마음에 말씀을 부어주소서. 우리 마음과 생각을 주장할 말씀, 우리가 붙잡을 말씀을 주소서. 그리스도의 말씀이 우리 안에 풍성히 거하게 해주소서.

3. 주여, 다른 사람을 바꾸기 전에 내 마음을 바꾸어주소서. 우리의 형편이 좋아지기 전에 먼저 나를 변화시키소서. 내 속에 굳은 마음을 다 제하시고 새 마음을 부어주소서.

마음을 열라

요즘은 휴대폰을 잃어버리면 큰일납니다. 정말 많은 정보가 휴대폰 안에 들어 있기 때문입니다. 휴대폰 말고도 지갑, 건강, 시간, 자유, 자녀 등 우리에게는 지켜야 할 것들이 참 많습니다. 그런데 가장 중요하게 지켜야 할 것은 마음입니다. 무슨 일이 있어도 마음을 지켜야 합니다. 우리 인생은 마음을 지키지 못하여 무너지는 것입니다.

우리가 마음을 지킬 수 있는 유일한 길은 주님을 정말 마음에 영접하는 것입니다. 예수님을 영접하는 것이 마음을 지키는 확실한 길입니다. 예수님께서 우리 마음의 문을 두드리십니다. 우리가 문을 열면 예수님은 우리 안에 오셔서 우리와 동행하십니다.

그런데 주님을 영접하는 것은 엄청난 결단이 필요합니다. 우리는 부담되는 일을 싫어합니다. 자유롭기를 원하고 마음대로 살고 싶어합니다. 그런데 "주님이 내 마음에 임하신다"고 하면 그것이 정말 좋습니까? 우리가 너무 쉽게 예수님을 영접했다고 하는데, 실제로 예수님이 자신의 마음에 계신 것이 기쁜 사람은 아주 소수입니다. 성령 충만한 사람, 하나님나라의 영광을 본 사람, 영적인 눈이 온전히 뜨인 사람은 예수님께서 마음에 임하시기를 갈망하게 되지만, 그것은 성령의 역사로만 되는 일입니다.

정말 나를 원하느냐?

대부분의 사람은 예수님이 자기 마음에 오신다는 것에 대해서 부담감을 느낍니다. 누군가 함께 있다는 것은 정말 신경 쓰이는 일입니다. 예수님이 마음에 오셨다면 더 이상 자기 마음대로 살지 못합니다. 그래서 성경에는 사람들이 마음에 하나님 두기를 싫어한다고 했습니다.

> 또한 그들이 마음에 하나님 두기를 싫어하매 하나님께서 그들을 그 상실한 마음대로 내버려 두사 합당하지 못한 일을 하게 하셨으니 롬 1:28

여러분은 예수님을 진짜 영접했습니까? 여러분은 예수님이 정말 자기 마음에 임하셔서 예수님과 함께 살기를 원하십니까? 우리가 정말 원하면 예수님은 오십니다. 예수님이 우리 마음에 오기를 원하시고, 그렇게 하겠다고 약속하셨기 때문입니다. 문제는 우리가 예수님을 마음에 모시고 살기를 원하지 않는다는 데 있습니다.

음란한 생각이 떠나지 않아 기도를 요청해온 자매가 있었습니다. "예수님의 이름으로 음란의 영은 떠나가라" 선포하였는데 얌전해 보이는 그 자매의 입에서 "안 나가. 나를 더 좋아하는데 내가 왜 나가?"라고 소름 끼치는 말이 나왔습니다. 왜 그에게서 음란의 영이 떠나지 않습니까? 자신이 그것을 원하기 때문입니다.

한번은 신내림 굿을 하려는 여인에게 귀신을 내쫓는 기도를 한 적이 있었습니다. 본인이 너무 괴롭다고 해서 예수님의 보혈로 덮어주시기를 기도하자 멀쩡하게 앉아 있던 여인이 소리를 지르고 발악하기 시작했습니다. 간절히 기도했지만 악한 영이 좀처럼 떠나지 않았고, 살기등등한 기세로 안 나간다고 온갖 상소리에 발버둥질에 도무지 진정시킬 수가 없었습니다.

그때 우리만 기도하는 것은 소용이 없고 본인의 의지가 분명해야 한다고 생각되어 기도를 받는 분에게 "예수님을 부르라"고 했지만 거부했습니다. 그래서 다시 한번 정말 귀신 들린 데서 벗어나기를 원하느냐, 구원받기를 원하느냐고 물었지만 대답을 하지 않았습니다. 자꾸 확인하자 자신은 신내림 받기를 원한다고 했습니다. 아무리 밤새 목이 쉬도록 간절한 마음으로 찬송을 부르고 기도해주어도 마음이 예수님께 있지 않으면 예수님도 어떻게 하실 수 없습니다.

결국 그녀는 귀신에게서 놓임을 받지 못했습니다. 보혈 한 방울이면 세상 마귀와 모든 귀신을 다 물리칠 수 있지만 본인의 마음이 원치 않으면 아무런 힘이 되지 못하는 것입니다. 너무 지쳐 있는데, 하나님께서 교인들에게도 이렇게 물어보라고 하신다는 마음이 들었습니다,

"너희가 나에게 예배하고 찬양하고 기도하는데, 너희는 정말 죄를 버리기 원하느냐? 정말 나를 원하느냐?"

우리가 하나님 앞에서 명확한 마음의 태도를 취하지 않으면 예수님은 역사하지 못하십니다. 예배드리고 기도하기 위해 갖은 애를 쓰기 전에 예수님을 마음에 영접해서 예수님이 원하시는 대로 살기를 원하는지 확실히 해야 합니다. 이것은 삶 전체가 바뀌는 중요한 문제입니다.

사람에게 마음을 열어야 하는 이유

예수님이 마음에 왕으로 임하시는 것이 부담스럽다면 그 사람의 마음은 마귀가 왕인 것입니다. 예수님이 자신의 마음에 왕이시라는 것에 대해서 '아직 준비가 되지 않았어. 그렇게 살 자신이 없어'라고 하는 것은 완전히 속고 있는 것입니다. 자신은 그렇게 생각

하지 않을지 몰라도 마귀가 왕 노릇하고 있는 것입니다. 마귀는 사람의 인생을 자기 마음대로 끌고 다니며 결국 만신창이가 되게 만들어버립니다. 예수님이 마음에 주님이 되시고 왕이 되시는 것은 구원받는 일이며 정말 기뻐할 일입니다. 이것을 깨달아야 예수님이 마음에 임하시는 것을 정말 사모하게 됩니다.

그러나 아직 끝은 아닙니다. 만약 여러분이 마음에 예수님을 영접했다면 사람들에게도 마음을 열어야 합니다. 주님께 마음을 활짝 연 사람은 주위 사람들에게도 마음이 열립니다. 주님께는 마음을 열었는데 사람에게는 마음을 열지 않을 수 없습니다. 그는 생각으로만 마음을 열었지, 실제로는 마음을 연 것이 아닙니다. 주님께 마음을 연 것과 사람에게 마음을 여는 것이 다를 수 없기 때문입니다. 사람을 사랑하지 못하면 하나님을 사랑하지 않는 것과 같습니다.

누구든지 하나님을 사랑하노라 하고 그 형제를 미워하면 이는 거짓말하는 자니 보는 바 그 형제를 사랑하지 아니하는 자는 보지 못하는 바 하나님을 사랑할 수 없느니라 요일 4:20

예수님을 마음에 영접했다면 사람에게 마음을 여는 것은 전혀 문제가 되지 않습니다. 마음을 열면 예수님이 계실 텐데 뭐가 걱정입니까. 오히려 은혜와 감동이 느껴질 것입니다.

사람에게 마음을 열지 못하는 이유는 예수님을 영접했다고 말은 하면서도 예수님을 바라보는 눈이 온전히 열리지 않아 마음을 솔직히 드러낼 수 없는 삶을 살고 있기 때문입니다. 사람에게 마음을 열지 못한다면 예수님을 정말 마음에 영접하지 않는 것입니다. 사람에게 마음을 열면 점점 더 예수님을 바라보게 됩니다. 예수님이 마음에 왕 되심을 지켜갈 수 있습니다. 우리가 사람에게 마음을 열 때 성령께서 강하게 역사하시는 경험을 합니다. 사람들 앞에서 솔직히 회개했을 때, 또는 공개적으로 진솔한 결단을 할 때, 모인 사람들 안에 부흥이 임하는 것을 보게 됩니다.

마귀가 노리는 우리의 마음

어떤 분은 기겁하면서 사람에게 마음을 열지 못하겠다고 합니다. 실제로 마음을 연다는 것을 부담스러워하고 두려워하는 그리스도인들이 많습니다. 하지만 마음을 열기 힘들다는 생각은 마귀의 생각입니다. 마음에 교묘하게 숨어 들어와 주인 노릇하고 있는 마귀가 마음을 여는 것을 싫어하는 것입니다. 마음을 열면 마귀의 정체가 드러나게 되기 때문입니다.

우리가 무언가 마음속에 감추어 두려고 하는 것은 틀림없이 마음을 마귀에게 빼앗겼기 때문입니다. 그러므로 여러분이 마음을 여는 것에 대해서 부담스럽고, 부정적인 생각이 든다면 그것이 자신의 마음인지, 아니면 교묘하게 숨어서 마음속에서 떠나가지 않으려고 하는 마귀의 마음인지 분별하여야 합니다.

분노, 염려, 낙심, 비판, 다툼, 욕심, 탐식, 교만, 자랑과 같은 것은 우리 마음의 독입니다. 이것들은 전통적으로 기독교가 죄라고 말했던 것들입니다. 그런데 그런 것들이 우리 마음속에 있는 것입니다. 스스로 잘 알 것입니다. 독이 있는 음식을 먹으면 치명적인 어려움을 겪듯이 마음에 독을 품고 살면 제대로 된 인생을 살 수 없습니다. 예수님이 역사하지 않는 것이 아닙니다. 역사하지 못하시는 것입니다. 속지 말아야 합니다. 마음을 열지 않으면 마귀에게 마음을 점령당한 채 살게 됩니다. 마음에 독을 품고 사는 것입니다.

근신하라 깨어라 너희 대적 마귀가 우는 사자 같이 두루 다니며 삼킬 자를 찾나니 벧전 5:8

마귀는 지금 누구를 삼킬까 두루 다니고 있습니다. 지금 여러분 주변에도 일어나고 있는 일입니다. 만약 마귀가 우는 사자처럼 여러분을 삼키려고 두루 다니는 것이 영적인 눈으로 보인다면 기도가 달라지고, 결단도 달라지고, 삶이 달라질 것입니다. 많은 사람들이 마귀가 역사하여 핍박을 당하거나 귀신에 들리거나 실패하고, 건강을 잃고, 가정에 문제가 생길 것을 걱정합니다. 그러나 마귀가 진정 노리는 것은 우리가 고생하고 괴로워하고 실패하는 정도가 아닙니다. 마귀가 진짜 노리는 것은 우리 마음입니다. 그래서 마귀는 한동안 세상에서 잘되게 해주기도 합니다. 그러나 마음은 마귀에게 완전히 사로잡힌 상태인 것입니다.

우리가 예수님을 영접했는데도 마귀는 계속 우리 마음에 온갖 악하고 더러운 생각, 혈기와 분노를 심어줍니다. 그때 즉시 대적하고 물리쳐야 합니다. 품으면 안 됩니다. 감추면 큰일입니다. 그러면 다시 마음을 빼앗기며 살게 되는 것입니다. 그런데 지금 많은 그리스도인이 예수님을 영접하였지만, 더럽고 악한 생각과 감정도 함께 가지고 있습니다. 그래서 마음을 열고 살라고 하면 겁을 내고 놀라는 것입니다. 더러운 것으로 가득 찬 마음을 보여주고 싶은 사람은 없을 것입니다. 우리는 언젠가 예수님 앞에 설 날이 올 것입니다. 그때 마음이 준비되어 있어야 합니다. 그러려면 지금부터 예수님이 마음에 거하시는 것을 분명히 믿어야 하고 주위 사람들에게도 마음을 열어야 합니다.

마음을 열어야 마음을 정리할 수 있다

주변에 있는 사람들이 여러분의 마음을 아십니까? 여러분의 남편이나 아내가 여러분의 마음을 아십니까? 여러분의 부모님, 자녀는 여러분의 마음을 아십니까? 교회 공동체와 교인들은 여러분의 마음을 아십니까? 교회 일에 열심이고 믿음도 좋아 보이고 봉사도 열심히 하는데 속을 알 수 없는 사람이 있습니다. 이런 사람은 위험합니다. 본인도 자기 마음을 잘 모릅니다. 마음이 굳어지고 있어도 모를 수 있습니다. 그래서 교인들이 예수동행일기를 서로 나누도록 한 것입니다.

어떤 성도가 교회에서는 진정한 친구 관계를 맺기가 어렵다고 했습니다. 학교 동창들을 만나면 속마음도 털어놓고, 고향 친구들은 가족처럼 가깝게 느껴지는데 교회 안에는 친구가 없다는 것입니다. 그것은 교회 안에서 마음은 감추고 서로를 판단하며 지냈기 때문입니다. 많은 교인들이 서로 속을 몰라 답답해합니다. 신앙적이고 교양 있는 교제를 나누는 것 같지만 속마음은 전혀 나누지 않는 것입니다.

그런데 예수동행일기를 쓰면서 마음을 열고 교제하는 기쁨을 얻었습니다. 서로 아픔도 알게 되고, 고민도 알게 되고, 실패도 알게 되고, 그에게 허락하신 하나님의 은혜도 알게 되면서 이제는 교인이 가족보다 친구보다 더 좋다는 것을 경험하게 된 것입니다. 이제부터 마음을 열고 예수동행일기를 쓰고 나누어보십시오. 마음을 여는 게 어려워 보여도 그것이 하나님이 우리를 구원하시는 길입니다.

제가 한번은 집회에 참석했다가 어느 목사님의 설교에 대하여 비판하는 마음이 들었습니다. 그런데 저녁에 예수동행일기를 쓰려고 가만히 생각해보니까 그것은 주님이 주신 마음이 아님을 깨닫고 회개했습니다. 예수동행일기에도 저의 비판하는 마음을 회개했다고 기록했습니다. 저도 모르는 사이에 판단의 죄를 지었지만 마음을 열자 마귀가 주는 생각임을 분별하고 버릴 수 있었던 것입니다.

어느 여 성도가 예수님을 믿지 않는 시어머니가 너무 미운데 마음을 어떻게 여느냐고 말합니다. 그런데 그 생각은 틀렸습니다. 마음을 열지 않으면 계속 시어머니를 싫어하는 마음을 품게 됩니다. 시어머니를 미워하는 마음이 전혀 풀리지 않습니다. 그런데 마음을 열어야 하니까 문제를 그냥 넘어갈 수 없고, 비로소 시어머니를 미워하는 마음을 정리할 수가 있습니다. 나는 죽고 예수로 사는 것을 분명히 하고 주님의 마음을 품고 시어머니에게 사랑한다고 고백하는 것입니다. 예수님이 시어머니를 정말 사랑한다고 전해드리는 것입니다. 이것은 마음을 감추고 거짓말하는 것과 다릅니다. 주님이 하시는 대로 순종하는 것입니다. 이렇게 하면 주님이 놀라운 일을 하실 것입니다.

마음을 여는 것은 우리의 삶을 엄청나게 바꿉니다. 마음을 열지 않기 때문에 계속 마귀의 종노릇하고 사는 것입니다. 마음을 열기로 작정하면 마음을 정리하게 됩니다. 여러분, 언제 마음을 정리할 것입니까? 집은 정리하면서 마음은 정리하지 않습니까? 마음을 정리하지 않으면 지금 가진 마음 그대로 주님 앞에 서게 된다는 것을 명심해야 합니다. 죽을 때 가서 마음을 정리한다는 말은 죽는 순간까지 바보처럼 산다는 말입니다. 쓰레기 같고, 독하고, 품으면 완전히 망하는, 더럽고 악한 불신앙적인 생각들, 감정들을 계속 끌어안은 채, 예수님을 한번 제대로 믿어보지도 못하고, 하나님의 역사를 경험해보지도 못하고 사는 것입니다. 어차피 정리할 마음이라면 지금 해야 합니다. 염려하는 마음 대신 기뻐하며, 불평하는 마음 대신 감사하며, 미워하는 마음을 버리고 사랑하는 마음, 용서하는 마음을 품어야 합니다.

마음을 열고 보니 보이는 것들

품지 말아야 할 생각이 자꾸 마음에 들어올 때 우리가 할 수 있는 방법은 회개하고 고백하는 것입니다. 이렇게 마음을 예수님 앞에다 내어놓으면 깨끗함을 받습니다.

> 만일 우리가 우리 죄를 자백하면 그는 미쁘시고 의로우사 우리 죄를 사하시며 우리를 모든 불의에서 깨끗하게 하실 것이요
>
> 요일 1:9

사랑하는 목사님 한 분이 제게 메일을 보내셨습니다.

"매일 저의 영적 생활에 중요한 변화가 있었습니다. 저에게 죄의 문제가 있었습니다. 그것은 시간에 틈이 생길 때 인터넷 뉴스나 영상을 보

는 부분이었습니다. 음란한 것을 보는 것은 아니지만 마음에 스트레스가 쌓일 때 그런 식으로 풀려고 했습니다.

그런데 주님이 그 부분과 싸우라는 마음을 주셨습니다. 그래서 작정하고 싸우기 시작했습니다. 그제서야 잠깐 한눈파는 줄 알았는데, 이미 스스로 어떻게 할 수 없을 정도로 사로잡혀 있음을 알았습니다. 생각보다 더 깊은 곳까지 뿌리내려 있었습니다.

그것을 끊으니 금단 현상이 나타났습니다. 저는 제 삶에 작은 부분을 다룬다고 생각했습니다. 그런데 지금 보니까 결코 작지 않은 부분을 다룬 것이었습니다. 제 내면을 보는 눈이 뜨이자 그동안 어떻게 저의 이 내적 상태를 인식하지 못하고 방치했나 싶었습니다. 너무나 애통한 마음이 들고 의에 주리고 목마른 마음이 듭니다.

전에는 기도하고 성경 볼 때 설교 준비할 때는 주님 안에 거하는 것 같았습니다. 그러나 그 시간이 끝나면 육신 안에 거했습니다. 그리고 다시 사역할 때 주님 안에 거하려 애를 썼습니다. 그렇게 하니까 육신도 힘들고 영도 힘들었습니다. 육신에 가면 영이 슬프고, 다시 영에 가면 육신이 싫어했습니다."

여러분, 우리가 작다고 생각하는 마음의 죄가 있습니다. '사람이 미워할 수도 있지, 욕심낼 수도 있지, 세상 좀 좋아할 수도 있지, 사람인데 어느 정도 교만할 수도 있지.' 그런데 예수님을 바라보게 되면 우리가 완전히 악한 생각에 사로잡혀 있다는 것을 깨닫게 됩니다. 쉽게 버려지지가 않습니다. 마음을 열지 않을 때는 몰랐는데 열고 보니까 보이는 것입니다. 우리가 마음을 열지 않으면 이렇게 완전히 속고 삽니다. 자기 스스로 속이는 것입니다. 자기 상태가 얼마나 심각한지 결코 알 수 없습니다.

무슨 죄를 지었다고?

마음의 문제는 회개를 통해 해결됩니다. 그런데 회개를 해도 좌절하는 분들이 있습니다. 회개를 해도 문제가 해결되지 않는다는 것입니다. 그러면 그것은 믿음의 문제입니다. 중요한 것은 회개했으면 깨끗해졌음을 믿어야 한다는 것입니다. 많은 그리스도인들이 회개하고도 씻음 받았음을 믿지 못하고 "내가 또 죄를 지었네" 하면서 좌절하다가 나중에는 회개할 힘마저 잃어버리게 됩니다.

필립 얀시(Philip Yancey)의 책에 나오는 이야기입니다. 습관적인 죄에 빠져 사는 어떤 사람이 하나님께 '다시는 결코' 죄를 짓지 않겠다고 약속했지만 번번이 실패해서 크게 낙심해 있었습니다. "주님, 저는 또다시 이 일을 저질러버리고 말았습니다. 저의 죄를 고백합니다. 다시는 결코 그런 죄를 짓지 않겠습니다. 저의 죄를 용서해주옵소서." 그러자 하나님께서 "나는 너를 용서한다. 너는 깨끗케 되었으니 다시 시작해라"라고 말씀해주셨습니다.

그 사람은 엄청난 자유를 느꼈습니다. 그리고 결코 다시는 동일한 죄에 빠지지 않으리라는 확신을 가졌습니다. 그러나 그날 밤 다시 유혹이 찾아왔습니다. 그는 다시 넘어졌습니다. 그리고 완전히 좌절했습니다. 더 이상 기도할 힘조차 없었습니다. 하나님께 그런 죄를 다시는 짓지 않겠다고 약속한 것이 바로 오늘 아침이 아니었습니까. 그는 무서운 죄책감을 안고 떠듬떠듬 하나님께 기도하기 시작했습니다.

"하나님, 저는 어찌해야 할지 모르겠습니다. 또 죄를 짓고 말았습니다."

그때 하나님께서 되물으셨습니다.

"무슨 죄를 지었다고?"

이 사람이 겨우 입을 열어 대답하였습니다.

"그 죄 말입니다. 바로 오늘 아침에 말씀드렸던 그것 말예요."

그러자 하나님께서 말씀하셨습니다.

"무슨 죄를 이야기하는 거니? 난 아무 기억이 없는데."

하나님은 죄를 기억하지 않으시겠다고 하신 말씀처럼 정말 회개한 그 순간 다 잊으신 것입니다. 회개했으면 깨끗함 받았음을 믿고 새 출발을 해야 합니다.

마음을 열고 빛의 역사를 경험하라

마음을 열고 사는 기본적인 원리는 먼저 하나님 앞에 내 마음을 정리하고, 예수님을 내 마음에 진짜 구주로 영접하는 것입니다. 왕이 내 마음에 들어오시니 예수님께 합당하지 않은 것, 예수님이 기뻐하지 않는 것은 다 버리는 것입니다. 마귀가 별의별 생각을 집어넣을 때 품으면 안 됩니다. 만약 숨기게 되면 다시 옛날로 돌아가게 됩니다. 정결하게 깨끗함을 받았으니 그 정결함을 유지하는 일이 필요합니다. 그 방법이 바로 마음을 여는 것입니다.

마음이 간단히 정리되지 않는다고들 이야기합니다. 정말 그렇습니다. 그런데 그때 안 되면 안 되는 대로, 힘들면 힘든 대로 마음을 열고 주위에 있는 믿음의 사람들에게 나누어야 합니다. 그러면 놀라운 승리가 일어납니다. 숨기고 부끄러워하고 감추는 사람은 계속 같은 죄에 넘어지게 됩니다.

어느 사모님이 교우들과 함께 일기를 나누라는 권면에 순종하기가 힘들었던 이야기를 하신 적이 있습니다. "비록 나는 죽었다고 고백하지만 여전히 죄 된 육신을 가지고 있으니 인간 냄새 풀풀 나는 자신이 드러날 텐데 어떻게 하나 고민이 되었습니다." 그러나 사모님들과 함께 예수동행일기를 나누며 용기를 갖게 되었다고 합니다.

"일기를 공개하는 것이 창피해서 죽을 것 같았지만, 함께 일기를 쓰는 사모님들이 득달같이 댓글을 달아주며, 막내라고 예뻐해주시고, 정직하다고 칭찬해주시니 '이렇게 해도 되는구나' 받아들여지는 마음에 용기를 내서 더욱 솔직할 수 있었습니다."

그래서 자신이 섬기는 교회의 교인들과도 예수동행일기 나눔방을 열었다고 합니다. 그러면서 사모님에게 변화가 생기기 시작하였습니다. "앞장서는 자리에 있으니, 얼마나 부담이 되는지 모릅니다. 하지만 이 부담감이 저를 제대로 주님을 바라보게 하는 것 같습니다. 그동안 그렇게 큐티 하고, 말씀 보려고 애를 써도 안 되더니, 예수동행일기반을 시작하고부터 하루도 빠지지 않고 늦더라도 하게 되니 책임이 무섭긴 무서운가봅니다."

예수동행일기 나눔방을 이끌어가면서 사모님에게 더 놀라운 변화가 생겼습니다. "일기를 통하여 성도들과 함께 아픈 마음을 나누다보니 기도 중에 생각나고, 말씀을 봐도 생각나니, 깊이 사랑하는 사이가 되어버렸습니다. 성도들과 일기를 나누려고 했을 때 왜 그렇게 두렵고 마음이 힘들었던가 하는 생각이 듭니다. 오늘 저녁 집회에서 예수동행일기를 함께 나누는 교인들이 얼마나 반갑던지요. 정말 진한 애정의 눈길을 보내게 되네요. 감사합니다."

마음을 열면 정말 놀라운 성령의 역사를 경험하게 됩니다. 그리고 극복이 되지 않던 문제들이 극복됩니다. 빛의 역사를 경험하게 되기 때문입니다. 제가 은퇴하기 전, 초심을 잃지 말아달라고 부탁하는 메일을 많이 받았습니다. 그 부분이 늘 마음에 부담이 되었습니다. 끝까지 실족하지 않고 목회 사역을 잘 감당해달라고 하시는데 제가 어떻게 할 수 있겠습니까. 무슨 자신감으로 끝까지 잘할 수 있다고 말할 수 있겠습니까. 제가 할 수 있는 것은 그저 끊임없이 마음을 열고 사는 것밖에 없습니다. 악한 것이 제 속에 자리 잡지 못하도록, 주인 노릇하지 못하도록 마음을 여는 것뿐입니다.

처음에는 마음을 여는 것이 고통스럽지만, 그것이 자신을 지키는 길이 됩니다. 여러분도 마음을 열어서 자신을 지키기 바랍니다. 마음을 여는 것은 그냥 미주알고주알 자신에 대해서 다 공개하는 것이 아닙니다. 마음조차 예수님과 함께하는지를 돌아보는 것입니다. 마음을 열고 사는 것은 주님을 바라보고 사는 것입니다. 주님만 바라보면 마음을 열고 싶어집니다. 예수님이 정말 마음에 오셔서 주인이 되셨는지, 예수님이 진짜 자신의 삶에 역사하시는지 알기를 원한다면, 마음을 열 용기를 가지기 바랍니다.

prayer for revival

1. 주여, 제 마음에 있는 온갖 더러운 것, 끔찍한 것을 보혈로 씻어주소서.

2. 마음을 열고 살면서 악한 것과 더러운 것이 마음에 자리잡지 못하게 하소서.

3. 이 시간 주님의 생각을 부어주소서. 주님을 분명히 알게 하소서.

결국 주님이 이루십니다

우리에게 중요한 것이 많습니다. 그러나 가장 중요하게 여겨야 할 것은 우리의 마음입니다. 우리 인생이 마음에 의하여 결정되기 때문입니다. 그런데도 우리가 마음을 잘 지키지 못합니다. 오히려 어떤 것보다 소홀히 여기고 내버려두는 것이 마음입니다. 사실 우리 마음의 상태를 제대로 알기가 어렵습니다. 손발은 더러워지거나 상처가 나는 것이 눈에 보이지만, 마음은 눈에 보이지도 않고 잘 느껴지지도 않아 심각한 상태가 되어야 비로소 뒤늦게 깨닫습니다.

부드러운가? 완고한가?

히브리서 3장 12절에 "믿지 아니하는 악한 마음"이라는 표현이 나옵니다.

> 형제들아 너희는 삼가 혹 너희 중에 누가 믿지 아니하는 악한 마음을 품고 살아 계신 하나님에게서 떨어질까 조심할 것이요
> 히 3:12

'악한 마음'은 예수님이 함께하심이 의식되지 않는다는 것입니다. 예수님이 마음에 임하시면 마음이 부드러워지지만, 예수님이 함께하심을 믿지 않으면 마음이 완고해져서 주님께 반응할 수 없습니다. 정상적이고 좋은 마음의 상태는 '부드러운 마음'입니다. 바로 성령께서 임하신 마음입니다. 예수님이 함께 계심이 믿어져서 주님을 바라보게 됨으로 주님의 말씀이 깨달아지는 마음입니다.

문제는 이처럼 부드러운 마음을 가졌다가도 금세 마음이 악해지고 굳어지는 것입니다. 예수님이 함께 계신 것을 머리로만 알지, 실제로 전혀 믿어지지도 느껴지지도 않는 상태, 그것이 주님을 믿지 않는 악한 마음이 생겨버린 상태입니다.

히브리서 3장 13절에는 '악한 마음'을 "완고한 마음"이라고 달리 표현했습니다.

> 오직 오늘이라 일컫는 동안에 매일 피차 권면하여 너희 중에 누구든지 죄의 유혹으로 완고하게 되지 않도록 하라 히 3:13

우리 속에 죄의 유혹이 들어오면 마음이 완고해진다는 뜻입니다. 죄가 들어오면 마음이 굳어져 주님의 음성이 들리지 않고, 느껴지지도 믿어지지도 않습니다. 가룟 유다도 마귀가 주는 생각을 붙잡고 품었을 때 마음이 굳어졌습니다. 이처럼 우리는 너무 쉽게 어리석은 일에 빠집니다. 마음이 완고해졌다는 것은 더 이상 권면이 소용없는 상태가 되는 것입니다. 주님이 아무리 말씀하셔도 들리지 않고 돌이킬 수도 없습니다. 악한 마음이 되는 것이 이렇게 무섭습니다.

애굽을 탈출할 당시 이스라엘 백성들이 그런 상태였습니다.

그러므로 성령이 이르신 바와 같이 오늘 너희가 그의 음성을 듣거든 광야에서 시험하던 날에 거역하던 것 같이 너희 마음을 완고하게 하지 말라 거기서 너희 열조가 나를 시험하여 증험하고 사십 년 동안 나의 행사를 보았느니라 그러므로 내가 이 세대에게 노하여 이르기를 그들이 항상 마음이 미혹되어 내 길을 알지 못하는도다 하였고 히 3:7-10

이스라엘 백성들의 마음은 완고하여졌고, 마음이 미혹되어 하나님의 길을 알지 못하게 되니 결국 가나안 땅에 들어가지 못하고 광야에서 죽은 것입니다. 마음이 미혹된 상태에서는 주님의 길이 보이지 않습니다. 살길이라 생각하고 갔지만 엉뚱한 길에 들어서는 것입니다.

내가 노하여 맹세한 바와 같이 그들은 내 안식에 들어오지 못하
리라 하였다 하였느니라 히 3:11

마음이 굳어버린 상태가 되면 하나님으로부터 완전히 버림받은
자가 됩니다. 우리는 예수님이 함께하시는 것이 믿어지는지, 주님
의 말씀이 들리는지 점검하여 자신의 마음이 부드러운 상태인지,
아니면 완고해진 상태인지 점검해야 합니다.

굳은 마음, 부끄러운 기도

어느 목사님이 집회에서 고백한 일화가 있습니다. 예전에 사역하
던 교회에서 목회가 너무 힘들어진 목사님은 "하나님, 제가 이 교
회를 사임할 때 저를 괴롭힌 사람 다섯 명을 발표하고 교회를 떠
날 수 있게 해주세요"라고 기도했다고 합니다. 그리고 그때부터
다섯 명의 명단을 작성하기 시작했습니다. 그러나 시간이 흘러 그
교회를 사임하게 되었을 때 자신을 힘들게 한 사람들을 발표하지
않았습니다. 돌아보니 그 사람들로 인하여 자신이 영적으로 더
성숙해졌음을 깨달았기 때문입니다.

우리도 마음이 굳었던 시절을 돌아보면 하나님께 부끄러운 기

도를 드렸던 것을 깨닫게 됩니다. 마음이 굳으면 하나님의 뜻을 전혀 알 수가 없습니다. 기도해도 하나님이 들어주실 수 없는 기도만 드립니다. 어떤 목사님도 목회하면서 꽤 어려움이 있으셨는지 "제 주위에 원수 같은 사람들이 다 사라지게 해주세요"라고 기도했다고 합니다.

그런데 기도하고 나서 얼마 뒤 정말 원수 같은 사람들이 다 사라졌습니다. 하나님이 그 기도에 응답해주셔서 사람들은 그대로인데 목사님의 마음에 미움이 사라진 것입니다. 마음에 있던 미움이 사라지니까 원수 같은 사람, 미운 사람이 더 이상 존재하지 않게 된 것입니다. 우리가 같은 사람을 만나고 같은 환경에 있더라도 우리 마음에 따라 천국을 살 수도 있고 지옥을 살 수도 있습니다.

이미 시작되었다!

어떻게 하면 우리 마음이 완고해지지 않을 수 있습니까?

> 사람이 내 안에 거하지 아니하면 가지처럼 밖에 버려져 마르나니 사람들이 그것을 모아다가 불에 던져 사르느니라 요 15:6

주님 안에 거해야 합니다. 주님 안에 거하면 주님이 우리 안에 거하셔서 마음이 부드러워지게 됩니다. 부드러워진 마음으로 살아야만 하나님의 인도를 받을 수 있게 되고, 복이 있고, 열매를 많이 맺을 수가 있습니다. 마음이 굳어지고 메말라버리면 주님의 역사하심을 경험하지도 못하고, 열매가 없는 비참한 삶을 살게 됩니다. 주님 안에 거한다는 것은 모든 염려를 주님께 다 맡긴다는 것입니다. 주님을 완전히 믿는 것입니다. 이것이 얼마나 놀라운 은혜이며 복인지 모릅니다. 주님께 다 맡겼으니까 마음이 부드러워지는 것입니다.

때때로 영적인 메마름이 찾아옵니다. 예수님께서는 우리가 메마른 것은 환경이 어렵고 사탄의 공격이 강해서가 아니고 우리가 예수님 안에 거하지 않기 때문이라고 하였습니다. 따라서 우리가 영적 메마름에서 벗어나 충만한 은혜 안에 있으려면 어려운 형편이나 자신과 부딪치는 사람과의 관계가 문제라는 생각을 버려야 합니다. 그럴 때 무엇보다 자신이 주님 안에 있는지를 점검해야 합니다. 우리가 예수님 안에 있으면 어떤 형편에서도 평안을 누립니다. 모든 선한 열매는 다 주님이 이루어주시는 것이기 때문입니다.

너희 안에서 착한 일을 시작하신 이가 그리스도 예수의 날까지 이루실 줄을 우리는 확신하노라 빌 1:6

분명히 "너희 안에서"라고 했습니다. 인생의 변화는 밖에서 시작되는 것이 아닙니다. 남편이나 아내, 부모나 자녀, 직장 동료로부터 인생의 변화가 시작되는 것이 아니라 자기 안에서 시작됩니다. 우리 안에서 일어난 놀라운 사건 때문입니다. 주 예수님이 우리 안에 임하시고 우리가 주님과 연합한 자가 된 것입니다. 이 착한 일이 이미 시작되었습니다. 진정한 생명이 안에서부터 일어났습니다. 정말 놀라운 일입니다.

그리고 그것을 완성하실 분도 주님이시라는 말입니다. "그리스도 예수의 날까지 이루실 줄을 우리는 확신하노라"라는 말씀처럼 그 일을 시작하신 분도 주님이시고, 그것을 이루실 분도 주님이십니다. 우리가 할 일은 주님을 믿는 것뿐입니다. 예수님과 온전히 하나 되는 삶, 주님의 생명으로 사는 삶, 나는 죽고 주님으로 살며, 주님이 나를 통해 역사하시는 놀라운 삶을 주님이 만들어 가십니다.

우리 마음이 부드러워진 증거

우리가 주위 사람들을 사랑하게 되는 것이 마음이 부드러워진 가장 큰 증거요 놀라운 영적 승리입니다. 예수님 안에 거하며 행복한 사람만이 복음을 거절하고 교회를 핍박하는 이들도 사랑하시는 하나님을 믿게 됩니다.

김하중 장로님이 어떻게 그렇게 오래 중국 대사를 할 수 있었느냐는 질문을 받고 이렇게 대답했다고 합니다. "중국과 중국 사람을 사랑하면 됩니다." 그렇습니다. 다른 사람을 사랑하면 영적으로 이기고 있는 것입니다. 이것은 전적으로 예수님 안에 거할 때 가능합니다.

한 랍비가 제자들에게 물었습니다.

"너희는 새벽이 오는 것을 언제 알 수 있느냐?"

한 제자가 답했습니다.

"고양이와 양을 구별할 수 있을 때 먼동이 트는 것을 압니다."

"아니다."

다른 제자가 답했습니다.

"무화과나무 잎과 포도나무 잎이 구별될 때 새벽이 오는 것을 압니다."

"그것도 아니다."

그러면 어느 때냐고 묻는 제자들에게 랍비가 말했습니다.

"이웃이 네 눈에 보일 때가 어둠이 걷히고 새벽이 오는 때이니라."

하나님은 우리가 만나는 모든 사람을 사랑하십니다. 그들이나 우리 모두 하나님께서 주신 생명으로 살아가고 있습니다. 하나님은 우리가 있는 곳에 언제나 함께하십니다. 하나님께서 부재하거나 외면하시는 곳은 어디에도 없습니다. 하나님은 모든 사람에게 하나님 자신을 알리기 원하시고, 그들에게 복된 삶의 길을 가르쳐 주기를 기뻐하십니다.

분명히 알아야 합니다. 우리의 마음이 완고해지지 않고 부드러운 마음이 되는 일은 우리의 노력으로 되는 것이 아닙니다. 믿음으로 되고, 주님을 완전히 믿을 때 주님이 역사하십니다. 오직 주님 안에 거하며 주님께서 이루실 것을 믿고 기대하며 기다려야 합니다.

주님의 역사를 크게 보는 믿음

우리는 예수님의 역사보다 육신의 역사를 더 크게 보는 경향이 있습니다. 육신에 끌려가다가 넘어지는 자신만 보고 좌절하는 것입니다. 그럴 때 자신 안에 육신의 역사만 있고 주님의 역사는 없는 것인지 살펴보아야 합니다. 실제로는 우리에게 이미 엄청난 변화가 일어났습니다. 우리가 교회에 나와 앉아 있는 것도 주님의 역사입니다. 기도하고 싶은 마음도 성령님이 아니면 가질 수 없습니다. '이렇게 살면 안 되는데'라는 생각이 드는 것도 우리를 걱정하시는 성령님의 근심이며 감사할 조건입니다. 주님의 책망도 주님의 역사입니다. 주님이 나를 버리지 않았고 여전히 사랑하신다는 증거입니다.

우리에게 육신의 역사도 계속 일어나지만 주님의 역사도 분명하게 있습니다. 상황을 더 큰 눈으로 보아야 합니다. 인생을 바꾸고 싶다면 주님의 역사에 더 감탄히고, 감사하고, 그것을 입으로 시인해야 합니다. 그럴 때 비로소 주님의 역사하심에 대한 눈이 점점 더 열리게 됩니다. 그렇지 않으면 질그릇 같은 자신에 대해 한탄만 하고 맙니다.

갓난아기도 일어나 걸으려면 수없이 넘어집니다. 한 번 넘어졌다고 걷기를 포기하는 아이는 없습니다. 계속 넘어지고 뒤뚱거려도 걷기를 시도하다가 마침내 걷게 되는 것입니다. 우리 주님이 우리를 능히 세우십니다. 우리 안에 이미 오셨고 여기까지 이끌어 오셨습니다. 말씀으로 은혜를 받게 하시고, 찬양으로 은혜를 받게 하시고, 기도하고 싶은 마음이 일어나게 하십니다. 주님께 초점을 맞추고 계속 나아가면 성령께서 여러분을 능히 일으켜 세우실 것입니다.

예수님은 마태복음 5장에서 "네 오른편 뺨을 치면 왼편도 돌려대라", "속옷을 가지고자 하면 겉옷까지도 주라", "억지로 오 리를 가자고 하는 사람에게 십 리를 동행해주라", "원수를 사랑하고 박해하는 자를 위해 기도하라", "하늘에 계신 너희 아버지의 온전하심과 같이 너희도 온전하라"고 하셨습니다. 이것은 한마디로 우리가 도저히 할 수 없는 일입니다. 그러면 주님은 우리가 지킬 수도 없는 것을 왜 하라고 하셨을까요? 우리는 안 되지만 주께서 친히 우리가 이 말씀대로 살 수 있게 해주시겠다는 것입니다.

나는 포도나무요 너희는 가지라 그가 내 안에, 내가 그 안에 거하

면 사람이 열매를 많이 맺나니 나를 떠나서는 너희가 아무것도 할 수 없음이라 요 15:5

우리가 진짜 예수님을 믿으면, 우리가 주님 안에 거하고, 주님이 우리 안에 거하시면 주님이 우리를 통하여 열매를 맺으시게 됩니다. 내 힘으로는 살아낼 수 없는 삶을 살게 해주신다는 것입니다. 그렇기 때문에 복음입니다.

실패하고 넘어지더라도 좌절하지 마십시오. 주님은 실패를 더 크게 쓰십니다. 베드로는 예수님을 세 번 부인하고 저주까지 했습니다. 예수님은 그런 베드로를 일으키시고 위대한 사도로 다시 세우셨습니다. 우리 주님은 지금도 능히 그렇게 하십니다. 내가 하는 것이 아니고 주님이 하십니다. 그분이 우리 안에 오셨고 우리와 24시간 동행하십니다. 우리가 이 사실을 정말 믿어야 합니다. 우리가 할 일은 그저 하나님 앞에서 마음이 완고해지지 않도록 날마다 피차 권면하는 것뿐입니다.

마음을 부드럽게 하는 예수동행일기

예수동행일기를 쓰는 이유도 마음이 굳어지지 않기 위함입니다. 영적 메마름에 시달리는 사람은 잠잠히 주님을 바라보시기 바랍니다. 예수동행일기를 매일 빠지시 않고 써보시기 바랍니다. 예수동행일기를 하루 안 쓰면 다음날은 더 쓰기 힘들어지고, 며칠 안 쓰면 영영 쓰기 싫어집니다. 마음이 금방 굳어지는 것입니다. 예수 동행일기를 쓰는 것이 귀찮고 힘들 수 있지만, 그것을 통해 우리 마음이 굳어지지 않는 상태로 유지되는 것임을 명심해야 합니다.

어느 목사님이 쓰신 일기입니다.

"위기가 오는 생각이 든다. 마음이 무겁다. 생각도 전처럼 예수님께 집중하지 못하고 죄된 생각들이 스멀스멀 올라온다. 오늘은 하루 종일 일기를 써야겠다. 일기를 읽어야겠다는 의욕도 생기지 않아 큐티방을 외면했다. 그래서 더 써야겠다는 생각이 들었다."

일기를 쓰다가 자신의 마음이 굳어진 것을 발견한 것입니다. 또 다른 목사님이 쓰신 일기입니다.

"사역이 바쁘고 아내와 아이를 위하여 시간을 낸다는 핑계로 예수동 행일기 쓰기를 게을리하고 말았다. 그러자 자연스럽게 삶에 분노, 자기 연민, 무력증, 음란, 게으름 등이 일어나는 것을 보게 된다."

며칠 예수동행일기를 쓰지 않고 내버려두다가 어느 순간에 자신의 마음이 완악하게 되어 있음을 깨달은 것입니다.

프랭크 루박 선교사님은 1930년 4월 19일 일기에 이렇게 썼습니다.

"나는 지난 며칠간 포기하고 지냈습니다. 그리고 오늘과 어제 그 결과의 증거를 보았습니다. 재치 있게 말하려다가 나는 그만 다른 사람들의 감정을 상하게 하는 말을 내뱉고 말았습니다. 그리고 조급해졌습니다. 적어도 이들 중 한 사람에게 일기를 쓰겠다고 이야기한 적이 있기에 그가 이번 사건을 그 결과라고 오해할까봐 마음이 떨립니다."

프랭크 루박 선교사님 역시 일기를 며칠 쓰지 않다보니 실언을 하게 되었고, 그런 자신으로 인해 부정적인 영향을 줄까봐 걱정하고 있습니다. 여러분, 우리 마음이 우리도 모르는 사이에 굳어져 버리니까 큰일입니다. 기도도, 봉사도, 사랑도, 헌신도 예전 같지 않고, 내적인 기쁨도 없어졌습니다. 그렇기 때문에 즉시 주님 안에 거해야 합니다. 오직 주님만이 고쳐주실 수 있습니다.

일기를 쓰는 것도 주님 안에 거하는 한 방법입니다. 일기를 한 줄밖에 쓸 수 없어도 좋습니다. "오늘은 정말 비참했어요. 그러나 이제라도 주님을 바라봅니다." 좋습니다. 이렇게라도 계속하세요. 우리의 목표는 이와 같은 일을 지속하는 것입니다. 그러면 반드시 주님이 마음을 지켜주십니다.

마음이 굳어지는 대로 내버려둔다면?

예수동행일기를 써도 별일이 일어나지 않는다고 말하는 분들이 있습니다. 그런 분들은 마음이 굳어지지 않은 상태로 유지되는 것에 만족을 느끼지 못하거나 그것이 얼마나 큰일인지 제대로 깨닫지 못한 분들입니다.

마음에 기쁨과 감사가 샘솟듯이 넘치고, 하나님의 말씀이 분명히 들리고, 주님께서 담대함과 지혜를 주시고, 맡은 일을 감당할 능력을 부어주시는 것들만 기대하다보면 다른 주님의 역사하심이 중요하게 느껴지지 않을 수 있습니다.

그러나 하나님은 꼭 우리가 원하는 때에 맞추어서 역사하시는 것이 아닙니다. 우리가 아주 작은 일에 기뻐하고 감사하고 주님을 계속 인정할 때 우리도 모르는 사이에 충만함으로 들어가게 되는 것입니다.

어느 장로님의 예수동행일기입니다.

"최근 며칠 예수동행일기를 쓰지 않았더니 기분이 참 이상합니다. 마음에 영적 갈망도 달라지고 있습니다. 영적 민감함도 둔하여지고 죄도 쉽게 지으려고 합니다. 주님을 바라보는 것도 게을러지고 그러다 보니 주님을 의식하지 않으려고 하는 순간도 많아집니다.

오늘 하루를 마무리하면서 주님께 감사를 드리는 마음이 예전 같지 않습니다. 직장에서 업무가 많은데도 주님께 간구함이 적습니다.

일을 결정하는 데 있어서도 내 마음대로 하려고 합니다. 주님 뜻을 헤아리기보다는 내 마음을 먼저 생각합니다.

어제 아내가 많이 힘들어했습니다. 평소와 다르게 짜증도 많이 내고, 처음 듣는 듯한 말도 많이 합니다. 그렇게 나를 힘들게 하는 것도 처음이었습니다. 나는 참다못해 서재로 들어가 나의 일만 하고 말았습니다. 옆에서 들어주고 힘들어하는 것을 함께 나누어야 하는데 그러지 못하였습니다. 오히려 짜증을 냈습니다. 주님께 나아가지 않으니 견디는 일에도 어려움이 생깁니다.

이처럼 예수동행일기를 정성을 다해 써야 할 이유가 있습니다. 오늘 예수동행일기를 쓰면서 감사를 드리려고 합니다. 나를 돌아보고 다시 주님 앞에 나올 수 있으니 감사합니다. 주님을 부인하지는 않았지만 열심을 다해 섬기지도 못했던 것을 깨닫고 나아가니 감사합니다. 하루를 깊이 반성하고 회개하며 주님 앞에 나올 수 있는 것에 감사합니다. 앞으로 예수동행일기를 매일 써야겠습니다.”

예수동행일기를 쓰면 마음이 엄청 부드러워집니다. 만약 주님 앞에서 자신을 돌아보고 점검하고 깨달은 것을 기록하지 않았다면 마음이 굳어지는 상태가 더 심해졌을 것입니다. 그리고 계속 다른 사람 핑계를 대고 그 사람을 원망하고 상황을 원망합니다. 자신의 마음이 굳어져 가는 것을 내버려두었을 뿐인데 삶이 깨지고 망가집니다. 그때 회개하고 돌아와도 이미 비참해진 자신을 발견할 뿐입니다. 우리가 주님 안에 거하지 않으면 주님도 우리 마음을 지키실 수 없습니다.

목이 마를 때는 이미 늦었다

이제는 목마를 때 가서야 물을 마시는 습관을 버려야 합니다. 건강을 위해 물을 자주 마시라고 하는데, 우리는 목이 마르지 않으면 물을 잘 마시지 않습니다. 그런데 우리 몸에 수분이 필요한 상태일 때 꼭 목이 마른 현상이 나타나는 것은 아니기 때문에 대부분 물을 적게 마시며 산다고 합니다. 그래서 목이 마를 때가 아니라 규칙적으로 물을 마시는 습관이 중요한 것입니다.

방송인 김창욱 씨도 사막에서 탈수로 죽는 사람이 꼭 물이 없어서 죽는 것이 아니라고 했습니다. 물병에 물이 넉넉한데도 탈수 증세로 죽는 일이 생긴다는 것입니다. 왜냐하면 사막은 기온이 너무 높아 땀이 금세 마르기 때문에 자신이 땀을 흘리는지 인식하지 못한다는 것입니다. 그러니까 자신의 몸에서 이미 탈수 현상이 일어나고 있는데도 그것을 알지 못하고 있다가 갑자기 쓰러지는 것입니다. 그런 일을 당하지 않으려면 목마를 때 물을 마시는 것이 아니라 시간을 정해놓고 물을 마셔야 한다고 합니다. 목마를 때는 이미 늦은 것입니다.

영혼의 목마름을 느끼기는 더 어렵습니다. 사람들은 영혼이 갈

급해져도 백화점으로 달려가거나 극장에 갑니다. 대부분 영적 목마름을 왜곡해서 느낍니다. 목이 마른데 배고픔으로 느끼거나 생수 대신 음료수를 찾는 식입니다. 영혼에 문제가 생겼는데 쾌락과 인터넷, 쇼핑, 운동, 사람으로 해결하려고 하니까 계속 목마른 것입니다. 많은 사람의 인생이 그렇게 무너집니다.

　예수를 믿는 성도가 영적인 충만함을 계속 유지할 수 있는 비결은 목마름이 느껴지든 느껴지지 않든 꾸준히 주님 안에 거하며 자신을 돌아보며 사는 것입니다. 우리 영혼의 생수는 예수 그리스도이십니다. 목마를 때 가서야 주님을 찾으려고 하면 큰일입니다. 너무 늦어버립니다. 목마름을 느끼지 못하더라도 우리는 매 순간 주님을 바라보아야 합니다. 24시간 주님을 바라보는 것이 이렇게 중요합니다. 그것을 매일 일기로 쓰면 여러분 안에 생수의 공급이 계속됩니다. 그러면 결코 마귀가 끄는 대로 끌려가지 않습니다. 주님이 여러분을 지키시기 때문입니다.

언제나 주님 안에 거하는 삶

한번은 미국 남부 탬파 플로리다에 허리케인이 지나갔습니다. 그곳에서 목회하시던 목사님이 처음 허리케인이 온다고 했을 때 대수롭지 않게 생각했다고 합니다. 한 번도 겪어보지 않았기 때문입니다. 그런데 TV에서 허리케인이 지나가는 곳마다 초토화되는 뉴스를 보고, 여러 곳에서 계속 걱정하는 연락이 오니까 그제야 사태의 심각성을 깨달았습니다.

허리케인이 당도하기 전 탬파 지역은 그야말로 대혼란과 마비가 찾아왔습니다. 마트는 전쟁터처럼 변했고 음식도 물도 구할 수가 없었습니다. 사람들의 마음은 두려움으로 가득했고 하루라도 빨리 그곳을 벗어나려고 했습니다. 그런데 다행히 예보보다 허리케인의 강도가 약해졌고 직접적인 영향이 없어 피해가 크지 않았다고 합니다.

그 후 성경공부 시간에 한 성도님이 느낀 점을 나누어주었습니다. 처음에는 그 분도 허리케인을 대수롭지 않게 생각하다가 허리케인이 자신이 사는 지역의 정면을 치고 지나간다는 소식을 듣고 생필품을 구하려고 했지만 다 품절되었고 주유소에도 기름이 바닥나 피난도 갈 수 없게 되었다고 합니다.

'성경이 말하는 마지막 때에는 과연 어떨까? 그 때가 마치 도둑처럼 올 텐데, 그 때는 이 허리케인과 비교도 안 될 정도의 혼란과 두려움이 있을 것이고, 이번에 허리케인은 대비할 시간이라도 있었지만, 마지막 심판의 때가 되면 그때는 준비하고 싶어도 할 수 있는 것이 아무것도 없을 것이다.' 이 생각을 하니 더욱 두려운 마음이 들었고, 지금 이 모습으로는 하나님 앞에 설 준비가 안 되어 있다는 생각에 부끄러워졌다고 고백했다는 것입니다.

주님이 오실 때 그 때 가서 준비하려면 아무것도 할 수 없습니다. 지금 그 믿음 그대로 예수님 앞에 서게 될 것입니다. 그러니까 이 시간이 얼마나 중요한지 모릅니다. 우리는 언제나 주님 안에 거하는 삶을 살아야 합니다. 주님이 내 안에 거하시고, 내가 주님 안에 항상 거하는 일이 생명처럼 소중합니다.

우리 마음이 굳어지지 않도록 살아야 주님이 오실 때 전혀 문제가 없습니다. 우리 마음이 풀어지고 부드러워지는 것은 우리의 노력이나 의지, 결심으로는 되지 않습니다. 주님이 바꾸시는 것입니다. 주님이 여러분의 마음을 부드럽게 바꾸시는 역사가 일어나기를 축복합니다.

prayer for revival ✝

1. 성령의 충만함으로 마음이 부드러워지게 하소서. 주님이 함께 계시는 것이 믿어지고 주님의 음성이 들려지게 하소서.

2. 좌절과 실패 중에 더욱 주님을 믿게 하소서. 주님이 함께하시니 안심입니다. 주님께만 모두 맡깁니다. 주님 안에 거하게 하소서.

3. 구하거나 생각하는 모든 것에 더 넘치도록 능히 하실 주님을 바라보게 하소서.

3

나에게
왕이 계신다

내 마음에 왕이 계신다

한번은 목사님들과 기도 모임을 하면서 서로 기도 제목을 나눴는데 전부 어려운 문제들을 가지고 있었습니다. 개척한 지 오래되었지만 교인이 다 떠나간 교회를 계속 담임하고 계신 목사님, 아주 늦은 나이에 교회를 개척해야 하는 목사님, 청년부를 부흥시켜야 하는 책임을 맡고 이제 막 부임한 부목사님, 열정적이고 능력이 뛰어난 동료 목사와 함께 사역하게 된 부목사님, 아주 놀랍게 부흥되었던 교회의 후임으로 부임한 목사님 등 모든 목사님이 힘든 문제들을 가지고 있었습니다.

이 목사님들 중에 가장 큰 어려움에 처한 목사는 누구일까요? 주 예수님과 친밀히 동행하지 못하는 목사입니다. 예수님과 친밀히 동행할 수만 있다면 목회 현장이 아무리 힘들어도 문제될 것이 없습니다. 결국 예수님이 역사하실 것이기 때문입니다.

예수님과 친밀히 동행하지 않는다면 아무리 교회가 성장해도 목사에게는 큰 위기입니다. 제가 교회 부흥을 위해서 목회하였을 때 교회가 성장하고 예배당도 짓고 집회 때마다 교인들이 많이 모이면 만족할 줄 알았지만 아니었습니다. 목사는 교인이 몇 명쯤 되면 만족할 것 같습니까? 언제나 지금보다 조금 더 모이면 만족할 것 같습니다. 결국 만족은 없습니다.

계속 더 성장하고, 더 크게 짓고, 더 많이 모이는 것에 몰두하다가 목사의 내면이 무너지는 것입니다. 처음에는 그 이유를 알기 어려웠습니다. 그런데 진짜이신 예수 그리스도를 놓쳤던 것입니다. 예수님과 온전히 친밀하지 않고도 얼마든지 목회를 잘할 수 있고 설교도 잘할 수 있습니다.

국제 컴패션 총재였던 웨스 스태포드(Wess Stafford) 박사는 "사역자에게 있어서 실패란, 별로 중요하지 않은 일에 성공하는 것이다"라고 했습니다. 큰 예배당, 많은 교인이 주님 앞에서 무슨 자랑이 되겠습니까? 라오디게아교회와 빌라델비아교회를 생각해보기 바랍니다.

낯설고 두려운 왕인가?

그리스도인이 예수님을 믿고 누리는 가장 놀라운 복은 왕이신 주 예수님과 친밀히 동행하게 되었다는 것입니다. 정말 황홀한 일입니다. 왕이신 예수님이 나의 왕이 되셨다는 것, 만왕의 왕이신 주님과 친밀히 동행하는 것, 눈에 보이지 않는 주님이 눈에 보이듯이 믿어진다는 것은 정말 꿈같은 일입니다.

그런데 많은 그리스도인이 예수님이 자신의 삶에 왕이 되시는 것을 두려워합니다. 예수님이 낯선 분이기에 두려운 것입니다. 예수님과 친밀하다면 예수님이 왕이 되시는 것이 왜 두렵겠습니까? 그러므로 왕이신 주님을 알고 더 친밀해지는 것은 평생을 투자할 가치가 있는 일입니다.

만약 아직 예수님과 친밀하지 않다는 생각이 든다면 오늘부터 예수님과 친밀해지는 것에 삶의 초점을 맞추기 바랍니다. 그동안 예수님과 친밀히 교제하는 데 초점을 맞추고 살아오지 않았기 때문에 30년, 40년, 50년을 살아도 예수님과의 친밀함이 그대로인 것입니다. 예수님과 친밀히 동행하게 되는 것은 뒷전으로 미룰 일이 아닙니다. 이제는 여러분 안에 왕으로 임하신 예수님과 친밀해지는 과정을 반드시 거쳐야 합니다.

구주와 임금이시다!

저는 예수님과 친밀히 교제하는 것, 주 예수님이 왕이신 삶에 대한 훈련을 거의 받아본 적이 없었습니다. 목사의 아들로 자랐지만 그저 교회에 열심히 나오고, 예배에 열심히 참석하고, 성경 읽고, 기도하기만 했지, 예수님이 지금 내 안에 살아계시고, 나에게 왕이 계신다는 의식조차 없이 살았습니다. 왕이신 주님을 바라보지도 않았고, 왕이신 주님의 지시에 귀 기울이지도 않았습니다. 그런 믿음이 없었기 때문입니다.

저는 성실과 열심이면 되는 줄 알았습니다. 어떻게 해서든지 옳다고 여기는 대로 살려고 애를 썼습니다. 그러나 그것이 죄임을 깨달았을 때 정말 깜짝 놀랐습니다.

그 때에 이스라엘에 왕이 없으므로 사람이 각기 자기의 소견에 옳은 대로 행하였더라 삿 21:25

가정에서 왜 그렇게 싸웁니까? 자기 생각에 옳은 대로 말하고 판단하니까 싸우게 되는 것입니다. 누구도 일부러 공동체가 잘못되게 하려고 애쓰는 사람은 없습니다. 다 잘해보려고 합니다. 그러나 그것이 언제나 자기 생각에 옳을 뿐임을 모릅니다. 그러다 보니까 가정도 깨지고, 나라도 시끄럽고, 하나님의 백성들이 모인 교회도 싸웁니다. 정말 자기 소견에 옳은 대로 행하는 것은 무서운 죄입니다.

성경을 읽어보면 예수님이 우리의 구주라고 말씀하지만, 예수님이 우리의 임금이시라고도 말씀하고 있습니다.

이스라엘에게 회개함과 죄 사함을 주시려고 그를 오른손으로 높이사 임금과 구주로 삼으셨느니라 _행 5:31_

결국 예수님은 임금이시면서 구주이십니다. 그런데 안타깝게도 많은 그리스도인이 예수님은 구주이신 줄만 압니다. 저도 제 안에 왕이 계신다는 생각을 꿈에도 하지 못하고 살았습니다. 목사가 되고 나서도 그랬습니다.

예수님의 보좌를 가로챈 죄

왕은 명령하는 분입니다. 왕에게는 철저히 순종해야 합니다. 왕은 모든 삶에 관여하시고, 모든 주권이 다 왕에게 있습니다. 이런 왕을 모신다고 생각하지 못하니까 그 삶에 믿음의 역사가 없는 것입니다. 누구나 성실하고, 진실하고, 자기가 생각하기에 옳은 대로 행하면 칭찬받을 수도 있고 나름 작은 결실도 얻게 됩니다. 하지만 하나님의 역사는 나타나지 않습니다.

저도 성실히 살았는데 하나님의 역사는 나타나지 않았고, 그러다보니 하나님을 향한 의심도 생겼습니다. 그런데 그것은 예수님을 왕으로 모시고 살아야 한다는 것을 몰랐기 때문이었습니다. 제가 예수님을 왕으로 모시지 않았기 때문에 예수님이 제 삶에 왕으로 역사하지 못하신 것입니다.

왕이 앉는 자리를 보좌라고 합니다. 그런데 그 자리에 다른 사람이 앉으면 반역입니다. 예수 그리스도가 아니라 내가 그 자리에 앉으면 내가 왕이 되는 것입니다. 이것이야말로 반역입니다. 이것이 제 문제의 뿌리요 핵심이었습니다. 우리 안에도 보좌가 있는데, 예수님을 믿었으면 그 자리에 예수 그리스도가 앉으셔야 합니다. 그런데 그 보좌에 자신이 앉아 자기가 옳은 대로 삶에 대해 판단하고 기준을 정하여 행하는 것이 무서운 죄가 되는 것입니다.

도둑질, 간음, 폭력, 강도, 살인만 죄가 아닙니다. 예수님의 보좌를 가로채는 반역은 도둑질, 간음, 폭력, 살인보다 더 무서운 죄입니다. 예수님을 믿고도 예수님이 왕인 줄을 모르며 사는 그리스도인이 너무 많습니다. 정말 무서운 반역을 저지르면서도 전혀 깨닫지 못하는 것입니다.

저도 제가 그렇게 무서운 죄를 짓고 있는지 몰랐습니다. 그래서 제가 죄인이라고 고백하면 어떤 분들은 "목사님, 너무 가식적이네요. 목사님이 어떤 죄를 지었는지 모르지만, 우리와 비교하면 목사님은 깨끗하고 거룩하게 사시는 것 같습니다"라고 이야기합니다. 그러나 그것은 아직 죄가 뭔지를 잘 모르기 때문에 하는 말입니다.

술 마시고, 방탕하고, 거짓말하고, 남의 것을 훔치고, 폭행하고, 살인하고, 음란하고, 간음하는 윤리적인 죄만 죄가 아닙니다.

가장 무서운 죄는 예수님을 마음에 영접하고도 예수님이 왕이심을 거부하는 것입니다. 그 죄가 예수님이 역사하시지 못하게 막는 어처구니 없는 일을 저지르는 것입니다. 그러므로 우리가 예수님을 왕으로 모시고 산다는 사실을 소홀히 여기면 큰일입니다.

예수 나의 왕 되시는 역사

여러분은 언제 예수님을 왕으로 마음에 영접하셨습니까? 분명한 기억이 없는 분들도 계실 것입니다. 그렇다면 그것은 예수님이 라오디게아교회 교인들의 마음 문 밖에 서서 문을 두드리고 계신 상황과 똑같은 상태입니다. 예수님을 마음에 왕으로 영접한 사람은 그렇게 했던 분명한 시간이 있습니다. 나도 모르게 어느 순간 예수님이 갑자기 왕으로 임하는 경우는 없습니다. 그런 왕은 없습니다. 여러분이 정말 "예수님, 예수님이 나의 왕이십니다. 완전한 나의 순종의 대상이십니다. 내게 명령하시는 분입니다"라고 기쁨으로 고백할 때만 예수님은 우리 마음을 차지하시고 우리 안에 왕으로 오십니다.

예수님을 왕으로 영접한 분명한 시간이 있었다고 생각하시는 분들도 한 번 더 점검해보시기를 바랍니다. 예수님이 여러분의 마음에 왕으로 오시도록 의지적으로 영접하는 것도 중요하지만, 예수님을 그렇게 영접했다면 예수님에게 완전히 순종하는 삶을 살아야 합니다. 이것이 진짜 마음을 연 것입니다.

아주 작은 것부터 예수님이 말씀하시면 순종하는 것입니다. 제주도에서 중국 교회 지도자들과 모임을 가진 적이 있습니다. 새벽에 알람이 울렸지만 새벽기도에 나가기가 너무 힘들었습니다. 저녁에 성령집회도 예정되어 있어서 쉬려고 했지만, 예수님은 새벽기도에 가라고 말씀하셨습니다. 저는 벌떡 일어날 수밖에 없었습니다.

이처럼 작은 일부터 순종하며 살기 시작해야 합니다. 처음부터 완벽하게 예수님을 왕으로 모시는 순종의 삶이 살아지는 사람은 없습니다. 어느 순간 예수님의 뜻이라고 깨달아졌을 때 바로 순종해야 합니다. 기도하라면 기도하고, 성경 보라면 성경 보고, 찾아가라면 찾아가고, 회개하라면 회개하고, 사랑한다고 고백하라면 사랑한다고 고백하고, 헌금하라면 헌금하고, 도와주라면 도와주어야 합니다. 예수님의 왕 되심은 그렇게 세워지는 것입니다. 그때부터 삶 속에 예수님이 왕 되시는 역사가 나타나기 시작합니다.

예수님의 생명으로 사는 그리스도인

사도 바울은 자신의 삶을 가리켜 자기 몸을 쳐서 복종하게 하는 삶이라고 했습니다.

내가 내 몸을 쳐 복종하게 함은 내가 남에게 전파한 후에 자신이

도리어 버림을 당할까 두려워함이로다 고전 9:27

예수님이 구주이시기만 하다면 이런 고백은 필요 없습니다. 예수님은 나를 사랑하시고, 나를 용서하시고, 나를 받아주시고, 내 기도에 응답하시고, 나의 좋은 아버지가 되시니까 사도 바울이 말한 내 몸을 쳐서 복종한다는 말은 의미가 없어집니다. 그런데 예수님이 통치자이고 왕이시면 달라집니다.

사도 바울은 골로새서 3장 4절에서 '우리 생명이신 그리스도'라는 표현을 썼습니다. 예수를 믿은 사람은 생명이 바뀌었다는 뜻입니다. 이전에는 '유기성'이라는 생명을 가지고 있었는데, 예수님을 영접하니까 유기성이라는 생명은 죽고 '그리스도'의 생명이 되었다는 것입니다. 이처럼 그리스도인은 생명이 바뀐 사람입니다. 왕이신 예수 그리스도로 살아가게 되는 것입니다.

사도 바울이 갈라디아서 2장 20절에서 "내가 그리스도와 함께 십자가에 못 박혔나니 그런즉 이제는 내가 사는 것이 아니요"라고 고백한 다음 "오직 내 안에 그리스도께서 사시는 것이라"라고 했습니다. 생명이 바뀐 사람은 예수님이 자신의 왕이십니다. 그러니까 예수님의 왕 되심이 분명하지 않은 사람은 절대로 예수님의 생명으로 사는 것이 아닙니다.

형제들아 내가 그리스도 예수 우리 주 안에서 가진 바 너희에 대

한 나의 자랑을 두고 단언하노니 나는 날마다 죽노라 고전 15:31

이것이 주 예수님을 왕으로 모시고 사는 삶입니다. 예수님의 생명으로 살 때 마귀는 더 이상 우리를 유혹하여 넘어뜨릴 수 없습니다. 우리 마음을 기웃거릴 수는 있어도 왕이신 예수님이 계신 것을 보고 혼비백산하여 도망할 것입니다.

하나님께로부터 난 자는 다 범죄하지 아니하는 줄을 우리가 아노라 하나님께로부터 나신 자가 그를 지키시매 악한 자가 그를 만지지도 못하느니라 요일 5:18

잊지 말아야 합니다. 마귀가 건드리지도 못하는 사람은 예수님이 나의 왕이심을 분명하게 고백하고 그렇게 사는 사람입니다. 예수님께 마음을 열고 철저히 복종하는 사람입니다. 그저 교회만 다니는 믿음으로는 마귀의 종노릇만 할 뿐입니다. 마귀가 마음을 다 뒤집어놓습니다. 예수님의 왕 되심이 분명하지 않으니까 그런 문제가 생기는 것입니다.

왕을 모신 성도의 순종

아브라함이 아들 이삭을 데리고 모리아 산에 올라가 이삭에게 말합니다.

"내가 너를 사랑하는 줄을 네가 아느냐?"

이삭이 대답합니다.

"예, 제가 압니다."

아브라함이 다시 말합니다.

"내가 너를 얼마나 사랑하는 것 같으냐?"

이삭은 "할 수만 있으면 아버지는 저를 위해 목숨도 희생하실 수 있다고 믿습니다"라고 대답합니다.

아브라함은 다시 "그렇다. 나는 너를 위해서라면 목숨도 아깝지 않다. 그러니 내가 너에게 무엇을 하든지 너를 사랑하기 때문에 하는 것이라고 믿을 수 있겠느냐?"라고 묻습니다. 이삭이 믿는다고 대답하자 아브라함은 제단 위에 누우라고 합니다. 이삭이 순종하여 제단에 누웠습니다. 아브라함이 칼을 높이 들고 내리치는 순간에도 이삭은 가만히 있었습니다. 여기에 나타난 이삭의 순종이 바로 왕을 모신 성도의 순종입니다. 이런 믿음을 가지면 반드시 주님이 역사하십니다.

우리가 예수님을 믿는다는 것은 예수님의 십자가의 은혜로 구원받았고, 하나님의 말할 수 없는 사랑을 받았고, 우리가 아무리 죄인이라도 하나님이 다 용서하시고, 은혜로 우리를 덮어주시는 것도 있지만, 예수님이 '나의 완전한 순종의 대상'이 되신다는 것을 절대 놓쳐서는 안 됩니다. 예수님이 무엇을 명령하시든 완전한 순종이 필요합니다. 심지어 죽으라고 해도 예수님의 뜻이 분명하다면 그것이 가장 좋은 길임을 믿고 나아가야 합니다.

제가 아는 어느 전도사가 다니던 신학교에서 한 학기 유급이 되었습니다. 그것은 그 전도사가 자청한 일이었습니다. 그는 교회 행사를 핑계로 채플 시간에 한 번 빠진 적이 있었고, 그것을 솔직히 털어놓은 것입니다. 이미 학사 처리가 다 끝난 상태였기 때문에 학교에서는 오히려 난감해했지만, 그 전도사는 복잡한 결재를 다시 받아가며 스스로 한 학기를 유급시켰습니다. 나중에 거짓말하지 말라고 어떻게 설교하겠느냐는 것입니다. 또한 교단에서 진급 중이던 목사님이 성경 시험을 볼 때 커닝했다고 자진하여 고백하고, 1년 유급을 한 경우도 있었습니다. 그래서 그 일로 교회를 사임하고 맨손으로 개척을 해야 했습니다. 그러나 하나님은 명령에 순종한 목사님과 그 교회에 함께하심을 모든 사람이 알도록 하셨습니다.

너는 목사이기 때문이다!

교회 봉사를 하다가 심장마비로 갑자기 세상을 떠난 권사님이 계십니다. 목사님도 교인들도 당황스럽고, 가족들까지 큰 충격을 받았습니다. 그런데 그 권사님의 아들이 계속 돈을 요구했습니다. 목사님이 얼마나 시달림을 당했는지 모릅니다. 집으로 찾아와 가족을 해치겠다는 협박까지 받았습니다. 그 후 목사님은 교회에 누가 찾아오면 반가운 것이 아니라 두려웠다고 했습니다.

그러다가 하루는 그 형제가 만나자고 했습니다. 해코지를 당하는 것이 아닐까 불안했지만 형제는 돈을 요구하지 않았고 대신 "제가 2년 후에 멋지게 변한 모습으로 찾아오겠습니다. 그런데 혹시 그 전에 너무 힘들어서 손을 내밀면 외면하지 말고 도와주세요"라고 말했습니다. 그 순간 목사님은 눈물이 쏟아졌습니다. 미안하고 부끄러운 마음이 들었기 때문입니다.

목사님이 그 형제를 만나기 전에 기도할 때 주님은 먼저 말씀하셨습니다.

"만약에 누군가 네게 칼을 겨눈다면 너는 등을 내밀어줄 줄 알아야 하고, 칼로 찌르려고 한다면 그 손을 잡아야 한다."

그때 얼마나 울었는지 모른다고 하셨습니다.

"가족을 위협하는 사람에게 제 등을 보여주라니요. 또 왜 제가 그 손을 잡아야 하나요?"

그러자 주님이 말씀하셨습니다.

"너는 목사이기 때문이다."

목사님은 그 말씀을 붙들고 한참을 울다가 "주님, 제가 그런 종이 되겠습니다"라고 고백했습니다. 그 마음으로 그 형제를 만나기로 결심했던 것입니다.

예수 나의 왕이 되시기를 사모하라

예수님이 마음에 왕으로 오시면 솔직히 불편합니다. 예수님을 왕으로 모시고 산다는 것은 간단한 문제가 아닙니다. 일을 해도, 밥을 먹어도, 잠을 자도, 공부를 해도, 왕이신 예수님을 모시고 하는 것입니다. 교회에 가도, 집에 가도, 직장에 가도, 왕을 모시고 가는 것입니다. 우리는 왕의 수행 비서이고 신하입니다.

예수님은 우리를 도와주려고, 위로하려고, 우리의 기도를 이루어주려고 오신 분이 아닙니다. 예수님은 우리의 왕으로 오셨습니다. 우리에게 지시하고 명령해서 우리가 하나님의 영광을 위해 살도록 오신 것입니다.

예수님을 왕으로 모시고 살면 두려운 일이 없어집니다. 예수님을 왕으로 분명하게 믿지 못하니까 두려운 것입니다. 예수님의 왕 되심이 분명하지 않으니까 염려가 오고, 이런저런 일이 시험이 되는 것입니다. 예수님이 왕이 되지 못하시니까 아무것도 아닌 것도 유혹이 되는 것입니다.

예수님이 항상 함께 계시는 것이 우리 인생의 완전한 답입니다.

내가 너희에게 분부한 모든 것을 가르쳐 지키게 하라 볼지어다 내가 세상 끝날까지 너희와 항상 함께 있으리라 하시니라

마 28:20

예수님이 우리와 항상 함께 계신다는 것은 우리가 무슨 일을 하든지 그냥 따라다니겠다는 것이 아닙니다. 우리를 직접 이끄시겠다는 것입니다. 예수님께서 우리에게 명령하실 때가 우리에게 가장 유익하고 현명한 순간입니다. 예수님이 말씀하셨다면 감당할 능력도 함께 주시기 때문입니다.

주께서 내 곁에 서서 나에게 힘을 주심은 나로 말미암아 선포된 말씀이 온전히 전파되어 모든 이방인이 듣게 하려 하심이니 내가 사자의 입에서 건짐을 받았느니라 딤후 4:17

이 말씀은 우리에게 예수님의 왕 되심이 분명할 때 경험할 수 있습니다. 예수님이 자신의 왕이 되시는 것은 두려워할 일이 아니라 사모할 일입니다.

끝까지 함께해줄 친구

우리는 일상생활 속에서 주님이 왕 되신 훈련을 해야 합니다. 그렇지 않으면 고난의 순간, 왕을 모시고 사는 종에 합당한 처신을 할 수 없습니다.

어떤 사람에게 친구가 셋이 있는데, 한 명은 정말 친한 친구이고, 다른 한 명은 그냥 좋아하는 친구, 나머지 한 명은 조금 서먹한 친구입니다. 한번은 어려운 일이 생겨서 재판을 받으러 가야 했습니다. 친구들에게 같이 가서 나를 위해 변호해달라고 하자 '정말 친한 친구'는 법정까지도 못 가겠다고 합니다. 그래서 '좋아하는 친구'에게 갔더니 법정 앞에까지는 가주겠는데 법정 안까지 들어갈 수는 없다고 합니다. 결국 '서먹하게 지내던 친구'에게 이야기하자 놀랍게도 끝까지 변호해줄 테니까 걱정하지 말라는 것입니다.

여기서 말한 가장 친한 친구는 '재물'입니다. 우리가 하루에도 몇 번씩 만지고 쓰고 닦고 확인하는 정말 친한 친구이지만, 하나님 앞에 갈 때는 아무 힘이 없습니다. 좋아하는 친구는 '명예'입니다. 사람들로부터 인정을 받고, 괜찮은 사람이라는 평가도 받게 해주는 명예 역시 하나님 앞에 갈 때는 법정 앞까지만 갈 수 있습니다.

그런데 조금 서먹한 친구, 평소에는 보지 않다가 급할 때나 찾고, 마치 각방을 쓰듯 만나지도 못하고 지내는 친구가 하나님 앞 심판 자리에 갈 때는 끝까지 함께해주시고, 도와주고, 구원해주고, 영원한 하나님나라까지 동행해줍니다. 그분이 바로 '예수님'이십니다. 정말 중요한 순간에 재물이나 명예는 우리와 끝까지 함께하지 않습니다. 우리와 끝까지 함께해줄 친구는 주님밖에 없습니다.

실낱같은 은혜부터 반응하라

예수님이 왕 되시는 삶을 살기를 원한다면 예수님을 왕으로 영접하면 됩니다. 진심으로 "주님, 제 안에 왕으로 임하소서"라고 고백하고, 주변 모든 사람이 내가 예수님을 영접했다는 것을 알게 하는 것입니다. 여러분 안에 오신 왕의 목소리에 귀를 기울여보기 바랍니다. 말을 하거나 행동할 때, 심지어 감정과 생각조차 왕이신 주님의 다스림을 받아보기를 바랍니다.

어떤 분은 예수님이 왕이라는 실감이 잘 안 난다고 합니다. 예수님이 자기 안에 계신 것을 믿기는 하지만, 자기 안에 예수님이 너무 작아 보여 예수님을 왕으로 모시고 살기가 어렵다는 것입니다. 그런데 그것은 우리가 영적으로 성숙하지 못해서 그런 것입니다. 예수님이 왕이 되신 것은 너무 분명합니다. 우리는 자신이 얼마나 놀랍게 변화되었는지를 잘 모르고 있습니다. 비록 여전히 흔들리고 부끄러워도 우리 안에는 이미 어느 것과도 비교할 수 없이 값지고 귀한 예수님이 계신 것을 압니다.

예수님의 은혜가 아주 작게 여겨질 때는 작은 대로 붙잡으면 됩니다. 예수님의 은혜가 작은 것이 아니라 아직 영적인 눈이 제대로 뜨이지 않았기 때문에 작게 여겨지는 것뿐입니다. 예수님의 음성이 내게 작게 들릴 수도 있습니다. 그렇지만 예수님은 크고 분명하게 말씀하십니다. 주님께 귀 기울이지 않으며 살았기에 작게 들릴 뿐입니다. 계속 예수님께 순종하고, 순종하고, 순종하면 실낱

같은 은혜가 샘물 같은 은혜로, 생수의 강 같은 은혜로 바뀌게 됩니다. 그때부터 예수님이 부흥을 부어주실 것입니다.

저는 생수의 강이 흘러나오는 것 같은 설교를 언제쯤 해볼 수 있을까 하고 낙심해 있었습니다. 그런데 주님께서 깨닫게 하시기를, 주님께서 실낱같은 은혜를 주실 때 주님이 주신 은혜를 귀하게 여기고 주신 말씀에 충실하기보다, 교인들에게 인정받고자 하는 헛된 욕심으로 여러 책이나 설교집이나 다른 설교자에게서 들은 말씀을 섞어서 설교했기 때문이라고 하셨습니다. 주신 말씀은 5분짜리 설교인데, 저는 30분도 하고 한 시간도 설교했습니다. 저는 그것이 설교를 열심히 준비하는 것이라고 생각했습니다. 그러나 그렇게 함으로써 주님이 저를 통해 생수의 강처럼 말씀하실 수 없는 자가 되어 가고 있었다는 것을 몰랐습니다.

주님께서 실낱같이 역사하신다면 설교자는 실낱같아 보이는 은혜에만 반응해야 하는 것입니다. 그다음에는 샘물처럼, 그다음에는 강처럼 주님이 역사해주실 것입니다. 우리 안에 왕이신 주님이 임하셨습니다. 그 주님의 역사가 실낱같으면 그대로 감사하고 소중히 여겨야 합니다. 목사만이 아니라 모든 그리스도인이 그렇게 해야 합니다.

오늘부터 기도할 때 "예수님, 제 삶 속에 왕이 되어주옵소서. 지금은 제가 아직 영적으로 무디고, 영적인 눈이 뜨이지도 않고, 예수님이 함께 계신 것 자체를 순간순간 잊어버릴 때가 많지만, 한 걸음 한 걸음씩 예수님께 순종의 걸음으로 나가보겠습니다"라고 고백하시길 바랍니다.

오늘 했다고 내일 결과가 나타나지는 않습니다. 한 달을 살아보고, 1년을 살아보고, 3년을 살아보면 비로소 예수님을 믿고 인생이 바뀌었다는 간증의 삶이 무엇인지 알게 됩니다. 예수님과의 친밀함 속에서 살았던 시간은 정말 황홀할 것입니다. 우리에게 지금 정말 중요한 것은 예수님과의 친밀함을 향하여 나아가는 것입니다. 예수님이 나의 왕이신 것을 분명히 하고 살고, 예수님의 명령을 기다리며 그 명령에 순종하며 사시기를 바랍니다.

prayer for revival

1. 마음에 왕이 계심을 명심하고 살게 하소서. 주님 앞에 갈 때까지 그렇게 살게 하소서.

2. 작은 일에서부터 순종의 걸음을 걷다가 주님 앞에 서게 하소서. 주님과의 관계가 계속해서 깊어지는 역사를 주소서.

3. 왕이신 주여, 제가 완전한 순종으로 주님께 듣겠습니다. 제게 말씀하소서. 명령하소서. 지시하소서. 인도하소서. 예수님이 왕 되시는 삶을 시작하게 하소서.

예수님 한 분으로 충분합니다

여러분을 행복하게 하는 것은 무엇입니까? 여전히 돈이나 성공, 사람에게서 행복을 찾고 있습니까? 다른 것은 다 필요 없고 예수님 한 분이면 충분하다고 말할 수 있겠습니까? 예수님 한 분이면 충분하다는 고백이 나오지 않는다면 심각한 문제입니다. 그리스도인의 행복은 오직 예수님으로부터 오는 것입니다. 예수님 한 분이면 충분하다는 확신이 생겨야 합니다. 그것을 위해 간절히 기도하여야 합니다.

두 가지 악

한번은 목사님들의 모임에 강의를 하러 갔다가 개회 예배 설교를 하신 목사님께서 예레미야서 2장 13절을 본문으로 설교하는 것을 듣고 큰 은혜를 받았습니다.

> 내 백성이 두 가지 악을 행하였나니 곧 그들이 생수의 근원 되는 나를 버린 것과 스스로 웅덩이를 판 것인데 그것은 그 물을 가두지 못할 터진 웅덩이들이니라 렘 2:13

그 목사님은 그리스도인들만이 아니라 많은 목회자도 생수의 근원이신 예수님을 버리고, 절대로 우리를 만족하게 해줄 수 없는 터진 웅덩이를 파고 있다고 했습니다. 터진 웅덩이는 물이 담기지 않는 웅덩이입니다. 웅덩이가 터져 있으니 물이 담길 수 없는 것입니다. 이처럼 많은 목회자가 물도 담을 수 없는 웅덩이를 파느라 생고생을 하고 있다는 것입니다. 그 말씀을 듣는데 성령께서 저에게 이 문제를 가지고 성도들과 목회자들과 중국 교회와 일본 교회와 세계 열방을 일깨우라는 감동을 주셨습니다. 너무나 강하게 주신 음성이었습니다.

우리에게 두 가지 죄가 있습니다. 하나는 생수의 근원이신 예수님을 버리고 터진 웅덩이를 파고 있는 것입니다. 이것이 우리가 겪는 모든 문제의 결정적인 원인입니다. 그런데도 자기가 생수의 근원이신 예수님을 버린 줄을 모릅니다. 교회를 열심히 다니며 예배도 드리고, 헌금도 하고, 기도도 하니까 자신이 예수님을 버렸다는 생각을 하지 못하는 것입니다. 이것이 율법주의적인 종교생활입니다. 자신이 그런 상태인지 아닌지 하나만 점검해보면 알 수 있습니다. "예수님만으로 만족하는가?"라는 질문에 그렇다고 대답하지 못하겠다면 생수의 근원이신 예수님을 버리고 터진 웅덩이를 파고 있는 것입니다. 예수님이 생수의 근원이시니 당연히 예수님 한 분이면 충분해야 합니다.

예수님을 버리고 터진 웅덩이만 파는 삶

여러분 자신을 하나님 앞에서 정직하게 돌아보시기 바랍니다. 그렇지 않으면 죽어 하나님 앞에 가서야 진짜 모습을 보게 됩니다. 그것은 정말 끔찍한 일이고 가슴을 치며 통곡할 일이 될 것입니다. 평생 예수님을 믿는다고 하면서 열심히 교회는 다녔는데, 사실은 생수의 근원이신 예수님을 버리고 터진 웅덩이만 파고 살았음을 깨닫게 된다면 어떤 심정이겠습니까?

세상에서는 오랜 경력이 귀하게 인정받습니다. 운동선수도, 배우도, 사업도 다 경험과 경륜이 중요합니다. 그러나 신앙인은 다른 것 같습니다. 흔히 "모태신앙입니다"라고 하면 '어이쿠, 미꾸라지겠구나', '아무것도 못하겠구나'라고 생각합니다. "예수 믿은 지 30년 되었습니다"라고 하면 '어이쿠, 차돌같이 단단하겠구나!', '껍데기만 남았겠구나!' 합니다. 지금까지 경험한 모태신앙인 대부분이 그런 모습이었습니다. 왜 그렇습니까? 예수님을 오래 믿었는데 영적으로는 더 메마르고 더 굳어지는 이유는 생수의 근원이신 예수님을 버리고 터진 웅덩이만 파고 살았기 때문입니다. 예수님을 믿었던 것이 아니라 종교생활만 했던 것입니다.

은퇴하신 홍정길 목사님께서 탄식하셨습니다.

"예수님을 믿기만 하면 이 땅에 천국이 올 줄 알았다. 그래서 목숨 걸고 민족복음화에 매달렸다. 천만 성도를 달라 했고, 이 나라 5만9천 마을에 교회를 세워달라고 간구했다. 보이지도 않던 서쪽 대륙 중국을 위해서도 기도했다. 그런데 마침내 이것이 이루어졌다. 천만 성도가 넘고, 마을마다 교회가 섰고, 중국도 마음대로 다닐 수 있게 됐다. 그래도 교인들의 삶과 목회자들의 삶은 바뀌지 않았다. 그러면서 생각했다. '아, 예수 믿는 것만 가지고는 안 되는구나. 하나님의 말씀을 배워야겠다.' 그래서 제자훈련을 참 열심히도 했다. 하지만 마찬가지였다. 성도들의 삶에 엄청난 지식이 쌓여갔지만 삶은 그대로였다."

기독교인이 많아지고, 교회도 많고, 제자훈련도 열심히 하는데 왜 삶이 변하지 않습니까? 생수의 근원이신 예수님을 버리고, 터진 웅덩이만 파면서 살고 있기 때문입니다.

가족을 잘못 만나서 불행한 것 같다고 생각하신 분이 있습니까? 그렇다면 생수의 근원이신 예수님을 버린 상태입니다. 생수의 근원이신 예수님을 진짜 만났고 붙잡았다면 절대로 그런 생각을 할 리가 없습니다. 어느 순간 생수의 근원이신 예수님은 버리고 가족에게서 행복을 구하는 것이 곧 터진 웅덩이를 파는 것입니다. 많은 목회자를 만나보면 목회에서 좌절을 느끼고 있습니다. 이 역시 생수의 근원이신 예수님을 버리고 교인이나 교회 성장에서 만족을 얻으려는 터진 웅덩이를 파며 살았다는 증거입니다.

나를 믿는 자, 내게로 와서 마시라

> 나를 믿는 자는 성경에 이름과 같이 그 배에서 생수의 강이 흘러나오리라 하시니 요 7:38

이 말씀은 저의 평생의 요절이고 기도 제목입니다. 그러나 그것이 어떻게 이루어지는지 정확히 알지 못하였습니다. 엄청나고 놀라운 성령 체험을 하면 이루어지지 않을까 생각해서 강한 성령의 체험이 있기를 갈망했습니다. 그러나 주님은 배에서 생수의 강이 흘러나오는 사람이 되는 조건에 대하여 너무나 분명하고 간단하게 말씀하셨습니다. '나를 믿는 자', 곧 그저 예수님을 믿으면 그렇게 된다는 것입니다.

저는 당황스러웠습니다. 만약 어려운 조건을 말씀하셨다면 그렇게 하면 되겠다고 생각했을 텐데, 나는 예수님을 믿고 있는데도 생수의 강이 흘러나오지 않으니까 무엇이 문제인지 짐작하기 어려웠습니다. 그런데 바로 전 구절을 읽고 나서야 해결 방법을 알았습니다.

> 명절 끝날 곧 큰 날에 예수께서 서서 외쳐 이르시되 누구든지 목마르거든 내게로 와서 마시라 요 7:37

심령에 목이 마른 사람, 만족이 없는 사람, 삶이 너무 힘든 사람, 기쁨이 없는 사람, 행복하지 않은 사람은 다 목마른 자입니다. 그런 사람에게 예수님은 "와서 마시라"고 말씀하십니다. 예수님이 기쁨을 주시고, 만족함을 주시고, 문제를 해결해주겠다는 것입니다. 그저 예수님께 가기만 하면 됩니다.

수가 성 사마리아 여인이 그렇고 세리장 삭개오가 그랬습니다. 그들은 목마른 사람들이었습니다. 그들은 예수님을 만난 것밖에 없는데, 사람이 달라지고 인생이 바뀌었습니다. 예수님을 만나고, 예수님의 말씀을 듣고, 목마름이 해결되고, 그 속에서 생수의 강이 흘러나오게 되었습니다.

그러면 우리도 예수님을 믿었는데, 우리는 왜 여전히 목마릅니까? 우리에게 생수의 강이 터지는 역사가 일어나지 않는 이유가 무엇입니까? 예수님께로 나아가지 않았기 때문입니다. 생수의 근원이신 예수님을 바라보지 않고 있는 것입니다.

우리의 관심은 온통 돈이나 성공이나 기도 응답입니다. 가족, 건강, 직장 등 다른 여러 가지가 관심일 수 있습니다. 그래서 문제인 것입니다. 우리는 다른 어떤 것이 아니라 오직 주님만 구해야 합니다. 우리가 원하는 것은 딱 한 분이어야 합니다. 바로 예수 그리스도이십니다. 오직 예수님만 갈망하는 마음이 중요합니다.

예수님 그분이 보상의 전부이다

우리는 전도할 때 예수님을 믿으면 온갖 좋은 일이 생긴다고 말해주고 싶어합니다. "예수 믿으면 복을 받습니다. 예수 믿으면 당신의 문제가 해결됩니다. 예수 믿으면 가정이 천국처럼 변합니다. 예수 믿으면 당신의 삶이 부유하게 될 것입니다"라고 말합니다. 그러나 이제는 솔직해야 합니다. 예수님을 믿고 삶이 더 어려워지고 더 혼란스러워질 수도 있습니다.

예수님을 믿고 가정에 분란이 생기고, 직장에서 고초를 겪고, 인간관계도 깨지는 일이 생길 수 있음을 인정해야 합니다. 세례 요한은 예수님 때문에 참수형을 당했습니다. 예레미야는 사람들로부터 조롱을 받고 태어난 것을 후회하기도 했습니다. 모세는 약속의 땅을 눈앞에 두고 들어가보지도 못하고 죽었습니다. 다윗은 피를 많이 흘려가며 전쟁을 치러서 하나님의 성전을 짓지 못했습니다. 예수님의 어머니 마리아는 평생 비통함으로 가득한 인생을 살았습니다.

그런데 예수님을 믿으면 모든 일이 잘된다고 말할 수 있습니까? 그렇다면 이렇게 힘든데 왜 예수를 믿는 것입니까? 핍박도 당하고, 고난의 길도 걸어야 하고, 십자가의 길을 따라가야 하는데 왜 예수님을 믿느냐는 말입니다. 예수님을 믿을 때 주어지는 진정한 보상이 무엇입니까? '예수님' 그분입니다. 예수님 그분이 예수 믿는 보상의 전부입니다. 예수님이 좋고 예수님만으로 행복하기 때문입니다. 그러므로 예수님이 함께하시는 것으로 만족한 것은 말할 수 없는 은혜입니다.

예수님을 믿어서 건강하고, 일이 잘 풀리고, 가족이 구원받고, 가정이 화목하게 되는 것에 초점을 두면 안 됩니다. 거기에 초점을 두면 "그럼 왜 우리 가족은 아직도 구원받지 못하고 있습니까?"라고 하나님께 원망이 가득해집니다. 그런 분은 예수님을 믿은 것이 아니고, 가족이 구원받는 것을 믿은 것입니다. 가족이 다 구원받기 전까지는 만족도 기쁨도 없습니다. 이처럼 불평과 짜증으로 살게 되면 가족이 더욱 구원받지 못하게 됩니다. 예수님을 믿는다고 하는데 행복하지 않고 불행해 보이는데, 누가 예수를 믿겠습니까.

예수님이 목적인 것과 예수님을 믿고 받을 복이 목적인 것은 너무나 큰 차이가 있습니다. 예수님만 원하고, 예수님만 만나고 싶고, 예수님 안에만 거하고 싶고, 예수님으로만 살고 싶을 뿐이면 어떤 어려움이 와도 상관없습니다. 사도 바울처럼 모든 것을 잃어버리고 배설물로 여겨서 버릴 수 있습니다. 그런 사람이 목마르지 않으며 생수의 강이 흐르는 사람입니다.

그저 예수님이 좋아서

언제나 함께하시는 주님을 바라보는 눈이 뜨이면 환경과 형편에 마음이 흔들리지 않게 됩니다. 저는 축구장이나 야구장을 돈을 내고 가본 적이 없습니다. 혹 같이 가는 사람이 너무 좋거나, 누군가 공짜로 표를 주거나, 시간도 넉넉하고, 가는 길이 막히지 않고, 주차장도 여유롭다면 한 번쯤 구경삼아 가볼 수도 있을지 모르겠습니다.

그런데 축구나 야구를 좋아하는 극성팬은 다릅니다. 그들은 비싼 표를 직접 사서 혼자라도 가고, 길이 막혀도 가고, 경기장에서 멀리 떨어진 곳에 주차를 해야 한다고 해도 가고, 좋은 자리가 아니라도 가고, 응원하는 팀의 성적이 나빠도 빠지지 않고 가서 응원합니다. 진짜 좋아하는 것은 바로 이런 것입니다.

교회에 나오는 사람들도 마찬가지입니다. 설교가 좋아야 하고, 찬양이 좋아야 하고, 교육관이 좋아야 하고, 주차 공간이 넉넉해야 하고, 예배 시간이 너무 길지 않아야 교회에 나와주는 이들이 있습니다. 반면에 마이크도 영상도 없이, 몇 시간씩 예배드리고, 예배드리면 온갖 불이익과 고난을 당하는데도 예수님께 예배하는 것을 특권으로 여기는 이들도 있습니다. 그저 예수님이 좋은 것입니다. 이런 사람이 생수의 근원인 예수님을 붙잡은 사람입니다. 예수님만으로 만족한 사람입니다.

준비하셔야 합니다. 어느 순간 좋은 시설이 없는 데서 예배드려야 할지도 모릅니다. 예수 믿고 교회 다닌다고 하면 사람들로부터 핍박을 당하고, 돌에 맞고, 감옥에 끌려가게 되는 상황이 올 수도 있습니다. 그때도 열심히 교회에 나오실 겁니까? 예수님을 정말 만나면 그렇게 될 수 있습니다. 그런데 예수님이 아니고, 예수 믿으면 좋은 일이 생긴다고 해서 교회에 다닌 사람은 다 떠납니다. 예수님도 모르고 교회만 다녔을 뿐입니다.

우리에게 필요한 것은 예수님 그분입니다. 정말 나의 목마름을 완전히 해결해주고, 내 배에서 생수의 강이 흘러넘치게 해주실 수 있는 분은 예수님 그분이십니다. 예수님 그분을 만나고 싶고, 예수님께 나아가기를 원한다면 누구든지 은혜를 받을 수 있습니다. 누구든지 목마르거든 와서 마시라고 하셨으니 그렇게 되기를 축복합니다.

권능의 통로가 열리는 비밀

그러나 생수의 강이 흘러나오는 삶을 위해서는 한 가지 조건이 더 필요합니다. 《프랭크 루박의 권능의 통로》(규장)라는 책에 보면 우리 영혼에는 두 개의 문이 있다고 했습니다. 하나는 하나님을 향해 열린 문이고, 다른 하나는 사람을 향해 열린 문입니다. 우리에게 생수의 강이 흐른다는 것은 바로 이 두 문이 활짝 열린다는 말입니다. 그때 우리가 하나님의 은혜의 통로, 축복의 통로, 권능의 통로가 되는 것입니다. 정말 놀라운 통찰력이었습니다.

예수님은 우리 안에 임하셨습니다. 우리가 엄청난 은혜를 받은 것입니다. 예수님은 생수의 근원이시니까 당연히 우리를 통해서 생수의 강이 흘러나오게 됩니다. 예수님을 영접한 사람은 다 그렇게 되어 있습니다. 그런데 실제로 그 생수의 강이 흘러가지 않습니다. 무엇이 문제입니까? 프랭크 루박 선교사는 사람을 향한 문이 열리지 않았기 때문이라고 말합니다.

우리가 하나님으로부터 받는 은혜에는 부족함이 없습니다. 아무리 힘들다 어렵다 하여도 지금이 인류 역사상 하나님께서 가장 많은 은혜를 부어주시는 시대입니다. 그런데 생수의 강이 흘러나오는 역사는 이전보다 훨씬 못합니다. 그 이유를 점검해봐야 합니다. 우리는 생수의 근원이신 예수님을 기도의 제목으로 여기지, 진짜 원하는 것은 예수님이 아닙니다. 우리가 원하는 것은 세상 축복이고 기도의 응답이며 원하는 일에 성공하는 것입니다. 이 마음이 바뀌어야 합니다. 다른 어떤 것도 원하지 않고 예수님 한 분이면 충분하다는 믿음을 분명히 가져야 합니다. 그리고 사람을 향하여 마음의 문을 열어야 합니다. 그럴 때 은혜는 우리 안에서 흘러넘치게 됩니다. 주님을 갈망하면서도 생수의 강이 흘러넘치는 삶을 살지 못하는 이유는 마음이 주님께만 열렸지 사람에게 열려 있지 않기 때문입니다.

주라, 흘려보내라

'밑 빠진 독에 물 붓기'라는 말이 있습니다. 그것이 생수의 강이 흘러나오는 성도를 가리키는 정확한 표현입니다. 우리는 물을 저장하는 독이 아니라 물이 흘러가는 파이프가 되기를 원해야 합니다. 그러려면 우리는 은혜의 종착역이 되지 말고 은혜의 통로가 되어야 합니다. 그래서 예수님께서 "주라"고 말씀하신 것입니다. "주면 넘치도록 받을 것이다"라고 하셨습니다.

> 주라 그리하면 너희에게 줄 것이니 곧 후히 되어 누르고 흔들어 넘치도록 하여 너희에게 안겨 주리라 눅 6:38

"누르고 흔들어 넘치도록 하여 안겨주리라"라고 말씀하시는 주님의 마음은 너무나 간절하십니다. 주님께서 그렇게 하실 수 있도록 살기만 하면 됩니다. 그것이 "주라"입니다. 예수님은 부족함 없이 우리에게 은혜를 부어주고 계십니다. 이제 나눠주어야 합니다. 생수의 강이 하나님으로부터 사람들에게 흘러가도록 사람들에게 마음을 열어야 합니다.

어느 날 맥추감사주일을 지키면서 말씀을 준비하다가 감사절 헌금은 우리 교회의 일반 재정으로 쓸 것이 아니고 어려운 사람들을 위해서 써야 한다는 마음을 받았습니다. 그 순간 제 마음에 '감사절 헌금은 교회 재정상 수입 예산을 달성하는데 아주 중요한 비중을 차지하는데, 어려운 사람에게 나누어주면 교회 재정은 어떻게 충당하지?'라는 고민이 생겼습니다. 하지만 믿음의 실험을 해봐야 할 문제라고 생각했습니다. 하나님이 살아계시고 정말 복을 주시는 분이시라면 하나님이 기뻐하시는 대로 순종한 사람에게 하나님이 역사해주실 것이라고 생각했습니다.

그래서 장로님들에게 맥추감사헌금은 교회를 개척하는 데 쓰고, 추수감사헌금은 재난당한 분들을 위한 구제비로 쓰자고 제안했습니다. 참 감사하게도 장로님들께서 동의해주셨습니다. 그때부터 맥추감사헌금은 교회개척을 위해, 추수감사헌금은 재난구호를 위해 사용했습니다. 그러다보니 재난이 생겼을 때 별도로 헌금을 모으지 않아도 곧바로 달려가서 도울 수 있었고, 여러 분립개척교회를 세웠으며 도서관교회, 식당교회, 지방 내 미자립교회를 도울 수가 있었습니다. 그뿐만 아니라 교회의 재정도 놀랍게 넘치도록 채워져서 아무 문제 없이 교회를 잘 운영할 수 있었습니다.

정말 생수의 강이 흐르는 사람이 되기를 원한다면 사람을 향하여 마음을 열어야 합니다. 하나님의 은혜를 움켜쥐려고만 하지 말고 어떻게 해서든지 흘러보내는 통로가 되어야 합니다.

나누지 않으면 떠날 것입니다

프랭크 루박 선교사님의 책에 보면 어느 여 성도가 성령의 체험을 하면서 여러 해 동안 고통스러웠던 질병에서 치유를 받은 사건이 나옵니다. 여 성도님은 은혜를 받고 황홀했습니다. 진짜 하나님을 만났고, 하나님의 살아계심을 알게 되었고, 하나님이 마음에 임하여 인생이 완전히 달라졌습니다.

그런데 어느 날 마음에 걱정이 하나 생겼습니다. 지금 누리는 말할 수 없는 기쁨, 이전에는 상상하지 못했던 하나님의 은혜가 어느 순간 자신에게서 떠나갈지 모른다는 두려움이 생긴 것입니다. 그래서 프랭크 루박 선교사에게 상담을 했습니다. 프랭크 루박 선교사님은 여 성도님에게 이렇게 주언해주었습니다.

"이 새롭고 놀라운 은혜가 계속해서 당신 안에 충만하기를 원하면 은혜가 반드시 세상으로 흘러나가야 합니다. 은혜를 나누지 않으면 그 은혜는 당신에게서 떠날 것입니다."

은혜를 받으면 할 말이 많아집니다. 그동안 누리지 못했던 놀라운 은혜를 경험하니까 나누고 싶은 말이 많아지는 것입니다. 그런데 다른 사람에게 은혜를 나누는 것이 중요하다는 사실을 명심하지 않으면 어느 순간 말문이 닫히고 그 은혜를 다른 사람과 나누려고 애쓰지 않게 됩니다. 그러면 얼굴빛은 다시 어두워지고 은혜의 감격이 급속도로 사라집니다. 사람을 향한 마음을 닫았기 때문입니다.

여러분 자신은 다른 사람에게 은혜를 나누는 통로 역할을 얼마나 잘하고 사는지 돌아보시기 바랍니다. 계속 은혜를 받으려고만 하고, 다른 사람에게 은혜의 통로가 되지 않고, 다른 사람에게 마음을 열지 않으면 하나님의 은혜는 더 이상 생수의 강처럼 흐르지 않고 사라지고 말 것입니다. 성령께서 역사하지 않으시는 게 아닙니다. 많은 그리스도인들의 이기심 때문에 생수의 강이 흘러나가는 체험을 하지 못하는 것입니다.

우리는 조폭이나 깡패처럼 다른 사람의 것을 빼앗거나 훔치지는 않습니다. 그렇지만 우리 속에 있는 이기적인 마음, 불편한 것을 싫어하는 마음 때문에 다른 사람을 돕지도 않습니다. 다른 사람의 어려움에 관여하지 않습니다. 괜히 신경을 썼다가 부담스러운 일이 생길까봐 피합니다. 이처럼 우리 안에는 교묘한 이기심이 있습니다. 철저히 자기만 생각합니다. 가족, 친척, 직장 동료, 교우조차 자기 이익에 맞추어서 그 사람을 보고, 이기적인 마음으로 대합니다. 남의 것을 빼앗은 것도 아니고, 심각한 죄를 지은 것도 아닙니다. 단지 돕지 않은 것이고 수고스러움을 감당하지 않은 것입니다. 그 결과가 뭔지 아십니까. 본인 자신이 영적으로 완전히 메마른다는 것입니다. 생수의 강이 흐른다는 것을 전혀 경험하지 못하게 됩니다.

어느 부유하고 아름답고 교양있는 여 성도가 병이 들었습니다. 프랭크 루박 선교사는 여 성도를 만나서 이렇게 권면해주었습니다.

"당신의 병은 예수님께 맡겨버리고, 가지고 있는 재산으로 곤경에 처한 어려운 사람들, 가난한 사람들을 도와주세요."

그런데 그녀는 그 말에 짜증을 내며 다시 들으려고 하지 않았습니다. 프랭크 루박은 만일 그녀가 자신의 부를 포기하고 다른 사람들을 생각할 수 있었다면 그녀 자신도 회복되었을 거라고 믿는다고 했습니다. 그녀는 경건한 믿음을 가진 것 같았지만 이기적이어서 한쪽 통로가 막힌 사람이었습니다. 그녀는 하나님께서 자신을 낫게 해주시기를 갈망하면서도, 고통받는 세상에 대해서는 완전히 무관심했습니다.

여러분, 정말 예수님 한 분이면 충분한 믿음을 가지기 원한다면 주님을 향하여 마음이 열려야 하고, 반드시 주위 사람들에게도 마음이 열려야 합니다. 사람은 우리에게 행복을 주는 존재가 아닙니다. 예수님 안에서 누리는 은혜와 행복을 흘려보내야 할 대상입니다. 예수님은 여러분이 할 수 없는 것에 대해서 말씀하시지 않습니다. 당장 가까운 사람들에게 작은 말 한마디라도 먼저 건네고 위로하고 돕기 바랍니다. 그것이 예수님께서 도와야 할 사람이 누구인지, 어떻게 도와야 하는지 가르쳐주기를 기도하는 것보다 훨씬 빠른 방법입니다.

영혼의 문이 두 개 다 열려야 한다!

용서에 있어서도 두 문이 다 열려 있어야 합니다. 우리가 우리에게 죄지은 자를 사하여 준 것같이 예수님이 우리 죄를 사하여주시는 것입니다.

> 우리가 우리에게 죄 지은 자를 사하여 준 것같이 우리 죄를 사하여 주시옵고 마 6:12

기도 또한 양쪽 문이 다 열려야 응답받습니다.

> 구하라 그리하면 너희에게 주실 것이요 찾으라 그리하면 찾아낼 것이요 문을 두드리라 그리하면 너희에게 열릴 것이니 구하는 이마다 받을 것이요 찾는 이는 찾아낼 것이요 두드리는 이에게는 열릴 것이니라 마 7:7-8

하나님 앞에 기도 응답을 받고 싶으면 다른 사람의 요청에 응답해주면 됩니다.

그러므로 무엇이든지 남에게 대접을 받고자 하는 대로 너희도 남을 대접하라 이것이 율법이요 선지자니라 마 7:12

복만 아니라 구원도 양쪽 문이 다 열려야 받습니다.

임금이 대답하여 이르시되 내가 진실로 너희에게 이르노니 너희가 여기 내 형제 중에 지극히 작은 자 하나에게 한 것이 곧 내게 한 것이니라 하시고… 이에 임금이 대답하여 이르시되 내가 진실로 너희에게 이르노니 이 지극히 작은 자 하나에게 하지 아니한 것이 곧 내게 하지 아니한 것이니라 하시리니 마 25:40,45

여러분의 마음은 주님께 열려 있습니까? 그렇다면 다른 사람들을 위하여도 열려 있습니까? 우리 영혼의 문이 두 개 다 열려야 합니다. 주님을 향한 문도 열리고 사람을 향한 문도 열려 있어야 하는 것입니다.

.

활짝 열린 통로가 되라

신앙생활도 나눔이 중요합니다. 예수동행일기 나눔도 매우 중요한 일입니다. 은혜의 통로가 다 열려 있어야 합니다. 어떤 분들은 예수동행일기 나누는 것이 부담스러워서 일기를 안 쓰기도 하고, 또 어떤 분들은 쓰고도 나누지 않습니다. 그런 사람은 영적으로 메마르게 됩니다. 하나님께서 생수의 은혜를 주셨다면 예수동행일기에 기록하고 공동체에게도 나눠보시기 바랍니다. 그러면 은혜가 놀랍게 흘러가는 것을 보게 될 것입니다. 진짜 생수의 강이 흘러가는 역사를 경험하게 됩니다. 사람과 하나님을 향하여 문을 모두 열었기 때문입니다.

제가 매일 예수동행일기 칼럼을 쓰는 것은 쉬운 일이 아닙니다. 한번은 그만둘까 하는 생각도 했습니다. 그런데 하나님께서 저에게 말씀하셨습니다. 솔직히 힘들고 부담스러웠지만 매일 쓴 예수동행일기 칼럼이 지금까지 저를 살려준 은혜의 샘이 되었다고 말입니다. 어떨 때는 글을 쓰기가 참 막막할 때가 있습니다. 그러면 하나님께서 은혜를 주십니다. 그렇게 계속 써오다보니 하나님께서 저에게 계속 은혜를 공급해주셨다는 것을 깨달았습니다.

이제 예수님이 여러분에게 생수의 강으로 역사하실 것입니다. 오직 예수님만 원하는 것이 첫 번째입니다. 그리고 예수님이 주신 은혜를 사람들에게 흘려보내는 것이 두 번째입니다. 항상 주님을 향해 마음을 활짝 열어놓고, 또 사람을 향해 마음을 활짝 열어놓으시기 바랍니다. 특히 그동안 마음의 문을 닫고 있었던 사람들에게 문을 열어야 합니다. 무시당하고, 손가락질당하고, 멸시를 받는 한이 있어도 문을 열어야 합니다. 주변에 있는 모든 사람에게 생수의 강이 흘러가도록 할 때 우리 자신이 활짝 열린 통로가 될 것입니다.

*prayer **for** revival*

1. "배에서 생수의 강이 흘러나오리라." 이 말씀이 이루어지게 하소서. 예수 그리스도 안에서 제 삶 속에 이루어지게 해주소서.

2. 생수의 근원이신 예수님, 주님을 원합니다. 주님을 분명히 붙잡겠습니다. 문제 해결, 세상 성공 다 내려놓고 오직 주 예수님을 원합니다. 생수의 근원이신 주여, 제게 임하여주소서.

3. 사람들을 향해 문을 활짝 열게 하소서. 저를 사용하여주소서. 주위 사람들에게 생수의 강이 흘러나가는 것을 보게 하소서.

예수님 앞에 무릎 꿇으라

95세가 되신 은퇴 목사님이 이제 막 은퇴를 앞두신 목사님들에게 "이제 다 끝났다고 생각하지 말고 새 삶을 계획하시라"는 권면을 하였습니다. 당신이 70세에 은퇴할 때, '이젠 할 일이 없어졌구나' 하고 쓸쓸히 생각하였는데, 그 후로도 25년을 더 살았다는 것입니다. 요즘 너무나 후회가 되는 것은 이렇게 오래 더 살 줄 알았으면 은퇴 이후 무엇을 하며 살까 계획을 세워 살았을 텐데, 그러지 못해 25년을 허송세월한 것 같다는 것입니다. 그래서 95세가 된 지금 외국어 공부를 시작하셨다고 합니다.

은퇴하는 목사님들에게 은퇴한다고 다 끝난 것이 아니니 앞으로의 계획을 잘 세워서 은퇴 이후의 삶을 멋지게 살라는 권면이었습니다. 이 말씀을 듣고 '나이 70에 무슨 계획을 세울 것이 있겠나?' 하는 생각을 하였는데, 하나님께서 너무나 분명히 깨닫게 하셨습니다.

"70이 됐든, 80이 됐든, 90이 됐든, 예수님만 붙잡고 사는 것이다!"

그리스도인이면 예수님과 동행하며 살고 싶어합니다. 그러나 실제로 그렇게 살지 못합니다. 예수님의 음성을 듣는 것도 잘 모르겠고, 예수님이 무엇을 원하시는지도 잘 모르겠는 것입니다. 순종하고 싶어도 예수님의 뜻을 깨닫는 데 너무 미숙한 것입니다. 이처럼 마음은 간절하지만 실제로 예수님과 동행하는 삶을 살지 못하는 그리스도인이 많습니다. 예수님의 말씀을 듣고 예수님께 순종하는 삶을 훈련해야 합니다. 우리 삶의 모든 문제의 열쇠는 예수님과의 동행인데 그렇게 사는 훈련이 안 되었으니 그렇게 살고 싶어도 안 되는 것입니다.

그렇다면 어떻게 해야 예수님과 동행하는 훈련을 받을 수 있습니까? 먼저는 지금부터 그렇게 살기로 결단해야 한다는 것입니다. 매일의 모든 일이 다 예수님과 동행하도록 하는 하나님의 계획이라는 관점으로 보는 것입니다. 그렇게 1년을 살고, 3년을 살고, 5년을 살면 인생이 확 달라지게 됩니다. 조금 해보다가 포기하지 말고 예수님과 동행하는 삶을 지속해서 살아야 합니다. 1년 뒤, 3년 뒤, 5년 뒤에 예수님의 말씀을 더 잘 알아듣고, 예수님이 함께 계시는 것이 정말 믿어지고, 어떤 어려움 앞에서도 두렵지 않게 되는 것이 중요합니다.

주님과 동행하는 일은 지금이라도 늦지 않았습니다. 또한 이보다 더 놀라운 목표는 없습니다.

예수님께 무릎 꿇었는가?

요즘 여러분과 예수님의 관계는 어떻습니까? 한 가지 질문을 해보면 스스로 진단할 수 있습니다. "예수님께 완전히 순종하고 싶니까?" 이 질문이 두려운 사람이 있고, 기쁜 사람이 있습니다. 완전한 순종을 하고 싶은 사람이 있고, 완전히 순종하라면 걱정이 앞서는 사람도 있습니다.

여러분이 예수님과의 관계가 어떤지는 이 질문에서 그대로 드러납니다. 예수님과 관계가 좋은 사람은 순종이 너무 기쁩니다. 예수님과 관계가 서먹한 사람, 나쁘다고 말할 수는 없지만 친밀하다고 말할 수도 없는 사람에게는 완전한 순종은 절대로 기쁨이 아닙니다. 만약 여러분 중에 예수님께 완전히 순종하는 것에 대해서 자신이 없는 사람은 예수님과의 관계가 서먹한 것입니다. 아직 예수님을 잘 모르니까 완전한 순종이 힘들게 느껴지는 것입니다.

하늘에 있는 자들과 땅에 있는 자들과 땅 아래에 있는 자들로 모든 무릎을 예수의 이름에 꿇게 하시고 모든 입으로 예수 그리스

도를 주라 시인하여 하나님 아버지께 영광을 돌리게 하셨느니라

빌 2:10-11

세상에 있는 모든 사람은 다 예수님 앞에 무릎을 꿇게 되어 있습니다. 지금은 교만하게 예수님에 대하여 모욕적인 언사를 하고 행동을 해도 예수님 앞에서 완전히 무릎 꿇을 때가 옵니다. 어느 누구도 예외가 없습니다.

결국 모든 사람이 예수님 앞에 무릎 꿇게 될 것이라면 지금부터 예수님 앞에 무릎 꿇고 사는 것이 지혜입니다. 예수님께 무릎 꿇고 살면 인생은 그리 어렵지 않습니다. 안타까운 것은 예수님을 믿었지만, 예수님 앞에 무릎 꿇지 못한 사람이 있습니다.

헤롯 왕과 온 예루살렘이 듣고 소동한지라 왕이 모든 대제사장과 백성의 서기관들을 모아 그리스도가 어디서 나겠느냐 물으니

마 2:3-4

헤롯이 동방 박사들을 만나는 장면을 보면 동방 박사들이 "유대인의 왕으로 나신 이가 어디 계시냐"라고 묻습니다. 그 말을 듣고 당황한 헤롯이 대제사장과 서기관들을 모아 그리스도가 어디서 태어나는지를 그들에게 물었습니다. '그리스도'란 "메시아, 구원자"라는 말입니다. 그러나 헤롯이 그리스도가 어디서 태어나는

지 물은 것은 그리스도를 만나 경배하려고 한 것이 아니라 그를 자신의 왕위를 뺏어갈 자로 여기고 죽이고자 한 것입니다.

입으로는 예수님을 주님이라고 부르지만 실제로는 예수님이 자신의 좋은 것을 뺏어갈 자라고 여기는 믿음이 있습니다. 예수님을 무서운 분, 좋은 것을 가져가시는 분, 하기 싫은 것을 하라고 하시는 분으로 믿고 있는 것입니다. 그런 사람은 예수님께 무릎 꿇은 사람이 아닙니다. 결코 완전한 순종을 드릴 수 없습니다.

마태복음 19장에는 부자 청년의 이야기가 나옵니다. 그 청년은 영생을 갈망했습니다. 참 귀한 마음으로 예수님께 나왔지만, 예수님이 재산을 가난한 사람들에게 주고 와서 예수님을 따르라고 했을 때 재산이 많은 부자 청년은 결국 그 재산 때문에 영생을 포기하고 떠나갑니다.

지금도 천국과 영생을 원하지만 가진 재물을 나누어주라는 말씀이 부담스럽기만 하다면 부자 청년과 다를 바 없는 것입니다. 예수님을 믿는다고는 하지만 예수님께 무릎 꿇은 자가 아닙니다. 그러니까 예수님을 믿어도 답답하고, 잘 믿고 있는지 자신이 없고, 주위 사람들에게도 선한 영향력을 끼치지 못합니다.

행복한 꿇음

여러분에게 예수님 앞에 무릎을 꿇는다는 것이 어떤 느낌으로 다가옵니까? 세상을 살다보면 원치 않게 무릎을 꿇을 때가 있습니다. 무릎을 꿇는다는 것이 굉장히 부정적인 느낌을 줍니다. 전쟁할 때 적군에게 포로가 되어 무릎을 꿇었다면 비참할 것입니다. 학교나 직장에서 경쟁 상대 앞에 무릎을 꿇는다면 정말 수치스러울 것입니다. 운동 경기를 하는데 상대에게 졌을 때도 무릎을 꿇었다고 표현하는데 이런 표현은 누구나 싫어할 것입니다.

그런데 무릎 꿇는 것이 꼭 나쁜 것만은 아닙니다. 사랑하는 여인 앞에 무릎을 꿇고 프러포즈하는 형제는 행복할 것입니다. 살아서 조국 땅을 밟지 못할 줄 알았는데 극적으로 고국 땅을 밟은 사람이 땅바닥에 엎드려 입맞춘다면 그 장면은 감격스러울 것입니다. 이처럼 무릎 꿇는 것이 꼭 나쁜 것만은 아닙니다.

예수님께 무릎 꿇는 것이 이와 같습니다. 정말 감격과 설렘과 기쁨과 자랑입니다. 많은 사람이 돈을 많이 벌어야 하는 줄 알고, 높은 자리까지 승진해야 하는 줄 알고, 공부를 더 많이 해야 하는 줄 아는데, 아닙니다. 조금이라도 일찍 예수님께 무릎을 꿇었다면 인생이 달라지고, 주변 사람들까지 그 영향을 받았을 것입니다. 모든 문제가 예수님께 무릎을 꿇지 않아서 생기는 것입니다.

예수님을 믿는다고 하면서도 예수님께 완전히 드리지 못하는 것이 남아 있는 경우가 있습니다. 예수님을 주님이라고 하면서도 예수님이 주인 되지 못하는 영역이 마음 안에 있을 수 있습니다. 이처럼 예수님께 완전히 드리지 못한 것, 절대로 포기하지 못하고 남

거 놓은 1퍼센트가 있다면 예수님은 그것을 철저하게 다루십니다. 예수님 한 분이면 충분하고, 예수님의 말씀이면 무조건 순종한다는 것이 안 되는 어떤 영역이 있다면 그냥 넘어가지 않으십니다.

그러므로 지혜로운 사람이라면 그 부분을 내려놔야 합니다. 성령께서 여러분에게 그것을 알게 하시고, 예수님 앞에 완전히 내어놓게 하시기를 바랍니다.

무릎 꿇은 그리스도인

사도 바울은 자신이 예수님 앞에 모두 드린 것을 이렇게 표현합니다.

> 그러나 무엇이든지 내게 유익하던 것을 내가 그리스도를 위하여 다 해로 여길뿐더러 또한 모든 것을 해로 여김은 내 주 그리스도 예수를 아는 지식이 가장 고상하기 때문이라 내가 그를 위하여 모든 것을 잃어버리고 배설물로 여김은 그리스도를 얻고 그 안에서 발견되려 함이니 내가 가진 의는 율법에서 난 것이 아니요 오직 그리스도를 믿음으로 말미암은 것이니 곧 믿음으로 하나님께로부터 난 의라 빌 3:7-9

자신에게 유익하던 것을 다 해로 여기고 예수님을 위하여 모든 것을 잃어버리고 배설물처럼 버렸다고 했습니다. 그렇습니다. 우리도 사도 바울처럼 예수님이 어떤 분이신지 알게 되면 누구나 똑같이 할 것입니다.

> 그는 근본 하나님의 본체시나 하나님과 동등됨을 취할 것으로 여기지 아니하시고 오히려 자기를 비워 종의 형체를 가지사 사람들과 같이 되셨고 사람의 모양으로 나타나사 자기를 낮추시고 죽기까지 복종하셨으니 곧 십자가에 죽으심이라 빌 2:6-8

예수님은 우리를 구원하시려고 무릎을 꿇은 분이십니다. 예수님은 하나님과 같은 본체이시지만, 스스로 사람과 같이 되시고 자기를 낮추셨습니다. 우리를 위하여 1퍼센트도 남김없이 죽기까지 복종하신 분입니다. 우리만 복종하는 것이 아닙니다. 우리가 그런 예수님을 진짜 믿는다면 예수님께 완전한 순종을 드릴 수 있다는 것 자체가 행복입니다. 우리도 당연히 무릎을 꿇고 주님 앞에 경배하는 삶을 살게 됩니다.

우리가 믿는 예수님은 위대한 하나님이십니다. 우리가 세상에서 헛되이 무릎 꿇지 않고 예수님께 무릎 꿇을 수 있다는 것은 복중의 복입니다. 우리가 무릎 꿇는 대상은 정말 놀라운 분이시기 때문입니다.

그의 힘의 위력으로 역사하심을 따라 믿는 우리에게 베푸신 능력의 지극히 크심이 어떠한 것을 너희로 알게 하시기를 구하노라 그의 능력이 그리스도 안에서 역사하사 죽은 자들 가운데서 다시 살리시고 하늘에서 자기의 오른편에 앉히사 모든 통치와 권세와 능력과 주권과 이 세상뿐 아니라 오는 세상에 일컫는 모든 이름 위에 뛰어나게 하시고 또 만물을 그의 발 아래에 복종하게 하시고 그를 만물 위에 교회의 머리로 삼으셨느니라 교회는 그의 몸이니 만물 안에서 만물을 충만하게 하시는 이의 충만함이니라

엡 1:19-23

우리 눈에 예수님이 보이지 않으니까 이 말씀이 현실감 있게 느껴지지 않는데, 실제로 예수님이 우리 눈에 보이면 저절로 예수님 앞에 무릎을 꿇을 것입니다. 예수님이 찾아오셨는데 그 앞에서 엎드리지 않을 사람은 없습니다. 예수님의 얼굴을 빤히 쳐다볼 사람은 하나도 없습니다. 그냥 그 앞에 다 무릎을 꿇게 되어 있습니다. 완전히 엎드렸는데 마음은 너무 기쁠 것입니다.

우리가 예수님께 무릎을 꿇기 시작하면 서서히 예수님이 어떤 분이신지 아는 눈이 열리게 됩니다. 그러면 계속 예수님께 무릎 꿇은 자세로 살게 됩니다. 주 예수님을 알면 알수록 주님의 다스림을 받는 것이 가장 큰 지혜요 복임을 깨닫습니다. 그래서 주님께 무릎 꿇는 것을 갈망하게 됩니다. 마음대로 살았던 지난 세월이

후회스럽습니다. 앞으로 남은 시간, 정말 주님이 인도하시는 대로 살고 싶어집니다.

예전에 미국에서 교민 목회를 하신 아주 유명한 목사님 한 분을 만났습니다. 그 분은 미국에서 가장 큰 한인교회에 부임하여 한때 많은 목회자들의 부러움의 대상이 되었습니다. 그러나 안타깝게도 그 교회에서 여러 가지 큰 어려움을 겪으며 고생을 많이 하시다가 결국 사임을 하게 되었습니다. 그것을 보면 무엇이 좋고 무엇이 나쁘다는 판단을 하는 것이 얼마나 어리석은지를 다시금 깨닫게 됩니다.

세상적인 기준과 사람의 기준으로는 좋아 보이고 잘되어 보이고 성공한 것 같은 길이 있지만 실제로는 아닙니다. 이제는 눈에 보이는 대로 판단하고 살지 않아야 합니다. 주님과의 관계 속에서 사는 것, 철저히 주님께만 복종하고 사는 것이 후회하지 않는 삶을 사는 비결입니다. 예수님 앞에 무릎 꿇은 상태로 간 길만이 진짜 살길이고 안전한 길입니다. 하나님께서 그 길을 통해서 영광을 받으십니다.

자기 생각을 꺾는 사람

우리는 자신이 양임을 명심해야 합니다. 양은 언제 가장 안전합니까? 목자 앞에 항상 무릎 꿇은 상태일 때, 목자가 하자는 대로 순종할 때, 목자가 이끌어 가는 대로 따라갈 때입니다. 양에게는 목자밖에 없습니다. 우리가 바로 그런 존재입니다.

우리가 예수님께 무릎 꿇는 것은 우리에게 있어서 가장 복된 길입니다. 예수님 앞에 갈 때까지 계속 무릎을 꿇어야 합니다. 그러면 더 이상 세상일로 염려할 필요가 없습니다. 예수님께 무릎 꿇었기 때문에 책임은 예수님이 지십니다. 예수님의 역사하심이 무엇인지 깨닫게 됩니다.

저도 무릎을 꿇은 경험이 있습니다. 제가 부산에서 목회할 때 부산 학원복음화협의회 연합집회가 외국어대 운동장에서 열렸습니다. 저는 대표기도 순서를 맡아 참석했는데, 찬양 인도자가 모두 무릎을 꿇고 하나님께 기도하자고 하였습니다. 청년들이 다 무릎을 꿇고 기도하기 시작하는데 저는 갈등이 되었습니다. 그날 저는 대표기도 담당이었기 때문에 주일예배 때만 입는 아끼던 양복을 입고 갔는데 흙바닥에 무릎을 꿇고 기도하자니 갈등이 된 것입니다.

그런데 그때 성령께서 말씀하시는 것을 느꼈습니다. "너는 이부산 청년들의 부흥을 원한다고 하면서 양복이 문제냐?" 순간 너무 부끄럽고 두려웠습니다. 그래서 그대로 흙바닥에 무릎을 팍 꿇었습니다. 그리고 두 손을 들고 "주여!" 하고 부르짖었는데 그 순간 엄청난 불이 임하는 것을 느꼈고 부산 전체가 정말 제 가슴 속에 들어오는 듯한 뜨거운 마음으로 기도하였습니다.

그 날 제 안에 "무릎을 꿇다"라는 느낌이 무엇인지 새겨졌습니다. 예수님께 무릎을 꿇은 사람은 자기 생각을 꺾는 사람입니다. 내 생각, 감정, 계획을 다 내려놓고 예수님이 주시는 생각에 맞추어 예수님께서 원하시는 대로 순종해 가는 것이 무릎을 꿇는 것입니다.

　하나님 아는 것을 대적하여 높아진 것을 다 무너뜨리고 모든 생각을 사로잡아 그리스도에게 복종하게 하니 고후 10:5

　물론 실제로 무릎을 꿇을 수도 있지만, 핵심은 자신의 모든 생각을 사로잡아 예수 그리스도의 생각 앞에 복종하는 것입니다. 예수님이 우리에게 원하시는 것은 이것입니다.

주님의 마음을 품는 무릎 꿇음

요한복음 6장에 오병이어의 기적을 자세히 읽어보면, 예수님이 그 기적을 즉흥적으로 행하신 것이 아니라 어떤 의도를 가지셨던 것을 알 수가 있습니다. 단순히 배고픈 사람들을 불쌍히 여기셔서 기적을 행하여 먹이신 것이 아니라 이 일을 통해 제자들에게 무언가 잊지 못할 가르침을 주기 위한 의도가 있으셨던 것입니다.

　예수님은 큰 무리가 모여드는 것을 보시고 똑똑한 빌립을 지목하여 어디서 떡을 사서 이 사람들을 먹이겠냐고 물으십니다. 그러자 빌립이 빨리 계산하여 이 사람들에게 조금씩이라도 먹이려면 이백 데나리온의 떡으로도 부족하다고 대답합니다. 그런데 예수님은 어떻게 해야 할지 난감해서 빌립에게 의논하신 것이 아니었습니다. 예수님께서는 이미 큰 권능을 행하실 마음을 가지고 계셨습니다.

오병이어 사건에는 두 제자가 등장합니다. 빌립과 안드레입니다. 베드로의 형제 안드레는 "여기 한 아이의 도시락이 있습니다"라고 예수님께 말합니다. 어찌 보면 그는 어리석은 사람처럼 보입니다. 빌립 같으면 그런 도시락이 열 개가 있어도 예수님께 가저오지 않았을 것입니다. 가져와봤자 남자만 오천 명이나 되는데 그것을 어디에 쓰겠습니까. 빌립처럼 똑똑한 사람은 무모해 보이는 일을 시도해보지 않습니다.

먹일 무리는 오천 명인데, 가진 것은 아이가 가진 보리떡 다섯 개와 물고기 두 마리밖에 없을 때, 계산도 안 서고 도무지 어찌 해볼 수 없는 일을 만났을 때 빌립 같은 사람과 안드레 같은 사람으로 구분됩니다. 우리는 이미 이 사건의 결과를 다 알고 있기 때문에 빌립은 형편없는 제자이고 안드레가 상당히 좋은 제자라는 인상을 갖지만, 그 당시 상황을 상상해보면 정반대였을 것입니다.

빌립은 상당히 똑똑하고 유능하고 신뢰가 가는 반면, 안드레는 어리숙하고 유능하다고 할 수 없는, 좋게 보면 순진한 유형의 사람이었습니다. 그러나 똑똑한 빌립은 '주님의 마음은 무엇인가? 주님이 무엇을 하려고 하시나?' 이런 생각보다 자기 생각이 강합니다. 주님을 전적으로 의지하지도 못하고 그래서 오히려 주님의 일에 걸림돌이 되고 맙니다.

그런데 비록 실력도 떨어지고 계산도 잘 안 되는 사람에게는 똑똑한 사람에게 없는 자질이 있습니다. 오직 예수님만 바라보는 것입니다. 안드레는 똑똑하지는 않았지만 예수님께서 무리를 먹이고자 하신다는 것을 느꼈고 주님의 그 마음을 품었습니다. 그 역시 막막했지만 무언가를 해야 한다고 여겼고 안타까운 마음으로 사람들 사이를 다니다가 한 아이의 도시락을 예수님께 가지고 온 것입니다. 물론 안드레도 이 도시락으로는 문제를 해결할 수 없다는 것을 알고 있습니다(요 6:9). 그렇지만 예수님께 가지고 나왔습니다. 무리를 먹이시려는 주님의 마음이 이루어지기를 간절히 원했기 때문입니다.

예수님은 그런 안드레를 주인공처럼 드러내고 있습니다. 예수님이 바라는 모습이 바로 이것입니다. 앞으로 계산 안 되는 일이 많을 텐데, 너희의 생각, 판단, 감정에 매이지 말고 그것을 나에게 가지고 나오라는 것입니다. 예수님이 하시겠다고 하면 아무리 불가능해 보여도, 아이의 도시락처럼 작은 가능성일지라도 어떤 일이 일어날지는 아무도 모르는 것입니다. 우리가 할 일은 그저 주님을 바라보고 주님께 나갈 뿐입니다. 이것이 바로 예수님께 완전히 무릎 꿇는 삶입니다. 내 생각도 있고, 내 판단도 있고, 내 감정도 있지만 다 꺾어버리고 예수님께서 역사하시도록 하는 것입니다.

예수님께서 단순히 무리를 먹이시려고만 했다면 이런 과정이 필요 없었을 것입니다. 예수님은 무엇이 있어야 기적을 일으킬 수 있는 분이 아니기 때문입니다. 주님은 제자들을 가르치고 싶으셨던 것입니다. 앞으로 제자들이 온 세계에 복음을 전하는 과정에서 겪을 일을 내다보신 것입니다. 그들은 오병이어로 오천 명을 먹여야 하는 상황을 수도 없이 만나게 될 것입니다. 그때마다 인간의 판단으로 계산하지 말라는 것입니다. 인간적으로 약한 것, 상황이 어려운 것은 주님의 역사에 문제가 되지 않는다는 것입니다.

계산이 밝은 빌립은 안 된다고 포기한 반면 계산이 안 되는 안드레는 주님께 쓰임 받습니다. 기적이 일어납니다. 주님이 원하시는 것은 오직 자기 생각, 판단, 주장을 꺾고 주님의 마음을 품는 것입니다.

자기를 부인하고 무릎 꿇어라

예수님께서 분명히 우리 안에 오셨는데, 계속 문을 두드린다고 하셨습니다(계 3:20). 예수님을 영접했는데 왜 문을 두드리십니까? 우리의 자아가 예수님께 무릎을 꿇지 않고 오히려 예수님을 밀어내고 있기 때문입니다. 예수님을 영접했다는 것은 자신의 생각,

감정, 계획을 다 버리고 예수님께 무릎을 꿇는 것인데, 그렇지 않으니까 예수님이 계속 문을 두드리시는 것입니다. 이제는 스치듯이 지나가는 예수님의 음성일지라도 마음을 열고 순종하며 나아가시기를 바랍니다.

저는 여기저기서 도와달라는 요청을 많이 받습니다. 교회에서도, 개인적으로도 도와달라는 요청이 옵니다. 이런 요청을 많이 받는 것은 굉장한 스트레스입니다. 물론 요청하는 것 이상으로 돕고 싶은 마음은 있지만, 현실적으로 그렇지 못하다보니 도와달라는 요청이 불편하고 싫은 마음이 일어날 때도 있습니다.

그런데 그때 주님이 주시는 책망이 있었습니다. 도와달라는 요청을 싫어하거나 부담스러워하는 것은 예수님이 기뻐하는 마음이 아니라는 것입니다.

구제를 좋아하는 자는 풍족하여질 것이요 남을 윤택하게 하는 자는 자기도 윤택하여지리라 잠 11:25

구제를 좋아하는 것은 사람의 본성과 전혀 맞지 않습니다. 구제를 좋아하는 사람은 거의 없습니다. 우리가 할 수 있는 데까지는 돕지만 계속해서 또 도와달라고 하면 부담이 되고, 짜증이 나는 것은 사람이면 누구나 가지는 마음입니다. 그럴 때 예수님이 뭘 원하시고, 어떤 생각을 기뻐하시는지 생각하면 예수님 앞에 무릎을 꿇을 수밖에 없습니다. 구제하기를 좋아한다면 그것은 자기 생각과 감정을 꺾었기 때문에 가능합니다. 제가 지금까지 수많은 사람의 간증을 들어봤는데, 결국 사람을 돕는 자가 하나님으로부터 도움을 받습니다.

그것만이 살길이다!

세상은 끊임없이 우리에게 무릎을 꿇으라고 요구합니다. 오늘도 영상 광고가 말합니다. "재밌는 거 보여줄게. 내게 무릎을 꿇어라." 멋진 휴가지 영상이 우리에게 말을 겁니다. "맛있는 것을 줄 테니 내게 무릎을 꿇어라." 완전히 영상물이 왕입니다. 많은 사람이 재미를 위해 영상물에 목을 맵니다. 돈에 무릎 꿇는 사람도 많습니다. 마귀도 예수님에게 이렇게 유혹했습니다.

> 마귀가 또 그를 데리고 지극히 높은 산으로 가서 천하 만국과 그 영광을 보여 이르되 만일 내게 엎드려 경배하면 이 모든 것을 네게 주리라 마 4:8-9

우리는 예수님께만 무릎을 꿇으라는 요청을 받고 있는 것이 아닙니다. 안타깝게도 세상에 무릎을 꿇고 살아가는 그리스도인들이 많이 있습니다. 세상과 마귀에게 무릎을 꿇거나 예수님께 무릎을 꿇거나 둘 중 하나입니다. 그러니까 예수님께 무릎 꿇는다는 것은 전혀 다른 차원에서 눈이 열려야 합니다. 내가 예수님에게 무릎 꿇지 않으면 마귀에게 무릎 꿇고 있는 것입니다. 그런 사람의 인생이 어떻게 잘 될 수 있겠습니까. 그래서 예수님을 믿어도 나는 죽고 예수로 사는 믿음이 분명해야 합니다. 그러면 예수님께 무릎 꿇고 사는 일은 그냥 자연스럽게 됩니다.

제가 주님을 인격적으로 처음 만났던 회심의 날, 저는 제 삶 전체를 하나님께 드리는 결단을 했습니다. 장애인이 될 처지에 있었지만, 십자가의 은혜에 눈이 열리자 그것조차 나를 위한 것임을 믿게 되었고, 제 죄가 십자가의 보혈로 다 씻음을 받았음이 깨달아지면서 오른쪽 다리를 하나님께 바치겠다고 고백했습니다. 아버지가 시켜서 목사가 된 것이 아니라 제 마음으로 하나님께 저를 헌신할 수 있었습니다. 눈물이 많이 났지만 슬픈 것이 아니라 감사했고, 예수님만 함께하시면 더 구할 것도 없다고 생각되었습니다. 그것만이 살길임이 느껴졌습니다. 그때 주님 앞에 무릎을 꿇었던 것입니다. 그 후 제 삶은 완전히 달라졌습니다.

여러분의 살길도 예수님께 무릎 꿇는 것뿐입니다. 예수님께 무릎이 꿇어지면 예수님이 주시는 생각이 내 생각이 되고, 예수님의 마음이 내 마음이 됩니다. 또 예수님이 여러분을 향하여 정확히 말씀하시고, 인도하시고, 여러분의 문제를 예수님이 풀어가십니다.

예수님은 이미 예수님께서 하실 모든 것을 다 하셨습니다. 우리를 위하여 대신 죽으시고, 부활하셔서 우리 안에 오셨습니다. 이제 우리가 할 일만 남았습니다. 그것은 예수님께 항상 무릎 꿇고 사는 것입니다. 한 번의 결심으로 끝나면 안 됩니다. 계속해서 예수님께 무릎 꿇는 삶을 살아가야 합니다. 그렇게 산 지 1년, 3년, 5년의 시간이 지나면 지날수록 인생이 놀랍게 변할 것입니다. 매일 하루를 돌아보며 예수님께 무릎 꿇은 삶이었는지 체크하면서 살아가시기를 바랍니다.

prayer for revival

1. 주님, 제가 주님 앞에 완전히 무릎 꿇습니다. 나의 생각, 감정, 판단, 모든 것을 다 십자가에 못 박습니다. 제 마음을 주의 보혈로 씻어주시고 십자가를 통과하게 해주소서.

2. 주님의 생각, 주님의 마음을 주소서. 주님의 생각, 주님의 마음을 들을 준비가 되었으니 분명히 말씀해주소서.

3. 주님 앞에 무릎 꿇으면 주님이 말씀하시고 인도해주실 것을 믿습니다. 주님만 믿습니다. 주님께만 맡깁니다.

주님 안에 거하는 자의 기도

임현수 목사님이 담임하셨던 캐나다의 토론토 큰빛교회 집회를 인도한 적이 있습니다. 집회 약속을 할 때는 임현수 목사님이 북한에서 석방되기 전이었습니다. 그래서 임현수 목사님이 석방되어 부흥회에 함께할 수 있도록 기도하자고 하였는데 정말 그렇게 되었습니다. 부흥회가 있기 바로 전주에 임현수 목사님이 석방되어 캐나다에 도착한 것입니다. 저는 큰빛교회 부흥회를 인도하러 가서 임현수 목사님을 만나는 아주 특별한 경험을 했습니다.

무엇보다 기뻤던 것은 기도가 응답되었다는 것이었습니다. 매일 기도하고, 매주 기도하고, 1년 반이나 공개적으로 온 교인들과 연합하여 드렸던 기도가 응답된 것을 보는 것은 너무나 감격스러웠습니다. 그런데 임현수 목사님의 석방을 기도 응답이라고 감격해하는 이들도 있었지만, 기도 응답이라는 사실을 인정하지 않으려는 사람들도 있었습니다. 정치 외교적인 노력으로 석방된 것이지, 기도했기 때문에 석방된 것은 아니라는 것입니다.

그 차이는 실제로 기도를 했느냐 안 했느냐의 차이입니다. 임현수 목사님의 석방을 위해서 실제로 기도한 사람이라면 누구나 임현수 목사님의 석방이 기도의 응답이라고 확신하게 됩니다. 그러나 기도하지 않은 사람은 하나님의 역사가 일어나도 의심이 생겨납니다. 이처럼 하나님의 역사를 보아도 그 사건에서 하나님을 보는 사람이 있고, 하나님을 보지 못하는 사람이 있습니다.

예수님 안에서 기도하라

임현수 목사님의 석방을 위해 기도한 사람들 중에서도 솔직히 목사님이 석방되리라고 믿지 못했던 분들도 많았습니다. 베드로가 옥에 갇혀 순교하기 직전까지 갔을 때 교우들이 모여서 베드로를 위해 기도했습니다. 그런데 하나님의 천사가 베드로를 옥에서 풀어내어 베드로가 기적처럼 멀쩡히 돌아왔을 때 사람들이 이를 선뜻 믿지 못했습니다. 베드로를 위해 간절한 마음으로 기도하면서도 응답이 될 것이라고 믿지 않은 것입니다.

교인들로부터 "이런 기도도 응답받은 기도입니까?", "믿음으로 기도해야 응답받은 기도 아닌가요?", "믿어지지도 않는 기도에 하나님이 정말 응답하신 걸까요?"라는 질문을 많이 받았습니다. 그때 하나님께서 제 마음에 성도들이 분명히 믿음으로 기도하였다는 사실을 깨닫게 하셨습니다. 석방될 것이라고 믿지는 못하였지만 분명히 믿음의 기도였다는 것입니다. 계속 예수님 안에서 기도를 해왔다는 것 자체가 믿음이라는 것입니다. 정말 믿지 않았다면 기도도 안 했을 것입니다. 이처럼 아무리 어렵고 불가능한 일이라도 예수님 안에 있으면 자꾸 기도하게 됩니다.

저 역시 임현수 목사님을 위해서 성도들과 다 같이 기도하기 시작하고, 1년 반 정도 지나자 언제까지 이렇게 공개적으로 기도해야 할지 고민이 되었던 순간이 있었습니다. '이제는 성도들도 식상하게 느끼지 않을까? 응답되지 않는 것 같은 기도를 계속할 이유가 있을까?' 그런데 주님을 바라보면 주님이 계속 기도할 마음을 주셨습니다. 그래서 예수님 안에서 기도한 것입니다. 기도의 열쇠는 주님 안에서 기도하는 것입니다. 우리가 주 안에 거하면 어떤 형편에서도 예수님께서 우리의 기도를 인도하실 수 있습니다.

너희가 내 안에 거하고 내 말이 너희 안에 거하면 무엇이든지 원하는 대로 구하라 그리하면 이루리라 요 15:7

놀라운 기도의 응답에는 전제가 있습니다. 우리의 생각과 판단으로 기도하면 안 된다는 것입니다. 주님께 귀를 기울이면서 주시는 말씀이 우리 안에 임하면 그것을 붙잡고 기도해야 합니다. 기도의 제목은 우리에게서 나오는 것이 아니라 예수님으로부터 오는 것입니다. 그래서 어떨 때는 도무지 이루어질 것 같지 않은 기도를 하게 되는 것입니다. 예수님께서 기도에 대한 부담을 계속 주시기 때문입니다. 여러분 중에도 아마 불가능한 기도 제목을 가지고 마음속으로 갈등하거나 기도하다가 중단한 적이 있었을 것입니다. 그럴 때 예수님이 계속 기도하라고 하시는지, 아니면 내려놓으라고 하시는지 예수님 안에서 확인하여야 합니다. 주님은 분명한 분별을 주실 것입니다.

평양의 부흥을 위해 기도하게 하신 예수님

1907년 평양 대부흥이 일어났을 당시 평양에 계셨던 스왈론 선교사님이 이 대부흥에 대하여 쓴 글이 있습니다.

"나는 개인적으로 1906년 중엽까지 우리가 목도했던 것보다 더 큰 축복을 한국에서 목도하리라고는 기대하지 않았습니다. 우리가 한국에서 얻은 선교의 결실은 중국에서 얻은 결실과 비교할 때 훨씬 크고 풍성하였기 때문입니다."

그 당시 선교사님들은 한국 교회의 부흥에 대하여 하나님 앞에 더 이상 기도할 것이 없다고 생각했습니다. 왜냐하면 그 분들은 대부분 중국과 한국을 같이 선교했는데, 중국 교회보다 한국 교회가 훨씬 더 빨리 전도가 되고 예수님을 믿는 사람들도 많아, 하나님께서 한국 교회에 이미 충분히 역사하고 계신다 여기고 한국 교회를 위해 기도할 간절한 마음이 없었던 것입니다.

그러나 1906년 9월 경성에서 뉴욕의 하워드 존스톤 선교사를 만나 1905년과 1906년에 하나님께서 인도 카시아 지방에 엄청난 부흥을 주셔서 8,200명이 넘는 회심자가 세례를 받고 인도 곳곳에 교회가 세워졌다는 부흥의 소식을 들었을 때 그들의 눈이 새롭게 열리게 되었다고 합니다. 한국에서 일어나고 있는 부흥과는 비교할 수도 없는 부흥이 인도에서 일어난 것입니다.

그들은 겸허한 마음으로 평양으로 돌아와 인도에서 일어난 부흥이 한국에서도 일어날 수 있도록 더 큰 은혜가 임할 때까지 정오에 기도회를 갖기로 결정했습니다. 선교사님들이 모여서 약 한 달간 기도했을 때 특별한 일이 일어나지 않자 한 형제가 기도회를 중단할 것을 제안했습니다. "우리는 많은 시간을 허비했습니다. 나는 우리가 정당하다고 생각지 않습니다. 이제 어느 때처럼 우리의 사역을 계속합시다. 그런 다음 각자 편리한 시간에 집에서 기도합시다." 충분히 일리가 있는 제안이었습니다.

그러나 대다수의 선교사들은 인도 카시아 지방에 허락하신 그 축복을 평양에도 내려주실 것을 믿고 지금보다 더 많은 시간을 들여서 기도하기로 하고, 기도회를 계속하되 오후에 한 번 더 모이기로 결정했습니다. 1907년 평양 대부흥이 일어나기 전에 바로 이런 기도가 있었던 것입니다.

주님이 주시는 말씀으로 기도하라

기도를 열심히 하지만 자기 생각만으로 기도하면 기도의 좌절에 빠집니다. 기도하는 것은 예수님 안에서 판단하고 결정해야 하는 것입니다. 너무 힘드니까, 여건이 어려우니까, 잘 안 모이니까 그만둘 수도 있지만, 결정은 예수님 안에서 해야 합니다. 여러분을 기도하게 하시는 분은 예수님이십니다. 그러니까 기도를 많이 하는 것보다 더 중요한 것은 주님 안에서 기도하고, 주님이 주시는 말씀으로 기도하는 것입니다.

열왕기상 18장에는 갈멜산에서 영적 대결을 벌인 엘리야의 기도가 나옵니다. 그런데 엘리야의 기도의 특징은 바알 선지자들의 요란하고 오랜 기도에 비해 매우 짧고 간단했다는 것입니다. 바알의 선지자 450명과 아세라의 선지자 400명은 송아지를 잡고 제단 주위를 뛰놀며 그들의 신의 이름을 큰 소리로 부르고 칼과 창으로 그들의 몸을 상하게 하면서 하루 종일 기도했지만 전혀 불이 임하지 않았습니다.

그런데 그다음 엘리야는 혼자서 아주 간단하게 기도합니다.

아브라함과 이삭과 이스라엘의 하나님 여호와여 주께서 이스라엘 중에서 하나님이신 것과 내가 주의 종인 것과 내가 주의 말씀대로 이 모든 일을 행하는 것을 오늘 알게 하옵소서 여호와여 내게 응답하옵소서 내게 응답하옵소서 이 백성에게 주 여호와는 하나님이신 것과 주는 그들의 마음을 되돌이키심을 알게 하옵소서 하매 왕상 18:36–37

엘리야의 이 짧은 기도에 하나님은 불로써 응답하셨습니다. 이에 모든 백성이 엎드려 "여호와 그는 하나님이시로다"라고 했습니다. 그것은 "주 여호와가 하나님이신 것을 알게" 해달라고 한 엘리야의 기도가 하나님의 계획이었기 때문입니다. 단순히 기도를 오래 한다고 하나님이 역사하시는 것이 아닙니다. 기도는 계속해야 하고, 뜨거워야 하고, 연합해야 하고, 강해야 하지만, 더 중요한 것은 예수님 안에서 주시는 말씀을 붙잡고 기도하는 것입니다.

기도를 들으시는 하나님

한국 교회의 위기는 예수님을 바라보는 기도가 점점 희미해지고, 어느 순간부터 사람에게 보여주기 식의 기도가 많아진다는 것입니다.

또 너희는 기도할 때에 외식하는 자와 같이 하지 말라 그들은 사람에게 보이려고 회당과 큰 거리 어귀에 서서 기도하기를 좋아하느니라 내가 진실로 너희에게 이르노니 그들은 자기 상을 이미 받았느니라 마 6:5

예수님도 그 점을 지적하셨습니다. 바리새인들의 잘못된 경건 생활은 하나님을 바라보지 않고 사람을 의식해서 하는 기도, 외식하는 기도, 율법주의 기도입니다. 한국 교회도 점점 그렇게 되어가고 있습니다. 지금 우리의 기도도 너무나 상투적입니다.

영국의 소설가 허버트 웰스가 '대주교의 죽음'이라는 제목의 단편 소설을 썼는데, 거기에 경건하고 기도 많이 하기로 소문난 대주교가 나옵니다. 그는 하루도 거르지 않고 아침저녁으로 오랜 시간 기도를 드렸습니다. 그는 기도할 때마다 "오, 거룩하고 전능하신 하나님 아버지시여"라고 기도를 시작했습니다. 그런데 어느 날 대주교가 늘 하던 대로 "오, 거룩하고 전능하신 하나님 아버지시여"라고 기도를 시작했을 때 하늘에서 하나님의 음성이 들려옵니다. "그래, 내가 듣고 있다. 무슨 일인지 이야기해보아라." 순간 대주교가 얼마나 놀랐는지 심장마비를 일으켜 그 자리에서 죽고 말았습니다. 물론 소설에 나오는 풍자이지만 그 당시 성직자들이 형식적인 기도, 사람들에게 보이는 기도, 사람들로부터 칭찬받으려는 기도를 얼마나 많이 했는지 짐작할 수 있는 이야기입니다.

실제로 교회에서 기도하다보면 하나님께 기도하는 것이 아니라 사람들 들으라고 기도를 설교처럼 하는 경우도 있습니다. "하나님, 우리가 정말 사랑해야 한다는 것을 깨닫게 해주시고, 용서해야 한다는 것을 깨닫게 해주시고, 전도해야 한다는 것을 깨닫게 해주시고, 하나님 앞에 헌신해야 한다는 것을 깨닫게 해주소서." 지금 무슨 기도를 하는 것입니까? 이미 다 깨달았으면서 누구 들으라고 말하는 것입니까?

주님을 바라본다면 "주님, 사랑이 안 됩니다. 사랑할 힘을 주옵소서. 영적인 눈이 뜨이게 하소서"라고 기도하게 될 것입니다. 기도로 준비하라고 하면 기도를 들으시는 하나님을 주목하지 못하고, 기도를 함께 듣는 사람들을 의식해서 기도문을 명문장으로 만드는 데만 신경을 쓰기도 합니다.

그러나 예수님께서는 외식하는 기도를 하지 말라고 분명하게 말씀하셨습니다.

너는 기도할 때에 네 골방에 들어가 문을 닫고 은밀한 중에 계신 네 아버지께 기도하라 은밀한 중에 보시는 네 아버지께서 갚으시리라 마 6:6

예수님은 골방에서 기도하고 하셨습니다. 그런데 골방에 들어갔다고 다 골방기도는 아닙니다. 골방이란 단순히 아무도 보지 않는 깊숙한 방이 아니라 아무런 방해를 받지 않고 단둘이 만날 수 있는 공간을 말합니다. 그러니까 어디서든지 다른 사람의 방해를 받지 않고 주님 안에 거할 수 있다면 그곳이 골방이 될 수 있습니다.

사람들과 함께 모여서 기도해도 골방에서 하는 기도를 드릴 수 있습니다. 기도를 들으시는 하나님을 주목해서 바라보게 되면 그 자리가 바로 골방이 됩니다. 기도를 들으시는 하나님이 초점입니다. 이것이 바로 "너희가 내 안에 거하고 내 말이 너희 안에 거하면"(요 15:7)이라는 말씀의 의미입니다.

하나님과 연애하는 기도

저는 오늘날 교회에서 가장 고독한 분이 예수님이라고 생각합니다. 우리가 다 예수님의 이름으로 모였고, 예수님의 이름으로 기도하고 간구하지만, 우리는 예수님을 원하는 마음보다 자신의 문제를 해결해달라는 요구만 할 때가 많습니다. 하나님께 기도하는 사람들의 가장 큰 문제도 기도를 들어주시는 하나님을 즐거워하기보다 해결받고 싶은 문제에 더 사로잡혀 있다는 것입니다. 주님을 사랑하고, 주님을 만나기 원하고, 주님으로부터 들으려고 하지 않습니다. 하나님께 기도하지만 정작 하나님을 외면하고 하나님이 무시당하고 있는 것입니다. 담임목사인 저는 예수님의 이름으로 강단에 서서 성도들의 환영을 받는데, 예수님도 그런 환영을 받으실지 잘 모르겠습니다.

이에 반해 골방 기도는 하나님과 연애하는 기도입니다. 하나님만 바라보는 기도입니다. 그래서 골방에 들어가는 자는 하나님의 사랑에 흠뻑 젖어서 나오게 됩니다. 주님의 임재, 주님의 가까이 계심이 완전한 응답이며 진정한 행복입니다.

'내 기도하는 그 시간'이라는 찬송가의 찬송 작가는 윌리엄 월포드(William Walford) 목사님입니다. 그는 맹인입니다. 앞을 보지 못하지만 기도하는 그 시간만은 가장 즐겁다고 했습니다. 세상 근심 걱정에 얽매인 내가 진정한 소원을 주님 앞에 낱낱이 아뢸 수 있고, 불행 슬픔 당할 때도 위로해주시는 기도하는 그 시간이 가장 귀하다는 것입니다. 이것은 과장된 말이 아닙니다. 골방에서 하나님을 만나고 하나님의 놀라운 사랑을 체험하는 사람은 이 말이 절대 거짓말이 아니라는 것을 압니다. 이것이 진짜 기도입니다.

맹인처럼 기도하라

하나님 앞에 기도할 때 먼저 전제가 되어야 하는 것은 오직 예수님만 바라고 예수님 안에 거하는 것입니다. 예수님 안에 거하게 되면 예수님과 연애하는 시간이 되어 더 이상 "주시옵소서, 주시옵소서"라고 기도하지 않게 됩니다.

그러므로 그들을 본받지 말라 구하기 전에 너희에게 있어야 할 것을 하나님 너희 아버지께서 아시느니라 마 6:8

더 이상 우리가 원하는 것을 구하지 않아도 되고, 예수님께서 다 아신다는 것을 깨닫기 때문입니다. 욕심이 사라집니다. 기도를 하지 않는 것이 아니고 예수님께 완전히 맡기는 것입니다. 마음에 두려움이 없어지고, 무겁게 느껴지던 십자가가 가볍게 여겨집니다. 불평하던 입에서 찬송이 나옵니다. "아버지여 내 뜻대로 마옵시고 아버지의 뜻대로 하옵소서"라는 기도가 나옵니다. 기도하지 않을 때는 절대 그런 기도가 나오지 않습니다. 너무 감사하고, 너무 기쁘고, 예수님이 다 이루셨다는 확신이 생깁니다. 우리도 그렇게 기도해야 합니다. 그러면 예수님이 여러분의 기도를 강하게 이끌어가십니다. 생각지도 않던 기도 제목을 주시고, 평소에는 전혀 관심이 없던 문제를 향하여 간절히 기도하게 하십니다.

토론토 큰빛교회 집회 중 어느 새벽에 기도하는데, 문득 앞을 보지 못한 채 운전하고 있다는 생각이 들었습니다. 주님이 말씀하시는 것 같았습니다. 하나님이 제 마음속에 "맹인처럼 인도하심을 구하라"고 하셨습니다. 그날 그날의 일정이 이미 상세히 짜여졌고, 만날 사람들도 다 정해져 있으며, 전해야 할 설교문도 준비되어 있었습니다. 그런데 맹인이 된 것처럼 구하라고 하시니 너무 두려웠습니다. 차를 운전해서 가야 하는데 앞이 보이지 않는다면 얼마나 두렵겠습니까. 그때 필요한 것이 전적으로 예수님의 인도하심을 받는 것입니다.

> 너희가 오른쪽으로 치우치든지 왼쪽으로 치우치든지 네 뒤에서 말소리가 네 귀에 들려 이르기를 이것이 바른 길이니 너희는 이리로 가라 할 것이며 사 30:21

가만 생각해보니 스케줄이 정해졌고, 전할 말씀을 다 준비한 것 같아도 앞으로 어떤 일이 벌어질지 한 치 앞을 모르는 형편이라는 것을 깨닫습니다. 언제나 예상치 못한 만남이 있었고, 준비한 설교를 버리고 다시 말씀을 준비하기도 했습니다. 마치 앞을 보지 못하는 가운데 운전해야 하는 심정으로 기도해야 합니다. 이것이 예수님 안에 거하는 자세입니다.

이미 정해진 일정이지만 다시 한번 주님께 귀 기울이고, 이미 준비된 설교문이 있을지라도 강단에 서는 순간까지 주님께서 주시는 음성을 듣기 위해 기도해야 한다는 것을 알았습니다. 그날 새벽, 저는 마치 앞을 보지 못하고 운전을 해야 하는 사람처럼 주님의 이끄심을 갈망하였습니다.

임현수 목사님도 석방되기 15분 전까지 자신이 석방될지 몰랐다고 합니다. 캐나다에서 온 정부 특사를 만나고 공항으로 가게 된 것이 불과 15분 사이에 일어난 일입니다. 우리 앞에 어떤 일이 펼쳐질지 우리는 모릅니다. 그러면 어떻게 해야 합니까? 우리가 할 일은 예수님 안에 있는 것뿐입니다. 그래야 끝까지 기도할 수 있습니다.

임현수 목사님이 인터뷰 중에 "예수님과 밥 먹으며 대화하고, 노동하면서 기도했다", "끝이 안 보이는 긴긴 고통의 시간이었지만 주님과 나만의 시간으로 이길 수 있었다"라고 했습니다. 2년 반이라는 시간 동안 북한의 수용소에서 생활하면서 식사 시간마다 예수님과 대화하고, 얼어붙어 있는 땅을 파는 노동을 하면서 예수님과 함께한 것입니다. '언제쯤 풀려날 수 있을까?' 이런 생각을 했다면 무너졌을 것입니다. 매 순간 예수님 안에 있는 것만으로도 기뻤기 때문에 감사함으로 버틸 수 있었던 것입니다.

하나님이 우리 가운데 역사하시는 것도 똑같습니다. 하나님은 우리에게 며칠 뒤에 일어날 일도 말씀하지 않으십니다. 우리가 고난을 인내할 수 있는 힘은 예수님 안에 있는 기쁨밖에 없습니다. 지금 예수님 안에 있다는 확신으로 이겨낼 수 있는 것입니다.

예수님 안에 거하는 한 사람을 세우라

한국 교회의 영적 각성을 위하여 기도하면서 순간순간 좌절과 절망을 느낍니다. 한국 교회가 정말 새로워지고 정결해지고 성령으로 충만한 역사가 일어날지 의심이 들기 때문입니다. 그러면 주님은 "네가 섬기는 곳부터 개혁하라"고 하십니다. 한국 교회를 개혁하는 것은 하나님께서 하실 일이고, 제가 할 일은 제게 맡겨주신 곳에서 제대로 사역하는 것입니다.

그런데 또 좌절이 옵니다. 바르게 사역할 자신이 없기 때문입니다. 영적 각성이 일어나고 교회가 개혁되고 성령으로 충만한 사역을 하는 것은 제 능력으로 할 수 없는 일입니다. 그런데 주님은 "오직 한 사람을 예수님 안에 거하는 자로 세우라"고 하십니다. 그것만 하면 된다는 것입니다. 한번에 전체를 바꾸려고 하다보니 앞이 막막한 것입니다. 예수님 안에 거하는 한 사람을 계속 세워나가다보면 하나님이 역사하실 때가 반드시 옵니다. 그렇게 변화되는 교회가 하나둘 생기다보면 한국 교회도 반드시 변화될 것입니다.

여러분도 답답한 일이 많을 것입니다. 능력으로 감당할 수 없고, 자신에게 맡겨진 영역도 아닌 일을 위하여 기도할 때, 우리가 할 수 있는 일은 하나밖에 없습니다. 예수님 안에 거하기를 계속 힘쓰는 것입니다. 그러면 어느 순간 예수님 안에 거하는 것이 자연스러워지고, 마음에 예수님의 말씀이 거하게 되고, 하나님이 역사하시기 시작합니다. 하나님은 지금도 그런 사람을 준비시키고 계십니다. 한국 교회와 전 세계 열방에 새 부흥을 주시는 일에 하나님의 마음이 우리보다 더 간절하십니다.

우리의 문제는 준비된 사람이 없다는 것입니다. 예수님 안에 거하는 사람, 말씀을 붙들고 기도하는 사람이 너무 적은 것입니다. 그러니까 하나님이 역사하지 못하시는 것입니다. 여러분의 마음 속에 정말 예수님의 마음을 품고, 예수님 안에 거하고, 예수님의 말씀이 거하는 사람으로 서기를 바랍니다. 현재의 형편과 환경을 원망하거나 낙심하지 않고 오직 예수님만 바라봅시다. 하나님의 놀라운 역사를 눈으로 보고 귀로 듣게 되시기를 간절히 바랍니다.

prayer for revival

1. 주여, 눈을 열어 주를 바라보게 하소서. 제 안에 충만하소서. 그리하여 기도의 말문을 열어주소서. 기도의 능력으로 임하여주소서.

2. 주여, 붙잡고 기도할 말씀을 주소서. 계속해서 기도를 이끌어주소서. 오직 주님 안에 거하며 끝까지 기도할 수 있는 힘을 주소서.

3. 주여, 연약한 내 영혼을 통하여 일하소서. 주의 나라와 그 뜻을 위하여 저의 기도를 사용하소서. 기도하는 자리에서 분명히 주님의 인도하심을 받게 하소서.

왕이신 예수님께 순종하는 삶

해외에 나가보면 서양 사람들은 한국 사람, 중국 사람, 일본 사람을 구분하기 힘들어합니다. 하지만 우리는 보면 금방 압니다. 우리 눈에는 그 차이가 보이기 때문입니다. 그렇다면 세상 사람들에게 그리스도인은 어떻게 구별될까요? 식당에서 소리내어 식사기도 하는 것으로 구별될까요? 그렇기도 하지만 그것은 진정한 의미에서 예수 믿는 성도의 구별점은 아닐 것입니다.

성도는 원수도 사랑하는 사람, 항상 기뻐하고 감사하는 사람, 죄 안 짓고 사는 사람, 죽음도 두려워하지 않는 사람이어야 합니다. 왜냐하면 하나님께서 그렇게 살라고 말씀하셨기 때문입니다. 또 하나 분명히 해야 하는 것이 있습니다. 바로 '왕을 모시고 사는 사람'입니다.

우리가 예수님을 구주로만 여기면 안 됩니다. 주님과의 친밀함만 추구해서도 안 됩니다. 그러면 진정한 삶의 변화나 구원의 열매가 드러나지 않습니다. 우리는 한 걸음 더 나아가야 합니다. 예수님께서 우리 마음에 왕이 되셔야 합니다. 우리가 예수님을 믿는다는 것은 우리 안에 예수님이 왕으로 임하셨다는 뜻입니다. 그러니까 예수님을 믿고 산다는 말은 왕을 모시고 산다는 말과 같습니다. 그때부터 하나님의 영광이 드러납니다.

나를 고꾸라지게 한 죄

우리의 죄는 예수님을 믿으면서도 예수님을 왕으로 섬기지 않는 것입니다. 저는 어렸을 때 말을 잘 듣는 착한 아이였습니다. 소위 '범생이'로 분류되는 사람입니다. 목사가 되고 나서도 나름 성실하고 열심히 목회했습니다. 좋은 목사가 되려고 애썼습니다. 그러나 회심을 체험하던 날, 저는 기절하는 줄 알았습니다. 세상에 저처럼 큰 죄인이 없음을 깨달았기 때문입니다.

왜 저에게 그렇게 은밀한 죄가 많았을까요? 제 마음속에 왕이 안 계셨기 때문입니다. 예수님을 믿었고, 착하고, 성실했고, 모범적인 삶을 살았지만 마음속에 왕을 모시고 산다는 생각이 없었습니다. 주 예수님을 왕으로 섬기지 않으면서 율법주의적인 종교생활만 열심히 한 사람은 자신이 얼마나 큰 죄인인 줄도 모르고, 늘 염려하고 하나님을 원망하며 살게 됩니다. 그것이 회심할 때 저를 얼마나 애통하게 했는지 모릅니다.

아무리 성실하고 착해도 자기 마음대로 살려는 사람은 하나님과 상관이 없는 사람입니다. 아무리 믿음이 좋아 보이고, 신앙생활을 열심히 하는 것 같아도 그것으로 그 사람의 영적 상태를 판단할 수 없습니다. 성실하고 착한데 마음에 왕이 안 계신 사람은 어쩔 수 없이 거듭나야 할 사람일 뿐입니다. 차라리 허랑방탕하게 사는 사람은 자기가 죄인인 줄 알지만, 성실하고 착한 사람은 자신이 죄인이라는 것을 인정하기 싫기 때문입니다.

왕의 보좌에는 왕만 앉을 수 있습니다. 그런데 예수 그리스도가 아니라 내가 그 자리에 앉으면 내가 왕이 되는 것입니다. 아무리 성실하고 모범생이라도 왕의 보좌에 앉아 있는 것은 반역입니다. 그런데 우리가 그렇게 하고 있는 것입니다. 왕이신 예수님이 앉으셔야 하는 우리 마음의 보좌에 자신이 앉아 있는 것입니다. 이것이 제가 회심할 때 정말 '악' 소리 내고 고꾸라졌던 저의 죄입니다.

이 죄가 얼마나 심각한지를 아셔야 합니다. 우리가 예수님을 믿었다면 이제는 정말 예수님께서 왕 되신 삶을 살아야 합니다. 아무리 주의 이름으로 선지자 노릇하며 귀신을 쫓아내며 많은 권능을 행했다고 해도 예수님이 "내가 너희를 도무지 알지 못하니 불법을 행하는 자들아 내게서 떠나가라"(마 7:23)고 하시면 무슨 유익이 있겠습니까? 그들에게는 주 예수님이 왕이 아니었다는 말입니다. 아무리 주의 이름으로 놀라운 이적과 기사를 일으키는 사람이 있어도 속으면 안 됩니다. 예수님이 왕이 아닌 사람은 불법을 행하는 자일 뿐입니다.

예수님이 나의 왕인 사람

예수님은 우리를 죄에서 구원해주시는 분, 구주이면서 우리의 왕이십니다. 예수님을 구주로만 아는 것과 왕으로 아는 것은 차이가 있습니다.

> 이스라엘에게 회개함과 죄 사함을 주시려고 그를 오른손으로 높이사 임금과 구주로 삼으셨느니라 행 5:31

그러면 어떻게 해야 예수님이 왕인 사람이 될 수 있습니까?

1. 예수님이 왕으로 임하셨다

첫 번째는 예수님이 왕으로 임하셨음을 분명히 믿어야 합니다. 예수님이 우리 왕으로 임하셨습니다. 그것은 이미 우리에게 이루어진 하나님의 놀라운 은혜입니다. 왕이신 예수님이 내 안에 오셨다는 것이 믿어지는 것, 거기서부터 시작하는 것입니다.

믿음으로 말미암아 그리스도께서 너희 마음에 계시게 하시옵
고… 엡 3:17

많은 분이 예수님이 왕 되신 삶을 살지 못하는데, 그 이유는 왕
이신 예수님이 마음에 이미 오셨음을 믿지 못하기 때문입니다. 예
수님이 내 안에 왕으로 역사하시는 것을 체험한 후에 믿으려고 하
면 죽을 때까지 예수님의 왕 되심을 경험하지 못합니다. 예수님이
왕이 되심을 먼저 믿고 그다음에 체험하는 것입니다. 믿음으로 취
하는 그 순간부터 왕이신 예수님과 동행하는 삶이 실제로 체험됩
니다. 예수님께서 다가와주시기만 기다려서는 안 됩니다. 믿음으
로 "예수님이 나의 왕이시다. 내게 왕이 계신다" 이렇게 선포해야
합니다.

많은 분이 "예수님, 우리 가정에 임하여주소서. 우리 집에 오소
서"라고 기도하는데 그것은 아직 진정한 믿음이 아닙니다. 여전히
중심이 '나'이기 때문입니다. 예수님을 영접했으면 내 집이 아니라
예수님의 집입니다. 예수님의 집에서 내가 산다고 생각해야 합니
다. 하루 일과를 마치면 내 집이 아니라 예수님의 집으로 가는 것
입니다. "예수님, 오늘 여기서 자도 되나요? 이 이불을 덮어도 되
나요? 이 그릇을 써도 되나요?" 이렇게 물으면 매일매일이 감동입

니다. 이것이 엄청난 믿음의 차이입니다. 모든 소유권이 예수님께 있고 예수님의 허락에 따라 사는 것입니다.

2. 왕의 지시를 기다려라

두 번째는 항상 왕의 지시를 기다려야 합니다. 왕을 모시고 살기로 결단했다면 왕의 지시를 받아야 합니다. 항상 왕을 의식하며 말하고 행동해야 합니다. 왕을 모시고 사는 사람이니까 왕의 음성에 항상 귀를 기울여야 합니다. 예수님의 지시가 있고 나서 그 다음에 말하고 행동도 하는 것입니다. 이것이 왕을 모시고 사는 사람의 삶의 분위기입니다.

1. 마음의 생각을 분별하라

어떤 사람은 말을 함부로 하면서 자신은 이중적이거나 위선적인 사람이 아니어서 마음에 있는 것을 솔직히 다 말한다고 주장합니다. 이것은 참으로 미혹을 받은 사람입니다. 그가 얼마나 많은 사람에게 상처를 주는지 모릅니다.

우리 마음에는 예수님이 주는 생각과 마귀가 주는 생각이 있습니다. 그런데 생각의 영적 뿌리를 분별하지 못하고 마귀가 주는 생각을 자신의 생각인 것처럼 말해버리면 그것을 듣는 사람들에게 상처가 됩니다. 그러니까 마음의 생각을 항상 잘 분별해야 합니다. 왕이신 예수님이 지시하시는 것을 귀 기울여 듣고 말해야 합니다. 그러면 우리의 삶의 모습이 확 바뀝니다. 예수님을 왕으로 모시고 사는 사람은 함부로 말하거나 행동하지 않습니다.

만약 왕의 지시를 깨닫지 못하였다면 잠잠히 기다려야 합니다. "어, 저 사람, 왜 말이 없지?", "왜 저렇게 가만히 있지?", "아, 아직 주님의 지시가 안 왔나봐. 저 사람은 항상 예수님이 지시하는 대로 사는 사람이거든." 이런 평가를 받아야 합니다. 결혼한 사람과 싱글인 사람은 삶의 분위기가 다르듯이 예수님을 왕으로 모시고 사는 사람과 그렇지 않은 사람도 삶의 분위기가 확연히 다릅니다. 예수님을 왕으로 모시고 산다는 것을 믿었다면 말을 하든 행동을 하든 반드시 왕의 결재가 필요하다는 점을 명심해야 하고, 예수님으로부터 지시를 받는 훈련을 해야 합니다.

2. 예수님의 음성을 듣는 법

우리가 살아가다가 뜻밖의 순간에 어떤 강력한 내면의 음성을 들을 때가 있습니다. 마치 예수님이 내 이름을 부르며 말씀하시는 것 같은 그런 음성 말입니다. 길이나 광장에서도, 차에서도, 식당이나 극장에서도 들릴 수 있고, 혼자만의 조용한 시간에도, 인파 속 혼잡한 순간에 들려올 수도 있습니다.

하지만 처음부터 그것이 예수님의 음성이라고 확실하게 분별할 수 있는 사람은 없습니다. 그러므로 항상 주님을 바라보고 예수님의 말씀에 귀 기울이며 살아야 합니다. 그 말씀을 붙잡고 순종해볼 때 그것이 예수님의 음성이었는지 아니었는지 깨닫게 됩니다. 우리가 늘 가까이하는 사람은 얼굴을 보지 않고 목소리만 들어도 알 수 있습니다. 마찬가지로 우리가 예수님의 음성에 늘 귀를 기울여 살면 반드시 예수님이 자신에게 말씀하시는 음성을 구분할 수 있게 됩니다.

처음에는 주님의 음성이 실낱같이 들려서 귀를 기울여야 겨우 들을 수 있을 만큼 세미하지만 그것이 생명줄임을 알아야 합니다. 하나님은 지진 가운데 불 가운데에도 나타나지 않으시고 '세미한 소리'로 엘리야를 만나주셨습니다. 지금도 똑같습니다. 아주 세미한 음성으로 여러분에게 말씀하실 때 그것을 생명줄처럼 붙잡기 바랍니다. 그러면 어느 순간 동아줄보다 강하게 여러분을 붙들어주실 것입니다.

여러분의 마음과 생각 중에 주님의 역사라고 여겨지는 것이 무엇입니까? 잘 모르겠으면 여러분의 마음에 떠오르는 생각들을 찬찬히 기록해보십시오. 이것이 바로 예수동행일기이기도 합니다.

예수님의 음성은 가정이나 교회 공동체에서 분별해야 합니다. 또한 영적인 책임을 지고 있는 목회자와 분별해야 합니다. 예수님의 음성을 들으셨습니까? 그렇다면 그것은 놀라운 하나님의 인도함을 받은 것일 수도 있고, 어쩌면 미혹을 받은 것일 수도 있습니다. 그것이 진짜 하나님의 음성이라면 자신에게만 역사하는 것이 아니라 가정 문제면 가족들에게, 교회 문제면 교우들에게 동일하게 역사합니다. 그래서 공동체 안에서 성령의 하나 되게 하심을 따라 분별해야 하는 것입니다. 그리고 영적 지도자인 목회자를 통하여 분별받아야 합니다. 만약 그렇게 분별을 받기 싫다면 주님의 음성이 아니라 미혹일 가능성이 많습니다.

저는 교회 일을 결정할 때 장로님들과 성령의 하나 되게 하심을 따라 모든 사람이 하나가 되도록 기도하면서 결정했습니다. 그래서 어떨 때는 정말 하고 싶은 일이었는데 할 수 없게 된 일도 있었습니다. 그 경우에 내 생각을 내려놓고 그것이 하나님의 뜻이 아니거나 하나님의 때가 아니라고 받아들였습니다. 그러면서 서서히 장로님들과 하나됨으로 주님의 뜻을 분별하는 훈련이 되어졌습니다.

예수님은 성령 안에서 같은 마음을 주십니다. 같은 마음이 아니면 기다려야 합니다. 조급해지면 안 됩니다. 조급해지면 마귀의 미혹이 들어오고, 분열되고, 싸움이 나고, 엉뚱한 일이 벌어져 결국 큰 시험이 닥칩니다.

3. 주님의 생각은 내 생각과 다르다

예수님의 왕 되심의 가장 큰 걸림돌은 내가 판단하고 결론을 내리는 태도입니다. 판단 없이 살라는 말이 아닙니다. 주님의 생각이 자기 생각과 다를 수 있음을 인정해야 한다는 것입니다. 자기가 생각하기에 좋아 보이고 옳아 보이는 것 때문에 예수님의 왕 되심을 인정하지 않는 것입니다. 우리는 주님의 뜻을 넘겨짚지 말아야 합니다.

다윗은 성전을 짓고 싶었습니다. 그래서 나단 선지자에게 하나님의 성전을 건축하겠다고 말했을 때 나단도 그것을 좋게 여겼습니다. 그런데 그 밤에 하나님께서 나단 선지자에게 다윗이 성전을 지으면 안 된다고 말씀하셨습니다. 이처럼 자신이 가지고 있는 생각과 예수님의 생각이 다를 수 있음을 항상 마음에 두고 무슨 일이든 무슨 생각이든 분별해야 합니다. 분별하지 않으려는 고집이 들어가면 그다음부터 마귀가 무섭게 미혹시킵니다. 그렇게 미혹된 사람들 때문에 한국 교회가 하나님의 음성을 듣는 것에 대하여 부정적인 생각을 하게 된 것입니다. 대단히 안타까운 일입니다.

많은 그리스도인이 하나님은 좋으신 하나님, 용서의 하나님, 사랑의 하나님이라고 믿습니다. 틀린 말은 아니지만, 그러다보니 죄를 짓고 살면서도 '하나님은 사랑이 많으시니까 언제나 나를 용서해주실 것이다'라고 생각하는 경향도 생겼습니다. 이것은 한편으로는 맞고 한편으로는 아닙니다. 우리가 진정으로 죄를 애통해 하며 죄에서 벗어나기를 갈망하며 주님께 나오면 하나님은 분명히 용서하고 사랑하십니다. 그러나 죄에 대한 진정한 회개, 죄를 끊어버리려는 결단 없이 하나님의 용서와 사랑을 찬양한다면 이것은 스스로를 속이는 것입니다. 이것은 예수님으로부터 온 믿음이 아니며, 그런 사람은 결코 하나님의 사랑을 체험할 수 없고 하나님의 응답을 경험할 수 없습니다.

3. 왕께 절대 순종하라

예수님의 왕 되심에 가장 중요한 요소는 절대 순종입니다. 예수님의 말씀에 귀를 기울이고 그분의 뜻을 깨닫게 되었다면 그다음에는 절대 순종이 필요합니다. 왕을 모시고 사는 사람은 순종합니다. 예수님의 명령이 얼마나 힘든지, 얼마나 억울하고 고통스러운지 그런 계산이 없는 것입니다. 예수님이 왕이란 뜻은, 예수님을 따라 사는 일에 어떤 어려움이 와도, 어떤 손해를 봐도, 어떤 조롱을 들어도 순종밖에 없다는 의미입니다. 이런 이유로 순종하지 못하고 저것 때문에 순종하지 못한다면, 예수님은 이미 왕이 아닙니다. 말만 예수님이 왕이라고 하는 것입니다.

안타까운 것은 많은 성도가 예수님의 말씀을 가위질한다는 것입니다. 자신이 하나님의 말씀을 판단합니다. 성경을 펼쳐서 순종하기 어려운 말씀을 자르고, 이해가 안 되는 말씀을 찢어내면 나중에는 가죽 표지만 남게 됩니다. 무조건 순종하기로 해야 성경이 온전히 남는 것입니다. 이해가 되지 않아도, 경험해보지 않았어도 하나님의 말씀이니까 순종하는 것입니다.

가장 어려운 순종은 마음의 생각과 감정까지 바꾸어 순종하는 것입니다. 많은 그리스도인이 감정까지 순종하라는 말을 힘들어 합니다. "기분이 나쁜데 기뻐하라", "미운데 사랑하라", "정말 죽 겠는데 감사하라"고 하기 때문입니다. 그렇지만 예수님이 진짜 왕이시면 감정조차 순종해야 합니다. 우리가 말씀에 순종하지 못 하고 힘들고 어렵게만 느껴지는 것은 영적 실상을 알지 못해서 그 렇습니다.

악한 자가 만지지도 못하는 사람

여러분, 정말 무서운 것이 무엇인지 아십니까? 우리 마음에 마귀가 들어앉아 있는 것입니다. 우리 마음의 생각과 감정까지 예수님께 복종하지 않으면 우리 마음은 마귀가 주인 노릇을 합니다. 빈집 에는 거미나 쥐, 고양이, 들개 등 온갖 것들이 다 들어옵니다. 그 러나 집에 주인이 들어와 있으면 감히 그런 것들이 못 들어옵니다.

왜 많은 그리스도인들이 어린아이같이 유치한 행동을 반복하 고, 교회에서 불미스러운 사건들이 계속 일어나는 걸까요? 마음 속에 주 예수님이 왕이 아니라 육신의 정욕과 과거의 상처와 염려 와 두려움이 왕 노릇하고 있기 때문입니다. 미운 마음, 섭섭한 마 음, 분한 마음, 온갖 더러운 욕망, 정말 부끄러운 은밀한 죄들, 마 음의 상처, 어릴 때 들었던 말 한마디가 어른이 되어서도 우리를 이리저리 휘두릅니다. 그래서 우리가 감정조차 주님께 순종해야 하는 것입니다. 이처럼 마음에 왕이 계신 것이 분명한 사람은 마귀가 건드릴 수 없습니다.

> 하나님께로부터 난 자는 다 범죄하지 아니하는 줄을 우리가 아노라 하나님께로부터 나신 자가 그를 지키시매 악한 자가 그를 만지지도 못하느니라 요일 5:18

선교사 훈련을 하던 상담학 교수님이 탄식을 하셨습니다. 선교사 후보생들과 면담을 해보니까 그들의 마음에 상처가 너무 많다는 것입니다. 그 마음으로 선교지에 가면 현지 사람들의 마음에 상처만 준다는 것입니다. 선교사가 되기로 헌신하고 사명감이 투철하다고 해서 그의 마음에 예수님이 왕이신 것은 아닙니다.

마음에 마귀가 들어앉아 자신의 인생을 좌지우지하는 삶을 살고 싶습니까? 예수님이 우리 마음에 왕으로 오신 것은 놀라운 구원의 축복입니다. 예수님이 마음에 왕이 되시니 비로소 구원받은 자의 놀라운 삶을 살아가게 되는 것입니다.

예수님이 왕이 되신 삶의 축복

제자훈련 세미나 중에 한 목사님이 저에게 질문을 하셨습니다. "목사님은 24시간 주님을 바라보며 매일 예수동행일기를 나눈다

고 하셨는데, 힘들고 답답한 순간이 오면 어떻게 하십니까? 혼자
만의 시간을 갖고 싶거나 얽매인 삶에서 벗어나 마음대로 하고 싶
었던 적은 없었습니까?"

목사님의 질문을 듣고 제가 곧 대답해드렸습니다.

"저에게도 육신의 욕망은 여전하고 유혹도 받습니다. 주님을
바라보는 시간이 길어지더라도 그 점은 조금도 변함이 없고 오히
려 점점 더 강해지는 것 같습니다. 실제로 휘청거릴 때도 여러 번
있었습니다.

그러나 지금 저는 너무 편안하고 자유합니다. 만약에 제가 혼
자 있을 때는 엉뚱한 일탈도 하고, 은근슬쩍 죄를 즐긴다면 저는
말씀을 전하는 내내 심적인 고통을 겪을 것입니다. 겉으로는 말
씀을 전하고, 예수님을 전해도 실제 삶이 그렇지 못하다면 내적
으로 고통스러울 뿐입니다. 그래서 위선적이라는 자책감 없이, 감
추고 있는 욕망도 없이, 있는 그대로 주신 은혜를 나눌 수 있는
것이 얼마나 감사한지 모릅니다.

이것은 누구나 누릴 수 있는 복이 아닙니다. 주님을 바라보는
삶이 얽매이는 느낌이라면 저는 이처럼 계속 예수님을 바라보며 살
수 없었을 것입니다. 육신을 따라 살면서 얻게 되는 쾌락과 주님
과 동행하면서 누리는 평안과 자유는 비교가 되지 않습니다. 저는
이 기쁨과 평안과 자유함을 놓치고 싶지 않습니다. 재정적인 부
유함이나 육신적인 안락을 누리는 것과도 바꾸고 싶지 않습니다.

저는 지금 힘들고 답답한 것을 참고 견디는 것이 아니라 기쁨으로 나아가고 있습니다. 그래서 모든 목회자들에게 권해 드리고 싶은 것입니다. 제 경험에 의하면 이런 평안과 자유함은 한번 결심한다고 누려지는 것이 아니었습니다. 중단하지 않는 것이 열쇠입니다. 매일매일 꾸준히 주님을 바라보며 살 때 누려지는 것입니다."

목사님께 대답해 드리면서 저 스스로 놀랐습니다. 저도 알 수 없는 내면의 강권함으로 드린 말씀이었기 때문입니다. 저는 더 이상 다른 사람들이 안 보는 곳에 숨어 편히 쉬고 싶은 유혹이 없습니다. 예수님과 더 깊이 교제하고, 예수님 안에 더 깊이 거하고 싶은 갈망만이 제 속에 있습니다. 그 비결이 제 안에 왕으로 말씀하시는 예수님이십니다. 예수님과 온전히 동행하고 예수님이 왕 되신 삶을 산다는 것은 놀라운 구원입니다. 마귀가 더 이상 어떻게 해볼 수가 없습니다. 제 마음 깊은 곳까지 예수님께서 온전히 왕이 되시는 것보다 더 편한 것은 없습니다. 이보다 더한 자유는 없습니다.

예수님이 목표입니다

사도 바울은 골로새서 3장 4절에서 "우리 생명이신 그리스도"라고 표현했습니다.

우리 생명이신 그리스도께서 나타나실 그 때에 너희도 그와 함께 영광 중에 나타나리라 골 3:4

예수 그리스도는 우리의 생명이십니다. 예수님을 '생명'이라고 고백하는 것은 단순히 함께하는 것 이상의 깊은 의미가 있습니다. 예수님이 내 안에 오셔서 늘 나와 함께 계신다는 것으로는 생명을 다 설명할 수가 없습니다. 사도 바울은 갈라디아서 2장에서 "내가 그리스도와 함께 십자가에 못 박혔나니 그런즉 이제는 내가 사는 것이 아니요…"라고 고백한 다음 "오직 내 안에 그리스도께서 사시는 것이라"라고 했습니다. 이것이 주 예수님 안에 거하는 것이고 예수님이 우리의 생명이란 의미입니다.

주 예수님이 우리의 생명이 되시고 왕이십니다. 예수님이 왕이시기에 모든 결정권을 예수님이 가지고 계시고, 무슨 말을 하려고 할 때도 항상 예수님을 바라보고, 예수님이 말씀해주시는 것을 의지하는 것, 이것이 예수님이 나의 생명이시라는 뜻입니다. 예수님이 온 세상의 왕이시며 나의 왕이십니다. 우리는 오직 예수님으로 살 뿐입니다.

저는 목회하면서 처음에는 교회를 성장시키는 것이 저의 꿈이었습니다. 열심히 목회하여 교회가 부흥하고 성장하기도 했습니다. 그런데 만족이 되지 않았습니다. 목사는 교인이 아무리 늘어나도 만족하지 못합니다. '조금만 더, 조금만 더'라고 생각하며 계속 성장하기를 바랍니다. 저는 뭔가 잘못 가고 있다고 느꼈습니다. 가장 중요한 예수님을 놓치고 있었던 것입니다. 저는 실제로 교회가 성장하면서 교회의 부흥과 성장이 목표가 되면 안 된다는 것을 깨닫게 되었습니다.

그 후로 예수님이 제 목표가 되었습니다. 교회를 부흥하고 성장시키기 위해서 목회하지 않고, 예수님을 온전히 바라보고, 예수님의 왕 되심을 따라가는 것이 목표가 되었습니다. 사실 이 목표 때문에 목회하다가 발목이 잡히기도 하고 어려움도 많이 겪었습니다. 예수님을 목표로 삼았다고 해서 꼭 좋은 경험만 하는 것은 아닙니다.

그러나 어려운 상황 속에서도 마음을 정했습니다. 예수님이 하라고 하시면 순종하고, 예수님이 기뻐하시면 순종했습니다. 힘든 길을 자초하기도 했고, 매해 분립 개척을 하고 교인들을 어려운 미자립교회에 파송하면서 부작용도 많이 겪었습니다. 그러나 깨달은 것은 순종만이 살길이라는 것입니다. 결과는 예수님께 맡길 뿐입니다. 어떤 경우에는 잘 결정했지만, 어떤 경우에는 잘못 판단했을 수도 있습니다. 하지만 마음의 중심이 흔들리지 않는다면 혹시 잘못 판단했더라도 주님이 고쳐주실 것을 믿습니다. 우리가 책임질 수 있는 것은 아무것도 없습니다.

무조건 순종입니다

여러분은 올해 무엇을 순종했습니까? 어떤 역사를 체험했습니까? 도무지 순종할 수 없는데 예수님이 왕이시니까 순종한 것이 있습니까? 정말 바보 같다는 소리를 들을 정도로 순종한 적이 있습니까? 순종이 없으면 우리에게 체험도 간증도 없습니다. 순종한 것만 남습니다. 이때야말로 우리에게 예수님의 왕 되심이 절실합니다. 그러면 우리가 살 것이요 그렇지 않으면 우리는 비참해질 것입니다. 지금까지 살아보니까 내 마음대로 살면 엉망이지만, 예수님을 왕으로 모시고 순종하면 그것만이 제대로 살았던 삶이었습니다. 진짜 지혜는 순종입니다. 순종하고 순종하고 순종하고 사는 것이야말로 지혜입니다.

무슨 말씀인지 모르겠어도 무조건 순종입니다. 이런 태도를 가져야 갈등도 없습니다. 주님의 말씀을 들어본 다음 이해가 되나 확인해보고 순종하려면 순종할 수 없습니다. 고민하고 갈등하느라 시간이 다 지나갑니다. 그냥 완전한 순종이 필요합니다. 여러분, 그렇게 살아보시기를 바랍니다. 그때 비로소 하나님은 우리를 통해 놀라운 구원의 삶을 이루십니다. 할렐루야!

1. 왕이신 예수님께서 마음에 임하셨음을 믿고 살게 하소서. 믿어지게 하소서. 왕이 계심을 믿으니 모든 염려, 근심, 걱정, 두려움이 사라졌습니다.

2. 믿음으로 주님을 보게 하소서. 믿음으로 주의 음성을 듣게 하소서. 잠잠히 주님께만 귀를 기울입니다. 귀를 열어주소서. 지시하소서. 주의 뜻을 알게 하소서.

3. 주님, 완전한 순종을 드립니다. 주님이 말씀하시기 전에 제 마음은 이미 정해졌습니다. 순종하고 순종하고 순종하고 살겠습니다. 순종만 하며 살도록 성령으로 충만하게 하소서.

예수님의
사람

예수님 안에서 하나님의 영광을 보라

예수님을 바라보는 눈이 뜨이는 것은 정말 황홀한 일입니다. 많은 그리스도인이 예수님을 바라볼 수 없다고 말합니다. 예수님이 함께하지 않아서가 아닙니다. 아직 예수님을 바라보는 눈이 열리지 않았기 때문입니다.

이사야서 6장을 보면, 이사야가 하나님의 성전에서 하나님의 보좌를 보는 눈이 뜨이게 되는 사건이 나옵니다. 이사야는 눈이 뜨이자 그 자리에서 고꾸라집니다. 교회가 핍박으로 무너지는 답답한 현실 속에서 요한 사도가 밧모섬에 있을 때 영광의 예수님을 보게 됩니다. 그는 그 영광을 감당하지 못하고 주님 앞에 쓰러집니다. 이런 은혜가 이사야나 요한에게만 주어진 것은 아닙니다. 모든 그리스도인에게 주어진 은혜입니다. 지금은 하나님이신 성령께서 우리 안에 오셔서 항상 예수님의 영광을 바라보며 살게 되었기 때문입니다.

하늘에 속한 모든 신령한 복

에베소서 1장 3절에서 14절을 보면 영광에 대한 언급이 세 번 나오는데 3절에 "찬송하리로다"라고 시작된 문장이 14절까지 이어집니다. 사도 바울이 하나님의 영광을 바라보면서 예수님과 복음의 영광 앞에 완전히 사로잡혀서 감격에 벅차 찬송하였고, 그 후 거침없이 쉬지 않고 믿음의 고백을 이어간 것입니다. 사도 바울이 이 편지를 차디찬 로마 감옥에서 썼다는 사실을 생각하면 정말 놀랍습니다.

그러면 사도 바울이 받은 그 가슴 벅찬 감격이 무엇입니까? 예수님을 믿으면 누구나 받게 되는 '하늘에 속한 신령한 복'입니다. 예수님을 믿는 사람이 모두 받고 있습니다. 에베소서에서는 그 복을 세 가지로 말하고 있습니다. 첫 번째, 하나님이 우리를 하나님의 자녀로 선택해주셨다는 것입니다(엡 1:4-5). 두 번째는 우리가 예수 그리스도의 십자가의 보혈로 속죄함을 받았다는 것입니다(엡 1:7). 세 번째는 하나님의 성령께서 우리 안에 임하셨다는 것입니다(엡 1:13).

이 세 가지가 하늘에 속한 신령한 복입니다. 그리고 이 세 가지가 다 놀라운 복음의 영광입니다. 여기까지 예수님을 믿는 사람이라면 처음 들어보는 말은 없을 것입니다. 그러나 실제로는 잘 모르는 것입니다. 왜냐하면 자신의 삶에 그 영광을 보지 못하고 있기 때문입니다.

하나님의 자녀로 삼아주신 영광

'하늘에 속한 신령한 복'은 우리가 하나님의 자녀로 택함을 받았다는 것입니다.

> 곧 창세 전에 그리스도 안에서 우리를 택하사 우리로 사랑 안에서 그 앞에 거룩하고 흠이 없게 하시려고 그 기쁘신 뜻대로 우리를 예정하사 예수 그리스도로 말미암아 자기의 아들들이 되게 하셨으니 엡 1:4-5

하나님이 우리를 하나님의 사랑 안에서 자녀로 선택하셨다는 것은 지금 우리가 주님께 나와 예배하는 것을 보면 알 수 있습니다. 우리가 교회에 나와 신앙생활을 한다는 것 자체가 그 증거입니다.

나를 보내신 아버지께서 이끌지 아니하시면 아무도 내게 올 수

없으니 오는 그를 내가 마지막 날에 다시 살리리라 요 6:44

하나님께서 이끌지 아니하시면 아무도 하나님께 올 수 없다고 하셨습니다. 교회에 나와 예배를 드린다는 것은 하나님이 택한 자녀라는 놀라운 증거입니다. 그런데도 자신의 여러 부족함 때문에 하나님께서 자신을 택하지 않은 것 같다고 생각하는 자들에게 하나님은 명확히 말씀해주셨습니다.

그러나 하나님께서 세상의 미련한 것들을 택하사 지혜 있는 자들을 부끄럽게 하려 하시고 세상의 약한 것들을 택하사 강한 것들을 부끄럽게 하려 하시며 하나님께서 세상의 천한 것들과 멸시받는 것들과 없는 것들을 택하사 있는 것들을 폐하려 하시나니 이는 아무 육체도 하나님 앞에서 자랑하지 못하게 하려 하심이라 고전 1:27-29

자신이 미련하다고 생각하십니까? 남들에게 미련하다는 말을 들어봤습니까? 축하합니다. 하나님의 택하신 자녀입니다. 혹시 약한 분이 계십니까? 몸도 약하고, 가진 것도 없는 분이 계십니까? 축하합니다. 하나님의 택하신 자녀입니다. 또 집안이 별 볼 일 없습니까? 사람들에게 멸시받았습니까? 축하합니다. 하나님의 택하신 자녀입니다.

이스라엘 백성 역시 세상 모든 민족 중에 가장 적기 때문에 하나님께서 택하셨다고 했습니다. 자신의 초라한 모습만 보고 하나님의 택하심을 믿지 못하는 자들을 위해 하나님은 친절히 말씀하셨습니다. 여러분, 이것이 하나님의 말씀입니다. 우리가 할 일은 믿는 것입니다. 이 말씀을 정말 믿을 때 의심과 두려움과 염려, 열등감이 사라져버립니다. 이것이 영광입니다.

이는 그가 사랑하시는 자 안에서 우리에게 거저 주시는 바 그의 은혜의 영광을 찬송하게 하려는 것이라 엡 1:6

하나님이 나를 택하셨다는 사실이 믿어지는 것보다 더 놀라운 영광은 없습니다. 온 세상을 창조하고 다스리시는 만왕의 왕이신 하나님이 먼지보다 못한 나를 선택하셨다는 것보다 놀라운 영광이 어디에 있겠습니까.

모든 죄를 사해주신 영광

'하늘에 속한 신령한 복'은 하나님께서 우리를 모든 죄에서 깨끗하게 해주셨다는 것입니다.

우리는 그리스도 안에서 그의 은혜의 풍성함을 따라 그의 피로

말미암아 속량 곧 죄 사함을 받았느니라 엡 1:7

많은 그리스도인들이 안타깝게도 속죄함의 복음이라는 이 엄청난 은혜를 무감각하게 받아들입니다. 워낙 많이 들어보았기 때문입니다. 그러나 죄 사함을 받은 것이 얼마나 크고 놀라운 복인지 아십니까? 속죄함보다 귀한 복은 없습니다.

우리는 모두 무거운 짐을 지고 갑니다. 환난의 짐, 번민의 짐, 빈곤의 짐, 실패의 짐, 고독의 짐 등 여러 가지 짐을 지고 살아가고 있습니다. 이중 가장 무거운 짐이 죄의 짐입니다. 인생을 무겁게 하는 짐 가운데 가장 무서운 짐이기도 합니다.

그런데 성경은 우리의 모든 죄가 다 속죄함을 받았다고 말합니다. 그냥 용서받은 정도가 아니라 완전히 씻음을 받아서 하나님께서 기억하지도 않으신다는 것입니다. 세상에서는 전과가 남지만, 하나님 앞에서는 깨끗이 씻음을 받습니다. 이것이 우리가 받은 속죄의 은혜입니다.

그래서 속죄함을 받은 성도에게는 죽는 것도 복이 되는 것입니다.

또 내가 들으니 하늘에서 음성이 나서 이르되 기록하라 지금 이후로 주 안에서 죽는 자들은 복이 있도다 하시매 성령이 이르시되 그러하다 그들이 수고를 그치고 쉬리니 이는 그들의 행한 일이 따름이라 하시더라 계 14:13

주 안에서 죽는 것이 무슨 복입니까? 모든 죄가 사함을 받은 복을 받았기 때문입니다. 우리가 이 은혜를 누리는 것이 영광입니다. 차마 말할 수 없는 죄를 지었는데, 예수님이 십자가에서 죽으심으로 깨끗함을 받았다는 것은 생각할수록 놀라운 일입니다. 그래서 믿지 못하는 사람도 있습니다. 죄는 내가 지었는데, 예수님이 십자가에서 죽으셨기 때문에 내 죄가 깨끗하게 씻음을 받았다는 것이 도무지 믿어지지 않는 것입니다.

그런데 하나님의 자녀는 그 사실이 믿어집니다. 그것이 영광입니다.

이는 우리가 그리스도 안에서 전부터 바라던 그의 영광의 찬송이 되게 하려 하심이라 엡 1:12

말할 수 없는 죄인이 하나님의 영광의 찬송이 되게 하려 하신다는 것이 주님의 은혜입니다. 하늘에 속한 신령한 복입니다.

하나님이 내 안에 오신 영광

'하늘에 속한 신령한 복'은 하나님께서 우리 마음에 오신 것입니다.

그 안에서 너희도 진리의 말씀 곧 너희의 구원의 복음을 듣고 그

안에서 또한 믿어 약속의 성령으로 인치심을 받았으니 엡 1:13

예수님을 믿으면 우리 안에 놀라운 변화가 일어납니다. 예수님을 믿고 변화되지 않는 사람은 한 사람도 없습니다. 성령 하나님이 그 사람 안에 임하시는 변화가 일어나기 때문입니다.

하나님께서는 우리 안에 계신 성령으로 인하여 우리가 하나님의 자녀임을 아십니다. 자녀를 볼 때 헷갈리는 부모가 있습니까? 아이들이 많아서 자기 자녀를 찾지 못하는 부모가 있습니까? 그러면 부모가 아닐 것입니다. 아이들이 아무리 많아도 자기 자녀는 금방 눈에 들어옵니다. 하나님도 마찬가지입니다. 우리 안에 성령이 계시기 때문에 우리를 금방 알아보십니다.

성령께서 왜 우리 안에 오시는 것입니까? 그것은 우리가 약속받은 하늘에 속한 모든 복, 우리가 하나님의 자녀로 택함을 받은 것과 예수님의 피로 속죄함 받은 것을 보증해주기 위해서입니다.

이는 우리 기업의 보증이 되사 그 얻으신 것을 속량하시고 그의 영광을 찬송하게 하려 하심이라 엡 1:14

예수님을 주님으로 부르고, 하나님을 아버지라고 부르고, 마음에 성령의 근심이 느껴지고, 하나님의 일을 하기 위한 소원이 내 안에 생기고, 사랑하고 용서해야 한다는 마음이 들고, 어떻게든

복음을 전하고 싶어지는 것은 다 성령의 역사입니다. 그 사람 안에 성령이 오셨기 때문에 일어나는 일들입니다.

어떻게 하나님이 우리 마음에 오실 수 있겠습니까? 도무지 믿어지지 않고 상상도 되지 않는 일입니다. 그러나 실제로 우리 안에서 일어난 것입니다. 이것이 영광이요 우리로 하여금 그의 영광을 찬송하게 하십니다.

마음을 지키지 못하면 영광을 볼 수 없다

이런 은혜를 받고도 무감각하고, 기쁠 일이 없고, 복받은 것도 없다고 하는 이유는 무엇입니까? 사도 바울은 감옥에서도 하나님을 찬양하였는데, 왜 우리는 같은 은혜를 받고 그처럼 찬양하지 못하고, 짜증이 많고, 화를 잘 내고, 기쁨과 감사와 사랑이 없이 사는 것입니까? 많은 그리스도인들이 메마르고 답답하게 살며 율법주의적인 종교생활을 하는 이유는 마음을 지키지 못하고 내버려두었기 때문입니다.

그 중에 이 세상의 신이 믿지 아니하는 자들의 마음을 혼미하게 하여 그리스도의 영광의 복음의 광채가 비치지 못하게 함이니 그리스도는 하나님의 형상이니라 고후 4:4

그리스도의 영광의 복음의 광채가 예수님을 믿는 이들에게 임했습니다. 햇빛보다 말할 수 없이 강한 빛이신 예수 그리스도께서 모든 그리스도인에게 임한 것입니다. 그런데도 마음이 답답하고 우울하고 짜증이 나는 것은 마음을 지키지 못하여 마귀가 마음을 혼미하게 만들어버렸기 때문입니다. 손으로 눈을 가리면 아무리 밝은 불빛 아래서도 캄캄하듯이, 영광의 복음의 광채가 비취지만 마음을 지키지 못하면 마음이 캄캄해지는 것입니다. 여러분은 마음을 얼마나 지키며 삽니까?

얼굴과 머리를 관리하는 데 얼마나 마음과 정성을 드립니까? 수시로 거울을 보고 얼굴에 뭐가 묻지 않았는지, 화장이 지워지지는 않았는지, 머리는 단정한지 계속 확인합니다. 그것에 비하면 마음 관리는 어떻습니까? 얼굴이 중요하지 않다고 말할 수는 없습니다. 그러나 얼굴과 비교가 되지 않을 정도로 마음이 중요합니다.

그런데도 대부분 마음은 그냥 내버려둡니다. 우울하면 우울한 대로, 짜증이 나면 짜증나는 대로, 온갖 나쁜 생각, 악한 생각, 더러운 생각, 세상 생각을 다 품으면 안 된다는 의식이 없이 마음속에 그냥 내버려둡니다. 그래서 그리스도의 영광의 복음의 광채가 비치지 못하는 것입니다. 이것은 마귀가 그렇게 만들고 있다는 것을 깨닫지 못하기 때문입니다.

우리가 얼굴을 가꾸는 것 이상으로 마음을 지키며 살아야 합니다. 그러면 우리의 일상의 삶 속에서 어떻게 이런 일들이 일어날 수 있는지, 어떻게 이런 놀라운 은혜가 임했는지 놀라게 됩니다.

그러나 우리는 하나님을 경외하지 않았다

이사야가 이스라엘 백성들의 마음 상태를 이렇게 지적합니다.

> 주께서 이르시되 이 백성이 입으로는 나를 가까이 하며 입술로는 나를 공경하나 그들의 마음은 내게서 멀리 떠났나니 그들이 나를 경외함은 사람의 계명으로 가르침을 받았을 뿐이라 사 29:13

이사야는 이스라엘 백성들이 말로는 하나님을 공경하고 하나님을 믿는다고 하면서 마음은 하나님을 멀리 떠났다고 합니다. 그 증거는 마음을 보면 알 수 있습니다. 하나님을 마음에 두기 싫어하고, 세상이 좋아 보이고, 마음은 세상 생각으로 가득했습니다. 그들은 나름대로 하나님을 경외하는 것처럼 보였습니다. 많은 제사를 드렸고 율법을 지키는 외적인 경건의 모양이 있었습니다. 그들 스스로 그것에 만족하고 있었습니다. 그런데 그것들은 모두 사람의 교훈을 따르는 것에 불과한 것이었습니다. 이것이 율법주의적 종교가 되어버린 이스라엘 백성들의 신앙의 위기였습니다.

우리도 교회생활을 열심히 하는 것보다 중요한 것이 있음을 알아야 합니다. 마음으로 함께 계시는 주님을 따라가는 삶입니다. 몸만 교회에 왔다고 다 예배가 아닙니다. 마음이 예배하느냐 하는 것이 중요합니다. 하나님은 마음의 예배를 받으십니다. 마음으로 하나님을 찬양하고, 감격하고, 감사하고, 정말 뛸 듯이 기뻐하는 예배가 아니면 진정한 예배가 아닙니다.

많은 그리스도인이 자기 나름대로는 예수님을 믿는다고 생각하지만 율법주의적인 종교생활을 하고 있을 뿐입니다. 마음의 상태는 예수님과 너무 멀어져 있는 것입니다.

이런 상태를 이사야는 영적으로 잠들어 있다고 말했습니다.

대저 여호와께서 깊이 잠들게 하는 영을 너희에게 부어주사 너희의 눈을 감기셨음이니 그가 선지자들과 너희의 지도자인 선견자들을 덮으셨음이라 사 29:10

그러므로 내가 이 백성 중에 기이한 일 곧 기이하고 가장 기이한 일을 다시 행하리니 그들 중에서 지혜자의 지혜가 없어지고 명철자의 총명이 가려지리라 사 29:14

정말 기이하고 기이한 일은 영광의 예수님을 모시고 살면서 감격도, 기쁨도, 감사도, 간증도 없이 답답하다, 힘들다, 슬프다,

괴롭다, 못 살겠다고 하며 사는 것입니다. 여러분도 이런 기이한 현상의 주인공은 아닙니까? 빛보다 더 강하신 예수님을 모시고 살면서도 감동이 없다, 기쁨이 없다, 사는 재미가 없다고 말하는 사람은 영적으로 잠들어 있는 것입니다. 눈이 완전히 감긴 것입니다.

영적으로 잠들어 있는 상태에 계속 머무르면 안 됩니다. 마음에 주님이 임하셨다는 사실부터 분명히 믿어야 합니다. 성도에게 불평불만이 있다면 그것은 소유가 부족해서가 아닙니다. 자신이 받은 '하늘의 신령한 복'에 대하여 눈이 뜨이지 않았기 때문입니다. 예수님께 눈을 열어달라고 기도해야 합니다. "예수님, 저도 모르는 사이에 제 영혼이 잠들어버리고, 눈이 감겨버리고, 마음이 혼미하게 되었습니다. 그래서 볼 것을 보지 못하고, 엉뚱한 것만 바라보고 있습니다. 제 눈을 열어주세요"라고 간절히 기도해야 합니다.

은혜를 은혜로 보는 눈이 열려야 한다

저는 하나님의 택하심을 받아 목사까지 되었습니다. 그런데 한동안 그 택하심이 귀한 줄 몰랐습니다. 저 같은 사람은 어떻게 살든지 결국 목사가 될 수밖에 없다는 말을 듣고 선택의 여지 없이 신학교에 가야 하는 줄 알았습니다. 마치 도살장에 끌려가는 소 같았습니다. 어릴 때부터 수없이 들은 죄사함을 받은 은혜도 감격스럽지 않았습니다. 은혜를 은혜로 보는 눈이 뜨이지 않았기 때문입니다.

그런데 예수님을 만나고 눈이 열리니까 제가 지옥에 갈 수밖에 없는 죄인임을 깨닫게 되었습니다. 그제서야 속죄함의 감격을 느꼈습니다. 그러자 하나님이 나를 택하여주신 것, 목사로 부르신 것이 너무나 감격스러웠습니다.

하나님의 영광을 보는 눈이 뜨이면 모든 것이 달라집니다. 예전에는 예수님이 제 안에 오셨다는 사실이 도무지 믿어지지 않았고 오히려 부담스러웠습니다. 예수님을 모시고 살면 내가 하고 싶은 것도 못하고, 예수님만 따라가야 한다고 생각했습니다. 그런데 24시간 예수님을 바라보게 되면서 예수님과 동행하는 것처럼 놀라운 은혜와 복이 없다는 것을 깨달았습니다. 제 안에 예수님이 오셨다는 것이 얼마나 놀라운지 모릅니다.

우리에게 부어주신 하나님의 은혜는 부족함이 없습니다. 우리에게는 앞으로 받을 은혜가 아니라 이미 받았던 은혜, 지금 받고 있는 은혜를 깨닫는 눈이 뜨여야 합니다. 명심하기 바랍니다. 우리는 앞으로 복을 받을 사람이 아니고 이미 엄청난 복을 받은 사람입니다. 우리를 택하신 말할 수 없는 영광, 말할 수 없는 속죄의 영광, 성령 하나님이 임하신 말할 수 없는 은혜를 주셨는데 하나님께서 무슨 은혜를 더 주실 것이 있겠습니까? 이것이 깨달아질 때가 정상적인 은혜의 상태이고, 진정한 부흥이 임한 것입니다.

제가 어느 교회 부흥회를 인도한 뒤 메일을 받았는데 한 성도가 부흥회 간증을 작성해서 저에게 보내주셨습니다.

저는 이번 부흥회를 많이 기대했고 간절히 사모했습니다. 살아계신 주님을 만나보고 싶었습니다. 그동안 저는 주일예배를 드리면 신앙생활의 의무를 다 했다고 생각하며 살아왔습니다. 그런데 언제부터인가 예수님의 존재는 안개처럼 희미해지기 시작했고, 열심히 일해서 돈도 벌고, 가족 모두 편안히 생활하고, 더 큰 집을 마련하고, 좋은 차도 타고, 좋아하는 취미생활도 하고, 남는 것이 있으면 인심도 조금 쓰고 그렇게 사는 것이 최선의 삶이라 여기며 살았습니다.

그런데 이번 집회에서 "그가 내 안에, 내가 그 안에 거하면 사람이 열매를 많이 맺나니 나를 떠나서는 너희가 아무것도 할 수 없음이라"는 말씀에 마음이 찔려왔습니다. 안개처럼 희미하여 어디 계신지 분간하기도 어려웠던 예수님의 존재가 제 마음에 계신다는 사실을 확신하게 되었습니다. 그리고 부흥회 마지막 날 "모든 것을 해로 여김은 내 주 그리스도 예수를 아는 지식이 가장 고상하기 때문이라 내가 그를 위하여 모든 것을 잃어버리고 배설물로 여김은 그리스도를 얻고 그 안에서 발견되려 함이니"라는 말씀이 또 한 번 제 마음을 쳤습니다.

작년 겨울에 돌아가신 아버지 생각이 났습니다. 평생 과학자로 살아오신 아버지는 예수님을 믿지 않으셨는데, 돌아가시기 두 달 전 꿈

속에서 황금 옷을 입은 예수님으로부터 세례를 받았다고 하시며 당신이 평생 읽었던 서적들과 알고 있었던 모든 지식들이 다 쓰레기임을 깨달았다고 말씀하셨습니다.

저로서는 정말 이해되지 않는 말씀이었습니다. 그런데 아버지의 이 말씀을 이해할 수 있을 것 같았습니다. 이제는 저도 지금까지 붙잡고 있던 지식이나 가치관을 다 내려놓고 예수님만 바라보고 살기를 기도합니다. 이제는 주님께서 지금도 저에게 말씀하고 계신다는 것을 확신합니다. 아무것도 한 것이 없고 무익한 저에게 소리도 없이 모양도 없이 빛으로 찾아오신 예수님, 감사합니다. 언제나 제 마음에 거하시기를 소원합니다.

주변 환경은 하나도 변하지 않았지만 완전히 다른 세상이 되어 버린 것 같은 이런 역사는 은혜의 눈이 뜨일 때 일어납니다. 이것이 하나님의 영이 우리 가운데 역사하시는 방법입니다. 눈이 뜨이고 나면 하나님의 영광이 얼마나 놀라운지 깨닫게 됩니다.

외국에서 오신 분들이 한국에 와서 가장 놀라는 것 중에 하나가 교회가 정말 많다는 것입니다. 우리는 무수한 십자가가 익숙하니까 아무런 감흥도 없습니다. 그러나 만약 초대 교회 성도들이 이 수많은 교회를 본다면 그들은 감격의 눈물을 흘릴 것입니다. 우리에게 은혜를 은혜로 보는 눈이 뜨여야 합니다.

하나님의 영광이 우리 가운데 드러나고 있어도 우리는 무감각할 수 있습니다. 그래서 육신의 눈에 보이는 것만 바라보아서는 안 됩니다. 진짜를 바라보는 눈이 열려야 합니다. 분명히 함께하시고, 세미한 음성으로 말씀하시고, 역사하시는 주 예수님을 바라보아야 합니다. 다윗처럼 아주 평범한 것에서도 주님의 역사를 볼 수 있어야 합니다.

사무엘하 6장에 보면 여호와의 법궤가 예루살렘으로 들어올 때 다윗이 너무 좋아 하나님 앞에서 뛰놀며 춤을 추다보니 자기의 하체가 드러나는 줄도 모르고 춤을 추었습니다. 그 날 다윗이 하늘의 천사를 보았을까요? 신하들이나 다윗의 아내 미갈이 보았던 것과 똑같이 법궤가 들어오는 것을 보았을 뿐이었습니다. 그러나 다윗은 춤을 출 정도로 기뻤습니다. 마음이 정결하고 영적인 눈이 뜨인 사람은 그 속에서 하나님의 영광을 보는 것입니다.

도처에서 일어나는 하나님의 영광을 보라

같은 하루를 살아도, 같은 한국에서 살아도 다 같이 보는 것은 아닙니다. 주님이 눈을 열어주시면 어려워 보였던 삶의 형편과 처지 속에서도 감격의 찬송과 감사가 넘쳐나게 됩니다. 2017년 부산 수영로교회에서 열린 어머니 금식기도회에서 말씀을 전했습니다. 집회 가운데 하나님께서 제 마음에 말할 수 없는 위로를 주셨습니다. 단순히 사람이 많이 모여서가 아닙니다. 한국 교회는 지금 온갖 구설로 힘든 시기를 보내고 있습니다. 한국 교회에 대한 부정적인 전망이 대세입니다. 그러나 주님께서는 한국 교회를 결코 포기하지 않으셨고 여전히 한국 교회를 떠나지도 버리지도 않으셨다는 분명한 증거를 제 눈으로 보게 하셨기 때문입니다.

저는 1957년에 태어나서 신학교에 가기 위해 부산을 떠날 때까지 부산에서 20년을 살았습니다. 그 후 목사가 되어 1990년부터 1999년까지 부산에서 10년을 목회하였습니다. 그리고 다시 2017년 부산을 찾았습니다. 그 세 번의 기간만 돌아보아도 부산에 뚜렷한 영적 진보가 있음을 알 수 있었습니다.

부산 어머니 기도회의 열기는 대단했습니다. '이것이 기도구나!' 하고 기도의 힘을 회복하였습니다. 부산의 교회와 교회가 연합하는 모습, 목회자들과 평신도들이 서로 존경하며 연합하는 일도 너무나 놀라웠습니다. 주님께서 역사하지 않으셨다면 있을 수 없는 역사가 일어나고 있었습니다. 그러나 부산이 언제나 이랬던 것은 아니었습니다. 저의 개인적인 경험만 보더라도 부산에 일어나는 영적인 변화는 너무나 분명했습니다. 하루하루를 보면 변화가 없는 것 같지만, 20년 단위로 보니 그 변화가 더욱 뚜렷합니다.

부산 해운대에서 동성애 퀴어 축제가 열렸던 적이 있었는데, 해운대 해변 쪽에 모인 인원보다 동성애 반대 피켓을 든 사람들이 몇 배 더 많았으며 특별히 청년들이 많았습니다. 2014년 해운대에서 열렸던 성령집회 때, 비가 쏟아지는데도 10여만 명의 성도들이 요동하지 않고 김용의 선교사의 메시지를 듣고 뜨겁게 회개하며 기도하였습니다. 뿐만 아니라 부산 지역은 다음세대 학교 기도모임 사역도 놀랍게 일어나고 있습니다. 부산이 영적으로 뜨겁게 달구어져 있음을 깨달았습니다.

한국 교회는 결코 무너지고만 있지 않습니다. 무서운 핍박의 시기를 만나 무너지고 황폐해지는 듯 보였지만, 주님은 소아시아 일곱 교회를 결코 버리지도 떠나지도 않으셨음을 요한에게 일곱 별을 붙잡고 일곱 금 촛대 사이를 거니시는 모습으로 보여주셨습니다. 마찬가지로 주님은 지금도 한국 교회 안에 거하시며 역사하고 계심을 보여주고 계십니다.

눈을 뜨고 보면 하나님의 영광이 지금도 도처에서 일어나고 있다는 것을 알게 됩니다. 무엇보다도 우리의 심령 속에 그 증거가 너무 분명합니다. 지금도 우리 안에 구원받는 영혼들이 있고, 은혜의 눈이 뜨이는 성도들이 있고, 성령의 충만함을 받는 성도들이 있습니다. 여러분 개인의 삶도 똑같습니다. 여러분의 삶 속에서도 주님은 은혜로 역사하고 계십니다. 여러분을 붙잡고 계시고, 우리 민족과 나라를 붙들고 계십니다.

힘들고 어려워서 기쁨을 모르고 지내십니까? 사도 바울을 생각해보시기 바랍니다. 사도 바울은 감옥에서 에베소서를 썼습니다. 차가운 감옥에서도 바울은 "영광, 영광, 영광"이라고 외쳤습니다. 찬송은 좋은 환경이어서 나오는 것이 아닙니다. 우리에게 필요한 것은 받을 은혜가 아닙니다. 받고 있는 은혜를 아는 것입니다. 하나님께서 택해주셨고 죄를 사해주셨고 우리 마음에 임하여주셨습니다. "내가 복받은 자구나!" 이 확신이 생기면 "충분합니다. 더 이상 원하는 것이 없어요!"라고 고백하게 됩니다. 여기서 은혜의 삶이 시작되는 것입니다. 주님이 마음에 임하셨음을 믿고, 세미한 음성이라도 듣고 순종하겠다는 결단이 있으면 우리가 주님의 영광을 보게 될 것입니다.

prayer for revival †

1. 우리의 마음을 열어주셔서 영광의 주를 바라보게 하소서. 우리 가운데 함께 계시는 주님, 이미 영광 가운데 임하신 주님을 눈을 열어 보게 해주소서.

2. 우리가 받고 있는 은혜가 무엇인지 깨닫게 하소서. 우리가 얼마나 많은 은혜를 받고 있는지, 하나님이 우리에게 부으시는 은혜를 바라보는 눈을 뜨게 해주소서.

3. 세상에 끌려가지 않고, 오직 주님의 은혜에 이끌려 살게 하옵소서. 구원받은 하나님의 자녀답게 천상의 노래를 부르게 하소서.

예수 그리스도와 함께 있는 사람

그리스도인을 그저 "예수님을 믿는 사람"이라고 말하는 것은 아쉬움이 있습니다. 한국 사람을 한국을 믿는 사람이라고 말합니까? 미국 사람은 미국을 믿는 사람입니까? 그렇지 않습니다. 그냥 한국 사람이고 미국 사람입니다. 그러니까 엄밀히 말하면 그리스도인은 '예수님을 믿는 사람'이 아니라 그냥 '예수님의 사람'이라는 것이 더 정확한 표현일 것입니다.

우리는 '예수님의 사람'입니다. 야고보 사도는 마귀도 하나님을 믿고 두려워 떤다고 했습니다. 그러므로 우리는 단순히 '예수님을 믿는다'는 정도에 머물면 안 됩니다. 나는 죽고 예수로 사는 사람이지, 예수님을 믿는 사람만은 아닙니다. 예수님 안에 거하는 사람이요, 예수님이 그 사람 안에 거하심으로 예수 그리스도와 한 몸이 된 사람이 그리스도인입니다.

'예수님의 사람'이 제자입니다. 예수님은 조직도 건물도 세우지 않았고, 책도 쓰지 않으셨습니다. 오직 제자를 세워 그들을 훈련하셨습니다. 그리고 제자들에게도 가서 제자를 삼으라고 명령하셨습니다. 예수님은 단순히 예수님을 믿는 무리를 원하지 않으셨습니다. 오천 명의 많은 무리가 오병이어의 기적을 체험하고, 수많은 사람이 예수님을 따라오기도 했습니다. 그들도 예수님을 믿었지만, 예수님은 그들을 보고 그렇게 기뻐하지 않으셨습니다. 언젠가 자신을 떠날 것을 알았기 때문입니다. 예수님은 정말 자신과 함께하는 사람, 무슨 일이 있어도 끝까지 예수님과 함께하는 사람, 진짜 '예수님의 사람'을 원하셨습니다. 그런 사람이 제자입니다.

예수님의 제자는 누구인가?

예수님은 제자를 세우실 때 세 가지 목적을 가지고 계셨습니다(막 3:13-15). 첫째, 일평생 주님과 함께 있는 자입니다. 둘째, 복음을 전하는 자입니다. 셋째, 귀신을 내어쫓는 자입니다. 이 세 가지 목적이 분명한 사람이 예수님의 제자입니다. 여러분은 예수님의 제자입니까? 그렇게 생각하는 근거가 무엇입니까? 예수님과 항상 함께 있고, 전도도 하고, 귀신도 내어쫓는 권세가 있는 사람입니까? 이 세 가지 기준을 충족하는 사람이 예수님의 제자입니다.

베드로가 제자로 세워지기 전에 베드로는 이 세 가지 중에 어느 것도 해당이 되지 않았습니다. 그러나 제자가 된 이후에 베드로의 삶은 이 세 가지 바탕 위에 세워졌습니다.

제자의 조건 중에 가장 중요한 것이 평생 주님과 함께하는 자가 되는 것입니다. 이것이 되면 거기서 전도하고 귀신을 내어쫓는 권세도 나오는 것입니다. 그래서 예수님은 3년 동안 제자들과 늘 같이 있었습니다. 그런데 문제는 예수님이 부활 승천하시고 나서 제자들만 남게 되었을 때입니다. 제자들은 정말 난감했을 것입니다. 한동안 하늘만 쳐다보았을 것입니다. 아마 그들은 자신들이 죽은 다음에야 다시 예수님과 함께 지낼 수 있으리라 생각했을 것입니다. 죽어서 천국에 가야 예수님과 함께 살 수 있다고 생각한 것입니다.

내가 그 둘 사이에 끼었으니 차라리 세상을 떠나서 그리스도와 함께 있는 것이 훨씬 더 좋은 일이라 그렇게 하고 싶으나 빌 1:23

예수님도 그렇게 표현하신 적이 있습니다.

너희는 마음에 근심하지 말라 하나님을 믿으니 또 나를 믿으라 내 아버지 집에 거할 곳이 많도다 그렇지 않으면 너희에게 일렀

으리라 내가 너희를 위하여 거처를 예비하러 가노니 가서 너희를
위하여 거처를 예비하면 내가 다시 와서 너희를 내게로 영접하여
나 있는 곳에 너희도 있게 하리라 요 14:1-3

제자는 이 땅에서도 예수님과 함께 산다

성경은 예수님과 함께 있는 곳이 천국이라고 말하고 있습니다. 제
자들도 당연히 예수님이 올라가신 하늘을 쳐다보며 우리도 죽으
면 저 하늘에서 예수님과 함께 있을 거라고 생각한 것입니다. 그
런데 그 말은 지금 여기서는 함께 있지 않다는 뜻이 됩니다. 그런
데 성경은 우리가 천국에서도 예수님과 함께 있지만, 지금 여기서
도 예수님과 함께한다고 분명히 말씀하고 있습니다.

어찌하여 서서 하늘을 쳐다보느냐 너희 가운데서 하늘로 올려지
신 이 예수는 하늘로 가심을 본 그대로 오시리라 행 1:11

죽어서야 예수님을 만난다는 생각은 책망받을 생각입니다. 우
리가 죽고 난 다음에 천국에서 예수님과 함께 살겠지만, 이 땅에
서도 예수님과 함께 사는 놀라운 삶을 예수님이 우리에게 허락하
셨습니다. 바로 성령을 부어주신 것입니다. 그들은 처음에 성령이
임한다는 것이 무슨 뜻인지 몰랐습니다. 성령이 임하시면 어떤 일

이 벌어지는지 도무지 알지 못했습니다. 보혜사 성령을 기다리라고 하니까 하나님이 약속하신 것을 주시기를 기다렸던 것입니다. 그리고 오순절에 성령을 받았습니다.

성령이 그들에게 임하셨을 때 그들은 비로소 예수님이 지금도 자신들과 함께하신다는 사실을 깨달았습니다. 3년 동안 예수님과 함께 생활했는데 예수님이 십자가에 죽으시고, 부활 승천하시고, 성령을 받고 난 다음에는 예수님이 지금 자기 마음에 오셨다는 것을 깨닫고 미칠 듯이 기뻤습니다. 이런 사람이 예수님의 제자입니다. 예수님이 내 안에 오셔서 나와 함께하시는 것에 진정한 눈이 뜨인 사람, 그것이 정말 믿어지는 사람, 이런 믿음을 가지고 사는 사람이 '예수님의 사람'입니다.

내가 너희를 고아와 같이 버려두지 아니하고 너희에게로 오리라 조금 있으면 세상은 다시 나를 보지 못할 것이로되 너희는 나를 보리니 이는 내가 살아 있고 너희도 살아 있겠음이라 요 14:18-19

예수님은 분명히 약속하셨습니다. 예수님의 재림 때를 말씀하는 것이 아닙니다. 지금 우리가 누리고 있는 은혜입니다. 우리는 더 이상 고아가 아닙니다. 예수님이 지금도 우리와 함께 계십니다. 우리를 절대로 혼자 내버려두지 않습니다. 이 땅에서 예수님과 동행하다가 예수님 앞에 가서 영원히 예수님과 함께 사는 것입니다.

예수님과 함께 살면 종이라도 괜찮다

예수님과 함께 산다면 환경이나 사람은 아무런 문제가 되지 않습니다. 어려운 문제가 해결되고, 나를 힘들게 하는 사람이 떠나가고, 내가 원하는 것이 이루어져야만 행복할 것으로 생각했지만, 예수님을 알고 나면 예수님과 함께하는 것만으로도 충분합니다.

초대 교회 교인들 중에는 종이 많았습니다. 그때 당시 주인과 종 사이는 하늘과 땅 차이입니다. 그런데 사도 바울은 종의 신분인 그리스도인들에게 이렇게 권합니다.

형제들아 너희는 각각 부르심을 받은 그대로 하나님과 함께 거하라 고전 7:24

예수님이 함께하면 종이든지 주인이든지 문제가 될 것이 없다는 것입니다. 예수님과 동행하는 종이 예수님을 모르는 주인보다 훨씬 낫습니다. 예수님을 바라보는 눈이 뜨이고 나니 비로소 깨달아지는 진리입니다. 어떤 형편과 처지에도 마음속에 기쁨과 감사가 넘칩니다. 예수님이 함께 계시는 것에 눈이 뜨이면 그렇게 됩니다.

요셉이 늘 확인하고 싶었던 것도 '하나님의 함께하심'이었습니다. 종으로 팔려갔을 때, 억울하게 감옥에 끌려갔을 때에도 요셉은 다른 것은 보지 않고 언제나 하나님이 자신과 함께 계시는 것을 보았습니다. 성경에도 "여호와께서 요셉과 함께하시므로"라는 구절이 계속 나옵니다. 요셉은 그것으로 충분했습니다. 아버지 집에 돌아가지 못해도, 종으로 살아가고, 억울하게 감옥에 끌려가도 여호와 하나님이 함께하시는 것이 분명하니 요셉은 밝은 얼굴로 자기에게 주어진 일을 열심히 해서 주인에게 인정받고 간수장에게 인정받다가 총리까지 된 것입니다. 이것이 예수님이 우리 안에 오신 것을 진짜로 믿는 성도들이 누리는 축복입니다.

오직 내 안에 그리스도가 사는 새 사람

여러분의 삶이 힘들고 억울하고 이해되지 않을 정도로 고통이 많아도 상관없습니다. 예수님이 지금 여러분과 함께 계십니다. 예수님과 하나가 되어서 살아가면 어려움이 모두 간증이 됩니다. 오히려 하나님의 영광이 드러납니다. 그저 예수님을 믿는다는 사람과 예수님과 하나가 된 사람은 다릅니다. 그래서 예수님이 예수님을 믿는 우리를 가리켜 "나는 포도나무요 너희는 가지라"(요 15:5)라고 표현하신 것입니다. 예수님은 포도나무이고 우리는 가지니까 예수님과 하나인 사람입니다. 예수님을 믿는 것은 예수님과 한 몸이 되는 것, 곧 연합하는 것입니다.

> 그러므로 우리가 그의 죽으심과 합하여 세례를 받음으로 그와 함
> 께 장사되었나니 이는 아버지의 영광으로 말미암아 그리스도를
> 죽은 자 가운데서 살리심과 같이 우리로 또한 새 생명 가운데서
> 행하게 하려 함이라 롬 6:4

예수님과 함께 나는 죽었고 예수님이 나의 생명이 되십니다. 여
러분이 이 은혜를 받았습니다. 이것이 우리가 받은 가장 놀라운
복입니다. 이 사실을 정말 믿고 스스로 계속 이렇게 고백해야 합
니다.

> 내가 그리스도와 함께 십자가에 못 박혔나니 그런즉 이제는 내가
> 사는 것이 아니요 오직 내 안에 그리스도께서 사시는 것이라
>
> 갈 2:20

사도 바울의 고백은 곧 우리의 고백입니다. 어려운 문제를 만났
을 때나 사람들 앞에서나 나는 죽고 예수로 산다고 고백하면 반
드시 예수님 안에 거하는 자가 누리는 말할 수 없는 은혜와 복을
받게 됩니다. 예수님을 믿는 것은 "나는 예수님과 함께 이미 죽었
고 예수님의 생명으로 산다"는 고백으로 사는 것입니다. 그것이

예수님을 가장 잘 믿는 것입니다.

우리가 예수님을 믿고 예수님과 온전히 하나 되었음을 믿는다고 세상이 바뀌지는 않습니다. 직장도 그대로, 만나는 직장 동료도 그대로, 이웃도 그대로입니다. 세상은 달라진 것이 하나도 없습니다. 남편이나 아내, 부모와 자식이 달라진 것도 아닙니다. 예수님을 믿은 '자신' 외에는 달라진 것이 없습니다.

예수님을 믿고 회심했다면 자신이 완전히 달라졌습니다. 옛 사람은 죽고 새 사람이 되었으니 전혀 새로운 존재입니다. 전에는 마귀가 주인 노릇하던 마음의 중심에 예수님이 오셔서 이제는 주님과 함께 삽니다. 예수님과 나는 완전히 하나가 되었습니다. 나의 생각은 죽었고 예수님의 마음을 품고 살아갑니다. 그러면 세상이 달리 보이게 되고 하나님이 역사하시는 삶, 기적이 일어나는 삶을 살게 됩니다.

그 심장을 저 여자에게 주세요

하형록 목사님은 세 번째 심장 이식 수술을 받아야 하는 절박한 처지가 되었습니다. 그는 이미 두 번이나 심장 이식 수술을 받았기 때문에 법적으로 세 번째 수술을 받지 못합니다. 두 번째 심장 이식 수술 이후 16년 동안 그는 자신에게 주어진 마지막 기회라 여기고 가정도 비즈니스도 하나님이 기뻐하시는 대로 이웃 사랑을 목표로 기업을 일구며 살아왔는데, 또다시 심장 이식이 필요한 상태가 된 것입니다. 이것은 목사님에게 정말 절망적인 소식이었습니다.

그런데 담당의가 찾아와 다시 심장 이식 수술을 하려고 하니 혈관 시술을 해보자고 말했습니다. 그러자 목사님이 의사에게 "전 이미 두 번이나 심장 이식 수술을 받아서 더 이상 기회가 없잖아요?"라고 말했습니다. 그 말에 의사는 웃으면서 "나도 알고 있습니다. 그러나 21년 전 사건을 기억합니까?"라고 물었습니다.

21년 전, 목사님에게 처음으로 심장에 문제가 있다는 것을 알고 날마다 이식 가능한 심장이 나타나기만을 간절히 기다리고 있었습니다. 드디어 이식이 가능한 심장이 생겼는데, 그때 옆 병실에 심장 이식이 필요한 여자 환자가 입원을 하였습니다. 그런데 공교롭게도 자신이 이식받게 된 심장이 그 여자에게도 꼭 맞는 심장이라는 것을 알게 되었습니다. 더욱이 그 여자는 당장 수술을 받지 않으면 이틀을 넘기기 어렵고, 자신의 경우 약을 쓰면 한 달 정도 더 버틸 수 있다고 해서 고민과 갈등을 거듭한 끝에 "네 이웃을 네 몸과 같이 사랑하라"는 하나님의 말씀에 깊이 결단을 합니다.

"그 심장을 저 여자에게 주십시오."

의사가 크게 당황했지만 그는 자신보다 더 위급한 환자에게 그 심장을 양보했습니다. 그리고 나서 정확히 7일 후에 그는 혼수상태에 빠졌고 3주 후에 다른 병원에서 거절한 그다지 좋지 않은 심장을 이식받아 5년을 버티다가 다시 두 번째 심장을 이식받고 지금까지 살아왔던 것입니다.

그런데 지난 20년 동안 법이 개정되었고, 그가 좋은 심장을 다른 사람에게 양보한 기록이 병원에 남아 있었기 때문에, 결국 그는 심장 이식 수술을 한 번밖에 받지 못했다고 인정을 받게 되어, 세 번째 심장 이식 수술을 받을 수 있다는 것이었습니다. 참 놀라운 일입니다. 하형록 목사님은 그 순간 '아, 이것이 은혜구나! 하나님께서 기뻐하시도록 살았구나!'라고 깨달았다고 했습니다.

하나님이 보시기에 좋으시다면!

그러면서 하 목사님은 한국어로는 정확한 의미를 번역할 수 없는 성경의 단어 하나를 설명해주었습니다. 바로 '페이버'(favor)인데, 우리말 성경에서는 "은혜", "은총"이라고 보통 번역됩니다. 그런데 정확한 의미는 아닙니다. 페이버는 하나님의 사람들이 하나님께 무언가 간절히 간구할 때 쓰는데, 단독으로 쓰이지 않고 꼭 구절로 씁니다. 'favor in your eyes', "하나님이 보시기에 좋으시다면"이라는 뜻입니다. 그러니까 "하나님이 보시기에 좋으시다면 저에게 이렇게 이렇게 해주소서"라고 기도하는 것입니다.

우리가 엄청난 은혜라고 할 때 두 가지 의미가 있습니다. 하나는 받을 수 없는 것을 받은 것이 은혜입니다. 다른 하나는 자비입니다. 마땅히 받아야 할 것을 받지 않게 된 것, 곧 죗값이 사하여진 것입니다. 그러나 은혜에는 제3의 의미가 있습니다. 페이버(favor)는 "하나님이 보시기에 좋았다"라고 하시는 삶을 살 수 있는 은혜입니다. 하나님이 보시기에 좋은 사람이 되고 그런 삶을 사는 것은 은혜입니다. 그것은 하나님께서 만들어주시기 때문입니다.

여러분, 우리가 하나님 앞에 꼭 이루어주시기를 간구하고 싶은 것이 있다면, 하나님이 보시기에 우리가 아주 은혜로운 상태여야 합니다. 하나님이 보시기에 여러분의 삶은 너무너무 좋습니까? 어떤 사람이 하나님이 보시기에 좋을까요? 바로 예수님의 마음을 가지고 사는 사람입니다. 하나님은 자기 마음은 죽고 예수님의 마음을 가지고 사는 사람이 좋으실 수밖에 없습니다.

예수님의 마음은 우리를 위하여 십자가를 지신 마음입니다. 그 마음으로 사는 우리도 십자가 지는 마음으로 사는 것입니다. 그러면 사람도 환경도 다 달리 보이고 정말 돕고 싶고 사랑만 하고 살고 싶습니다. 이런 사람을 보시는 하나님의 심정이 바로 '페이버'입니다. 그가 너무너무 사랑스러운 것입니다. 우리는 항상 하나님이 보시기에 좋은지를 생각하며 모든 것을 결정해야 합니다. 24시간 주님을 바라보는 것은 바로 그런 삶을 살기 위한 것입니다.

하나님이 주시는 페이버

우리는 다 복을 받기 원합니다. 그러나 어떻게 해야 복을 받는지는 잘 모르는 것 같습니다. 간절히 기도만 하면 복을 받는 것이 아닙니다. 주님의 마음을 품고 하나님을 사랑하고 이웃을 사랑하면 됩니다. 하나님이 보시기에 좋으면 됩니다.

하형록 목사님은 여러 번 뜻밖의 사람으로부터 대가 없는 도움을 받았습니다. 언젠가 오랜 친구 토마스 목사가 이렇게 물었다고 합니다.

"너에게 왜 이런 행운이 계속되는지 알아?"
"내가 정말 알고 싶은 게 바로 그거야. 넌 그 이유가 뭐라고 생각해?"
"결정적인 순간에 이웃을 사랑하라는 하나님의 말씀에 순종했기 때문이야."

심장 이식 수술을 받지 못하면 34살의 나이에 죽게 생겼습니다. 어린 딸이 둘이나 있는데 어떻게 심장을 포기할 수 있겠습니까? 그런데 하나님이 주시는 마음은 포기하라는 것입니다. 그래서 순종한 것입니다. 하나님께서 그것을 기억하셨습니다. 하나님이 보시기에 좋을 수밖에 없는 것입니다. 그러니까 결정적인 순간에 좋은 일들이 일어나게 해주시는 것입니다. "네가 십자가를 지라", "네가 용서해라", "네가 먼저 사랑하라" 이것이 은혜입니다.

우리가 그렇게 살면 하나님이 보시기에 좋습니다. 하나님이 보시기에 좋은 것이 최고입니다. 그러면 하나님이 나에게 뭐든지 주고 싶으십니다.

하형록 목사님이 설립한 건축 설계 회사인 '팀 하스'는 복을 받으려고 시작한 기업이 아닙니다. 희생하고 이웃을 사랑하기 위하여 기업을 시작했습니다. 그가 기업을 운영하면서 세운 중요한 원칙은 언제나 희생하는 편을 택하라는 것입니다. 그것이 하나님이 보시기에 좋은 것이기 때문입니다.

사실 비즈니스하는 사람이 손해 보고 희생한다는 것은 진짜 어려운 일입니다. 그런데도 항상 문제가 생기면 책임지고 손해 보는 바보 같은 선택을 합니다. 그런데도 자꾸 계약이 성사되고, 수주를 받고, 어려운 고비를 넘기고, 사람들이 보기에도 믿을 만한 회사, 저 사람과 손잡고 일하면 손해 보는 일이 없고, 저 사람과 일하면 모든 문제를 책임지고 해결해주고, 만족스러운 결과를 얻는다는 신뢰가 쌓이니까 미국 정부의 건축 자문 위원 역할까지 하게 되었습니다. 예수님의 마음으로 하면 이런 길을 가게 됩니다.

이처럼 하나님이 보시기에 좋은 것이 우리에게 있어야 합니다. "만약 하나님께서 저를 좋게 보신다면", "If I have found favor in your eyes", 이것이 하나님의 사람들의 기도였습니다. 아브라함, 모세, 기드온, 다윗, 에스더, 예레미야, 룻, 엘리야, 느헤미야, 사무엘, 솔로몬이 다 이렇게 기도하였습니다. 우리가 기도할 때 반드시 이것을 기억해야 합니다.

예수님의 마음을 품고 사는 은혜

예전에 제가 담임했던 교회들 역시 하나님께서 은혜로 지탱해주셨습니다. 교회 안에 분열과 다툼이 없었던 이유는 하나님이 은혜로 덮어주셨기 때문입니다. 하나님의 은혜가 사라졌다면 곧바로 무너졌을 것입니다. 하나님이 은혜로 덮어주셨으니까 서로 좋게 보이고, 사랑스러워 보이고, 의견이 안 맞아도 금방 하나가 되었던 것입니다.

하나님께서는 선한목자교회도 은혜로 덮어주셨습니다. 교회가 부도 위기에 몰리고 예배당 공사도 마무리짓지 못했을 때, 그래도 어려운 교회를 도우려고 했던 몇 번의 순간이 떠오릅니다. 우리도 빚이 많지만 일본의 형제 교회를 돕기 위해 5억을 더 대출받아 도왔던 일이 하나님이 보시기에 좋으셨던 것 같습니다. 예배당을 완공하고 예수전도단을 비롯한 여러 연합모임에 예배당을 과감히 열어준 일, 형제교회 파송과 분립개척 지원 등 그 일이 하나님이 보시기에 좋았던 것이 아닐까요?

하나님은 우리에게 정말 은혜를 베풀어주고 싶어하십니다. 그럴 때 우리도 하나님께서 우리에게 은혜를 주시도록 살아야 합니다. 바로 예수님의 마음을 품고 모든 일을 결정하는 것입니다. 사실 하나님이 정말 잘했다고 하기에 저 역시 부끄럽습니다. 처음부터 "아멘! 할렐루야" 했으면 좋았을 텐데, 쉬운 순종이 아니라서 고민하기도 했기 때문입니다. 그래도 하나님은 마지막 결론이 순종이라는 것을 귀하게 받으셨습니다. 그래서 하나님이 우리를 은혜로 덮어주신 것입니다.

여러분도 복을 받기 원하십니까? 말 한마디라도, 행동 하나라도 예수님이 보시기에 좋으시도록 하면 됩니다. 일상생활에서 예수님의 마음을 가지고 살아가면 됩니다. 오늘 그리고 내일, 또 새로운 하루가 시작되는데 예수님의 마음을 품고 살아보는 흥분이 있어야 합니다. 오늘 그리고 내일, 여러 가지 일이 있겠지만 예수님의 마음으로 살면 사람을 만나도, 문제가 생겨도 괜찮습니다. 예수님이 우리와 함께하십니다. 그리고 하나님께서 우리가 그렇게 사는 것을 좋게 보시면 우리에게 은혜와 복을 마음껏 쏟아 부어주십니다.

우리의 처지와 형편은 어려움이 많지만, 예수님은 이미 우리 안에 오셨습니다. 우리가 주님과 온전히 하나 된 제자입니다. 그러니까 예수님만 바라보고 예수님만 의지하며 살겠다고 결단하시기 바랍니다. "하나님께서 좋게 보시면" 이것이 우리가 기도하는 마음이요 준비요 자세입니다. 여러분, 꼭 그 마음으로 기도하고, 여러분 안에 오신 예수님을 분명히 바라보고, 예수님의 마음을 품고 모든 것을 생각하고 판단하면서 살게 되기를 축복합니다.

1. 주님과 동행함으로 모든 순간에 주님이 함께 계심이 믿어지게 하소서. 그 주님을 온전히 바라보는 눈을 열어주소서.

2. 나의 마음은 죽고 예수님의 마음으로 살게 하소서. 주님이 보시기에 좋다고 말씀하실 수 있는 예수님의 마음으로 모든 일을 보고 말하고 행동하게 하소서.

3. 오직 도와주고 사랑만 하고 살며, 말과 행동이 주님을 향한 순종이 되게 하소서. 하나님 보시기에 좋았다고 하실 만한 그 은혜를 부어주소서.

사나 죽으나 예수님을 위하여

신학자인 마르바 던(Marva J. Dawn)이 자신의 책에서 대학원 시절 유대인 철학자의 강의를 들은 이야기를 소개한 적이 있습니다. 그때 유대인 철학자가 유대교 랍비들이 전하는 '미드라쉬'(Midrash, 구약성경에 대한 해석을 모음)을 인용했는데, 창세기 22장에 이삭을 하나님께 바치라는 시험을 당한 아브라함이 하나님과 대화하는 장면입니다.

아브라함이 하나님께 묻습니다.

"하나님, 제가 왜 이런 일을 겪어야 하나요? 하나님, 제 믿음을, 하나님을 향한 제 충성심을 알지 못하셔서 저를 시험하시는 건가요?"

그러자 하나님께서 "나는 너를 시험할 필요가 없다"라고 대답하셨습니다. 아브라함이 "그렇다면 충성심을 훈련하기 위해서 시험이 필요했나요?"라고 다시 묻습니다. 하나님께서 그것도 아니라고 하셨습니다. "그럼 무엇 때문에 제가 이 일을 겪어야 했나요?" 하고 아브라함이 묻자 하나님께서 대답하셨습니다.

"열방에 증거하기 위해서다."

이것이 아브라함이 받았던 시험에 대한 유대교 랍비들의 해석입니다.

증인의 믿음으로 살라

우리도 이 교훈을 새겨들을 필요가 있습니다. 왜 남이 겪지 않는 고난을 겪느냐고 한탄하지 말고, 하나님께서는 '하나님을 믿는 사람이 어려움을 만났을 때 어떻게 사는지', 다른 사람들에게 증거로 삼고 싶어하신다는 것을 믿자는 것입니다.

하나님께서는 사탄이 욥을 시험하는 것을 허락하십니다. 사탄은 하나님이 잘해주면 사람들이 하나님을 믿고 감사하지만, 어렵고 고통스러우면 누구나 하나님을 원망하고 떠날 것이라는 논리를 가지고 있었습니다. 그러나 하나님은 욥은 그렇지 않다고 욥을 믿으셨습니다. 욥이 시험을 당한 이유는 하나님이 욥의 믿음을 증거하시고자 했기 때문입니다.

욥뿐만 아니라 우리도 시험을 당합니다. 우리에게 어려운 일이 닥치고 고통스러운 순간이 찾아왔을 때 마귀는 만면에 미소를 지으며 우리의 입에서 하나님을 원망하는 말, 불평하고 포기하는 말이 나올 것이라 장담하며 기다립니다. 우리는 여기에 대답해야 합니다. 어려운 순간에도 여전히 하나님을 찬양하고, 여전히 하나님을 믿는 믿음을 고백하고, 하나님이 나에게 복을 주셨다고 선포하는 것은 너무나 중요하며 귀하고 복된 일인 것입니다.

구세군의 창시자인 윌리엄 부스(William Booth)의 딸이기도 하면서 모두에게 여사령관이라고 불렸던 구세군의 탁월한 여성 리더 에반젤린 부스(Evangeline Booth)가 스위스 누샤텔 감옥에 갇혔을 때 했던 고백입니다.

내 영혼의 사랑이신 주께서

나와 함께 계시니

감옥도 천국으로 변하도다

여러분, 이런 사람이 증인입니다. 하나님은 우리를 이런 증인으로 쓰기를 원하십니다.

말씀대로 살지 못한다는 속임

예수님은 인생의 집을 반석 위에 세워야 한다고 말씀하셨습니다

(마 7:24-27). 그 반석은 하나님의 말씀을 듣고 그대로 행하는 삶의 태도입니다. 예수님이 말씀하시면 그대로 순종하는 삶의 태도를 가진 사람은 그의 인생이 반석 위에 세워진 집 같아서 어떤 어려움이 와도 무너지지 않습니다.

여러분은 예수님이 말씀하시면 그대로 순종하는 사람입니까? 한국 교회 성도들은 설교도 많이 듣고 성경도 많이 읽습니다. 또 한국 교회처럼 기도회와 집회와 예배가 많은 나라가 없을 것입니다. 그렇지만 한국 교회 성도들이 예수님이 주시는 말씀에 순종하여 그대로 사는지는 심각하게 반성해야 할 일입니다. 말씀을 많이 듣지만 행하지 않으면 모래 위에 집을 짓는 것과 똑같습니다.

말씀을 듣기만 하고 순종하지 않는 것은 정말 두려운 일입니다. 하나님의 말씀대로 살면 복을 받고 세상 방식대로 살면 망하는 것을 머리로는 압니다. 하지만 마음으로는 반대로 믿습니다. 하나님의 말씀대로 살면 바보처럼 사는 것이고, 세상은 세상 방식대로 살아야 한다고 믿습니다. 하나님의 말씀대로 사는 것을 두려워합니다. 은혜를 사모하고 하나님의 말씀을 듣고자 하는 갈망은 대단한데, 그 말씀대로 살라고 하면 다들 힘들어하고, 어떻게 그렇게 살 수 있냐고 화를 내기도 합니다.

"나는 죽고 예수로 살라", "원수도 사랑하라"는 말씀이 여러분에게 달게 들립니까? 아니면 마음이 불편합니까? "항상 기뻐하라 쉬지 말고 기도하라 범사에 감사하라", "고난을 두려워하지 말라"는 말씀을 모르는 것이 아닙니다. 귀한 말씀이라고 생각은 합니다. 그러나 그 말씀대로 살아야겠다는 마음은 없습니다.

환경이 어려워서 말씀대로 살지 못하는 것이 아닙니다. 두려움 때문입니다. 말씀대로 살 담대함이 없는 것입니다. 한번은 교육자선교회 연찬회에 말씀을 전하러 갔었는데 대부분 "목사님, 요즘 학교가 너무 어려워요. 전도하기 너무 어려워요"라고 했습니다. 그 말을 들으면서 저는 그 분들이 완전히 속고 있다는 생각이 들었습니다. 왜냐하면 전도는 항상 어려웠기 때문입니다. 지금만 그런 게 아닙니다. 초대 교회 때 박해가 심한 지역에서는 전도하기 어려운 정도가 아니라 전도하면 감옥에 갔습니다. 전도하면 순교해야 했습니다.

우리나라의 형편이 어렵다고 하면 초대 교회 때, 북한과 일본, 중국에서 예수 믿는 사람은 무엇이라 말해야겠습니까? 복음은 전도하기 좋았던 환경 때문에 전해진 것이 아닙니다. 하나님을 진짜 믿으면 환경을 탓하고 사람을 탓하고 불평하지 않게 됩니다. 하나님의 말씀을 들은 대로 그대로 순종하느냐가 우리 인생이 반석 위에 세워지는지 여부를 결정합니다.

사나 죽으나 예수님을 위하여

여러분, 왜 순종할 믿음이 없습니까? 자신의 힘으로 하나님의 말씀대로 살아보려고 애를 썼기 때문입니다. 그러면 어떻게 하면 하나님의 말씀대로 살 수 있습니까? 예수님 안에 거하는 것입니다. 그러면 주님이 우리 안에 임하셔서 역사하실 수 있습니다.

사도 바울은 예수님 안에 거한다는 것은 사나 죽으나 예수님을 위해서 사는 것이고, 우리는 예수님의 것이라고 고백했습니다.

우리가 살아도 주를 위하여 살고 죽어도 주를 위하여 죽나니 그러므로 사나 죽으나 우리가 주의 것이로다 롬 14:8

우리가 이런 결단으로 예수님 안에 거하면 예수님이 우리 안에 거하시고, 우리 삶 속에서 예수님이 많은 열매를 맺으시겠다고 약속하셨습니다. 우리의 문제는 우리의 생각과 판단이 좀처럼 죽지 않는다는 것입니다. 어떤 문제와 상황을 만났을 때 하나님의 말씀보다 자신의 생각이 앞섭니다. 그리고 자기 생각을 가지고 하나님의 말씀을 판단합니다. 성경을 읽어도 계속 말씀을 오려냅니다. 믿어지지 않고 이해되지 않고 순종하기 싫은 말씀은 외면합니다. 그런 사람은 모래 위에 집을 짓는 것과 똑같은 삶의 태도를 가진 것입니다.

예수님의 말씀은 순종해도 되고 안 해도 되는 것이 아닙니다. 예수님을 믿었으면 사나 죽으나 예수님을 위해서 살아야 합니다. 예수님이 생명줄입니다. 예수님이 우리 인생을 건져주십니다. 사나 죽으나 예수님을 위해서 살면 우리 삶의 모든 것이 다 바뀌어 버립니다. 여러분의 인생이 어려움에 부딪혔습니까? 어떻게 해야 할지 모르겠습니까? 그러면 사나 죽으나 예수님을 위해서 살아보시기를 바랍니다.

인생을 행복하게 사는 완벽한 길

우리에게는 인생을 정말 행복하게 사는 완벽한 길이 열려 있습니다. 바로 예수님을 온전히 믿고 그 말씀대로 사는 것입니다. 예수님이 우리 인생의 문제를 완전히 해결해주시는 답이기 때문입니다.

최초의 메이저리그 흑인 선수였던 재키 로빈슨(Jakie Robinson)이 계약서를 쓸 때 "무슨 일이 있어도 불평하지 말 것"이라는 조항이 있었다고 합니다. 설령 관중들이 얼굴에 침을 뱉더라도 말입니다. 하지만 그에게는 아무 상관이 없었습니다. 흑인으로서 메이저리거가 될 수 있었기 때문에 무슨 일이라도 얼마든지 견딜 수 있을 정도로 행복했다고 합니다.

우리가 예수님을 믿었다는 것은 재키 로빈슨이 메이저리거가 된 것과 비교할 수 없을 정도로 좋은 것입니다. 예수님이 우리 안에 오셨고 우리와 함께하시기 때문에 어떤 일을 만나고 어떤 멸시를 당한다고 할지라도 좋습니다. 예수님과 동행하는 것보다 더 황홀한 일은 없기 때문입니다.

저에게는 감당할 수 없는 사역의 부담감이 있습니다. 설교하러 가기 전에, 강단에 오르기 전에 잠깐이라도 예수님 안에 거하는 시간을 갖습니다. 그때마다 "주님 안에 거합니다!"라고 주님을 부르며 주님과 한 몸이 되었음을 고백합니다. 문제가 생기고 마음이 요동하는 일이 생기면 잠잠히 예수님 안에 거하는 시간을 갖습니다. 그러면 평안과 확신, 기쁨과 감사가 임합니다. 무엇이든지 잘해야 한다, 완벽해야 한다는 욕심을 십자가에 못박아야 한다는 것을 압니다. 그것이 주님과 동행하는 것을 방해하기 때문입니다. 제가 할 일은 오직 주님을 바라보면서 평안을 누리고, 기뻐하고, 감사하고, 찬송하고, 사랑하는 것뿐입니다. 그리고 나서 무슨 일이든지 합니다. 이것이 하나님께서 지금까지 저에게 훈련시키신 것입니다.

많은 분이 예수님 안에 거하는 것을 어려워합니다. 하지만 사도 바울이 아주 명확하게 말해줬습니다. 살아도 주를 위해 살고 죽어도 주를 위해 죽는 것입니다. 그렇게 살면 마음이 평안해집니다. 더 이상 문제 될 것이 없습니다. 서서히 마음에 기쁨이 차오르고, 감사가 일어납니다. 부족하고 한계에 부딪혀도 상관없습니다. 마음에 평안과 기쁨과 감사가 있으면 하나님이 다 하십니다. 결국 역사는 하나님이 하시는 것입니다. 우리가 하는 일은 요동하지 아니하고 예수님만 계속 바라보는 것입니다.

어느 책에서 2006년 독일 월드컵 이야기를 봤습니다. 프랑스와 이탈리아가 결승전에서 맞붙었습니다. 그 당시 프랑스에는 세계적인 축구 스타 지단(Zidane)이라는 선수가 있었습니다. 그런데 경기 도중에 이탈리아의 수비수가 지단의 유니폼을 잡아당겨서 그를 넘어지게 만들었습니다. 지단은 대단히 화가 나서 반칙을 한 상대 선수에게 "내 유니폼 셔츠가 필요하면 경기가 끝난 다음에 줄게"라고 화를 내며 말했습니다. 그러자 이탈리아 선수가 맞받아쳤습니다. "네 유니폼 대신 창녀인 네 누이를 더 원해." 결국 지단이 분을 참지 못하고 머리로 이탈리아 선수를 들이받았습니다. 지단은 프랑스에 꼭 필요한 선수였는데 퇴장을 당했고, 결국 프랑스는 이탈리아에게 졌습니다.

저자는 그 장면을 보면서 사탄은 영적인 엘리트에게 하찮은 사람을 붙여서 엉겨붙게 만들어 퇴장을 당하게 한다고 했습니다. 그렇습니다. 마귀는 가정에서도, 교회에서도, 직장에서도 하나님이 쓰실 귀한 사람에게 하찮은 사람을 붙여서 퇴장하게 만듭니다. 그렇기 때문에 예수님 안에 거하기를 늘 명심해야 합니다.

시험이 올 때, 화가 날 때, 유혹이 올 때, 시련이 올 때, 삶이 너무 지루할 때 정신을 똑바로 차려야 합니다. 사나 죽으나 예수님을 위해 사는 것이 분명해야 합니다. 우리가 하나님이 세우신 가정, 직장, 교회의 영적인 국가대표 선수라는 것을 잊어서는 안 됩니다. 여러분이 퇴장당하면 끝이라는 사실을 마음에 새기시기 바랍니다.

예수님을 위해 살면 아무 문제가 없다

로마서 14장은 교회 안에 여러 문제 때문에 나온 말씀입니다. 푸 줏간에서 고기를 사 먹는 것 때문에 교인들 사이에 분란이 일어났 습니다. 당시 고기의 공급은 상당 부분 우상에게 바쳐진 제물이 었습니다. 그러니 제사 음식을 먹어도 되느냐는 것입니다. 믿음이 강한 사람은 전혀 문제가 없다는 입장입니다. 예수님도 "모든 음 식물을 깨끗하다 하시니라"(막 7:19)라고 말씀하심으로 '정한' 음 식과 '부정한' 음식을 구분하는 규정을 폐하셨습니다. 또한 우상 의 제물을 먹는 일에 대해서는 우상이란 아무것도 아니고 오직 하 나님 한 분밖에는 신이 없기 때문에 우상에게 바쳐졌다고 해서 음 식물이 더러워질 수 없다고 했습니다(고전 8:4-6). 그러나 믿음이 약한 사람은 어느 고기가 우상에게 바쳐진 고기인지 알 수 없으니 먹으면 안 된다고 생각했습니다.

이 문제에 대하여 사도 바울은 고기를 먹지 말자고 하는 사람 도, 고기를 먹어도 상관없다고 하는 사람도 믿음으로 살아보려 고 하는 것이니 더 이상 싸우지 말고 사나 죽으나 예수님을 위하 여 살면 된다고 하였습니다. 그러면 문제가 될 것이 없습니다. 교 회 안에서 성도들이 함께 신앙생활 하는 데 가장 중요한 원칙은 사나 죽으나 예수님을 위해서 사는 것입니다. 모임을 가질 때도, 봉사 부서에서 섬길 때도, 살아도 주를 위해서 살고 죽어도 주를 위해서 죽는 자세가 아니면 아무 의미가 없습니다.

미국의 형제교회라는 교단에서는 성찬식을 하는 대신에 세족식을 하는 전통이 있습니다. 예수님이 제자들의 발을 씻겨주신 것처럼 목사님이 성도들의 발을 씻겨주는 의식인데, 이 교단에 속한 어느 교회의 세족식에서 목사님은 항상 교인들의 왼쪽 발부터 씻어주었다고 합니다. 세족식을 할 때 서로 마주앉기 때문에 목사님이 잡는 발이 항상 교인의 왼발이었던 것입니다. 그런데 장로님 한 분이 이 문제로 늘 마음이 불편했고 용기를 내어 목사님에게 말했습니다.

　"목사님, 왜 왼발을 먼저 씻습니까? 성경은 항상 오른쪽이 옳다고 하니 발도 오른발을 먼저 씻어주시면 좋지 않겠습니까?"

　이 의견에 대하여 목사님은 왼쪽이든 오른쪽이든 무슨 상관이 있으며, 성경에도 없는 사실을 가지고 목사의 권위에 도전한다고 생각했습니다. 그러나 장로님은 잔뜩 기대감을 가졌습니다. 자신이 성경적인 건의를 했기 때문에 다음 세족식부터는 목사님이 오른발을 먼저 씻어줄 것이라고 생각한 것입니다. 그런데 그다음 세족식에도 목사님은 여전히 왼발을 먼저 씻어주었고 화가 난 장로는 다른 교인들을 부추겨 함께 교회를 떠났습니다. 그리고 새로운 교회를 세우고 그 교회 이름을 '오른발교회'라고 했다고 합니다.

　참 어처구니없는 일이 아닐 수 없습니다. 그러나 우리가 교회 안에서 다투는 대부분의 문제가 이처럼 아무것도 아닌 것들입니다. 다른 사람들이 왜 싸웠는지 들어보면 정말 아무것도 아닙니다. 그런데 자기 문제가 되면 완전히 달라집니다. 우리의 자아가 그토록 강한 것입니다. 그러나 우리가 사나 죽으나 주를 위하여 사는 자가 되면 싸움이 일어날 수가 없습니다. 살아도 주를 위해서 살고 죽어도 주를 위해서 죽는데 어떤 문제가 우리를 뒤집어놓을 수 있겠습니까.

예수님을 위해 살면 인생이 바뀐다

골로새서 3장 22-25절을 보면 그때 당시 종으로 있던 그리스도인에게 이야기합니다. "육신의 상전들에게 순종하고, 눈가림으로 하지 말고 성실한 마음으로 하고, 상전에게 예수님에게 하듯이 하라." 자신이 섬기는 주인을 예수님처럼 섬기라는 것입니다. 골로새서 4장 1절에서는 종의 주인들인 그리스도인에게 이렇게 말합니다. "너희에게도 하늘에 상전이 계심을 알라." 종들을 함부로 대하지 말라는 것입니다. 종이 주인을 예수님처럼 섬겨주고, 주인이 종을 예수님처럼 대해준다면 얼마나 좋은 관계입니까. 즉 살아도 죽어도 주를 위하면 종이든 상전이든 그에게 기가 막힌 삶이 펼쳐지는 것입니다.

1912년부터 1932년까지 더비셔의 클리프대학 학장을 역임했고 1918년에 감리교 연차총회 회장이 되었던 사무엘 채드윅(Samuel

Chadwick)은 열 살 때 회심했는데, 그 날 사무엘 콜리 목사가 아이들에게 존 뉴턴의 이야기를 들려주었다고 합니다. 만일 뉴턴이 구두닦이였다면 예수 그리스도를 위하여 구두를 닦아 동네 최고의 구두닦이가 되었을 것이라는 요지였습니다. 어린 사무엘 채드윅은 아버지의 신발을 닦는 것이 집에서 자신이 맡은 일이었기 때문에 누구보다 그 이야기를 귀담아들었습니다. 그 후 그는 이렇게 썼습니다.

나는 구두 닦는 일이 싫었고 아버지의 부츠는 특히 싫었다. 비가 온 다음날 아침 구두를 닦는 일은 너무나 싫었다. 그러나 매도 먼저 맞는 게 낫다는 생각에 부츠부터 닦기 시작했다. 다 닦은 뒤 부츠를 내려놓았는데, 부츠를 보는 순간 마치 예수님이 신으실 것처럼 구두를 닦아야 한다던 목사님의 말씀이 내게 도전으로 다가왔다. '이 부츠를 예수님이 신으셔도 괜찮을까?' 하는 생각이 들자 나는 부츠를 들고 다시 닦았다. 단순한 일이었지만 그때 나에게는 그것이 내 평생에 가장 중요한 일이었다. 그때부터 나는 가장 단순한 일들도 예수 그리스도를 위해, 그분께 하듯 하는 버릇이 들었다.

아무것도 아닌 것 같은 그 일이 채드윅 박사의 삶의 원칙이 되었습니다. 무엇을 하든지 주께 하듯이 하는 것입니다.

어느 하녀가 이렇게 말했습니다.

"전에는 먼지를 장판 밑으로 슬쩍 쓸어 넣었지만 거듭난 지금은 그렇게 하지 않습니다."

우리가 거듭나고 나니까, 예수님이 내 주인이 되시고 나니까, 아무도 안 보는 그 일조차 함부로 하지 못하게 되는 것입니다. 그래서 예수님을 위해서 살면 인생은 바뀌게 됩니다.

사나 죽으나 예수님을 위해 산 사람의 고백

제가 한 분을 소개해드리려고 합니다. 그는 사랑하는 가족들이 죽는 안타까운 모습을 보았습니다. 6.25전쟁 때는 아버지와 가족들이 공산당에게 학살당하는 것을 눈앞에서 목격했고, 어린 시절에는 잘생긴 어린 동생이 쥐불놀이를 하다가 그만 옷에 불이 붙어서 불에 타 죽는 광경을 보았습니다. 또 다른 동생은 집 근처 벌목장에서 놀다가 나무가 넘어지면서 깔려 죽었습니다. 고등학교 교감으로 봉직하던 착한 동생은 네 딸을 남겨둔 채 간암으로 죽었습니다. 그로부터 1년 후에는 사랑하는 딸이 위암으로 고통받다가 자신의 두 딸을 부탁한다는 말을 남기고 죽었습니다. 이어서 동생과 제수씨가 죽고, 막내동생이 간경화로 시한부 인생을 살고 있습니다. 사랑하는 가족들이 죽으면서 고아원을 차려도 될 만큼 많은 아이들을 그에게 맡기고 떠났습니다.

그런 분이 환갑의 나이에 자신의 이야기를 글로 썼습니다.

"정직하게 고백하면, 나는 하나의 얼굴로는 웃고 다른 얼굴로는 운다. 내 영은 주님을 찬양하고 기뻐하고 감사하며 깊은 곳에서 샘물같이 환희가 솟는다. 그러나 다른 마음의 하늘에서는 끊임없이 비가 내리고 있다.

옆을 보면 정신착란증에 걸릴 것 같고, 위를 보면 현기증이 난다. 내 안을 들여다보면 죄와 추한 것들이 있고, 과거는 회한과 슬픔뿐이며, 미래는 안개처럼 불확실하고 불안하다.

나는 주님만 바라보아야 한다. 주님 안에만 거해야 한다. 과거가 아무리 더럽고 아프고 서러워도, 내일과 새해와 미래는 때 묻지 않은 순수한 페이지, 무한한 잠재적 가능성이 백지같이 열려 있다. 마치 시집가는 처녀처럼 새 날을 맞이하여 새 집에서 새 살림을 꾸려 새 사랑을 살자.

한 해 한 해를 사는 것이 아니다. 하루하루를 사는 것도 아니다. 한 발짝, 한 호흡, 주님을 사랑하며, 날마다 영원한 첫사랑으로 살자. 주님 안에 거하여 주님을 호흡하며 살자. 내게 깊은 위로와 감사와 찬송과 평안이 있다. 그것은 내게서 나온 것이 아니라 성령이 은혜로 주 안에서 내게 주시는 것들이다."

이것이 주 안에 사는 사람, 사나 죽으나 예수님을 위해 산 사람의 고백입니다. 그는 바로 한국 대학생선교회(CCC)의 대표이셨던 김준곤 목사님입니다. 그 분의 삶을 보면 어떻게 버티고 살 수 있었는지 의문이 듭니다. 모든 것이 예수님 안에서 살았기 때문에 가능했던 것입니다. 살아도 주를 위해, 죽어도 주를 위해 사는 믿음으로 살았기 때문에 이런 역사가 일어난 것입니다.

여러분, 하나님은 우리에게 어떤 처지와 형편이든지 살길을 열어주셨습니다. 어떤 처지와 형편이든지 하나님의 증인이 될 수 있도록 우리에게 은혜를 주셨습니다. 이제 살아도 예수님, 죽어도 예수님입니다. 인생을 주님께 맡기고 예수님을 항상 바라보며 사는 것, 그것이 구원의 길이요 축복의 길이요 안전한 길이요 승리의 길입니다.

prayer for revival

1. 힘들다, 어렵다, 못하겠다, 죽겠다 하지 말고 살아도 예수님을 위해 살고 죽어도 예수님을 위해 죽겠다 고백하며 살게 하소서.

2. 주님의 세미한 음성을 생명줄로 여기고 오직 순종만 하게 하소서. 주여, 귀를 열어 주님의 음성을 듣게 하소서.

3. 영적인 회복을 주소서. 영적 갈망을 주시고, 영적 안목이 생기게 하소서. 성령의 역사로 사로잡으소서.

내 안에 거하라

초판 1쇄 발행 2023년 12월 15일
초판 3쇄 발행 2023년 12월 20일

지은이 유기성

펴낸이 여진구
책임편집 안수경 김도연
편집 이영주 박소영 최현수 김아진 정아혜
책임디자인 노지현 | 마영애 조은혜 이하은
홍보 · 외서 진효지
마케팅 김상순 강성민　　　　　　　　마케팅지원 최영배 정나영
제작 조영석 허병용　　　　　　　　　경영지원 김혜경 김경희 이지수

303비전성경암송학교 유니게 과정
이슬비전도학교 / 303비전성경암송학교 / 303비전꿈나무장학회

펴낸곳 규장

주소 06770 서울시 서초구 매헌로 16길 20(양재2동) 규장선교센터
전화 02)578-0003 팩스 02)578-7332
이메일 kyujang0691@gmail.com　　　　　홈페이지 www.kyujang.com
페이스북 facebook.com/kyujangbook　　　인스타그램 instagram.com/kyujang_com
카카오스토리 story.kakao.com/kyujangbook
등록일 1978.8.14. 제1-22

책값 뒤표지에 있습니다.
ISBN 979-11-6504-485-5 03230

규 | 장 | 수 | 칙

1. 기도로 기획하고 기도로 제작한다.
2. 오직 그리스도의 성품을 사모하는 독자가 원하고 필요로 하는 책만을 출판한다.
3. 한 활자 한 문장에 온 정성을 쏟는다.
4. 성실과 정확을 생명으로 삼고 일한다.
5. 긍정적이며 적극적인 신앙과 신행일치에의 안내자의 사명을 다한다.
6. 충고와 조언을 항상 감사로 경청한다.
7. 지상목표는 문서선교에 있다.

하나님을 사랑하는 자 곧 그의 뜻대로 부르심을 입은 자들에게는 모든 것이 合力하여 善을 이루느니라(롬 8:28)

규장은 문서를 통해 복음전파와 신앙교육에 주력하는 국제적 출판사들의
협의체인 복음주의출판협회(E.C.P.A:Evangelical Christian Publishers
Association)의 출판정신에 동참하는 회원(Associate Member)입니다.